教育部人文社会科学研究青年项目结项成果

贵州大学 历史与民族文化学院
学术文库

杨军昌　崔海洋◎主　编

从二元对立困境到多元共存出路

欧洲民族认同建构中的认知模式变化

唐书明 著

知识产权出版社
全国百佳图书出版单位
—北京—

图书在版编目（CIP）数据

从二元对立困境到多元共存出路：欧洲民族认同建构中的认知模式变化 / 唐书明著 . — 北京：知识产权出版社 , 2021.9

（贵州大学历史与民族文化学院学术文库 / 杨军昌，崔海洋主编）

ISBN 978-7-5130-7664-7

Ⅰ . ①从… Ⅱ . ①唐… Ⅲ . ①民族历史—研究—欧洲 Ⅳ . ① K508

中国版本图书馆 CIP 数据核字 (2021) 第 167434 号

内容提要

本书运用历史唯物主义基本原理作为学理分析基础，首先从分析身份认同的概念内涵着手，揭示出在民族认同建构中，存在着从二元对立困境到多元共存出路的认知模式演变。其次运用欧洲民族认同建构在政治、经济、文化等领域的具体历史表现作为例证，呈现欧洲民族认同建构变二元为多元、变对立为共存的欧洲历史发展趋势。由此说明建构民族的团结凝聚与民族国家之间的合作共存，乃是民族认同建构的重要发展出路。

本书适合民族理论与历史学专业的高校师生、相关领域研究人员及爱好民族与历史学的读者使用。

责任编辑：王 辉　　　　　　　责任印制：孙婷婷

从二元对立困境到多元共存出路——欧洲民族认同建构中的认知模式变化
CONG ERYUAN DUILI KUNJING DAO DUOYUAN GONGCUN CHULU——OUZHOU MINZU RENTONG JIANGOUZHONG DE RENZHI MOSHI BIANHUA

唐书明　著

出版发行：知识产权出版社有限责任公司	网　址：http://www.ipph.cn
电　话：010-82004826	http://www.laichushu.com
社　址：北京市海淀区气象路50号院	邮　编：100081
责编电话：010-82000860转8381	责编邮箱：wanghui@cnipr.com
发行电话：010-82000860转8101	发行传真：010-82000893
印　刷：北京建宏印刷有限公司	经　销：新华书店及相关销售网点
开　本：720 mm×1000 mm　1/16	印　张：15.25
版　次：2021年9月第1版	印　次：2021年9月第1次印刷
字　数：260千字	定　价：76.00元
ISBN 978-7-5130-7664-7	

出版权所有　侵权必究

如有印装质量问题，本社负责调换。

目 录

绪 论 ·· 1
  一、民族认同二元对立认知的原理与困境 ·· 1
  二、民族认同从二元对立到多元共存的认知演变 ······································· 3
  三、近现代以来欧洲民族认同建构的经验教训 ··· 9

第一章 认同从二元对立到多元共存的认知演变 ··· 13
  第一节 认同从认知自身到二元对立认知 ·· 13
    一、人们认知自身的身份认同 ·· 13
    二、认同从主观性、客观性到多样性的演变 ··· 15
    三、认同中认知同一与认知差异的二元相对 ··· 20
    四、身份认同中二元相对认知的广泛运用 ·· 22
  第二节 认同二元对立认知的双重功能及其困境 ······································· 25
    一、认同二元对立认知塑造的双重内心世界 ··· 25
    二、认同二元对立认知塑造的双重社会生活面貌 ·································· 30
    三、二元对立认知双重功能的二律悖反 ··· 34
  第三节 认同走出二元对立认知困境的多元共存认知 ································ 37
    一、变二元为多元的认知变化 ·· 37
    二、变二元为多元的认知变化中深入认知差异 ····································· 41
    三、变对立为共存的认知变化 ·· 45
    四、在对立转为共存的认知变化中注重交流合作 ································· 47

第二章 民族认同从二元对立到多元共存的认知演变 …… 53
第一节 民族认同二元对立认知的形成过程 …… 53
一、民族与民族主义的重要性与复杂性 …… 53
二、民族与民族认同的主观性 …… 58
三、民族与民族认同的客观性 …… 60
四、民族认同多样性中的二元相对认知 …… 67

第二节 民族认同中认知民族同一性的演变 …… 70
一、认知民族同一性的心理凝聚与民族成为心灵共同体 …… 70
二、民族成为心灵共同体的文化建构方式 …… 74
三、认知民族同一性的社会凝聚功能与民族成为命运共同体 …… 77

第三节 认知民族之间差异性的蜕变 …… 84
一、认知民族之间的差异性与民族之间的心灵差异 …… 84
二、认知民族之间的差异性与民族认同的心灵蜕变 …… 86
三、认知民族之间的差异性与民族认同的现实社会困境 …… 91
四、民族认同二元对立认知的悖论 …… 95

第四节 民族认同的多元共存认知 …… 96
一、尊重与深入认知民族之间差异的民族认同 …… 96
二、在互联互通中构建多元共存的民族认同 …… 100

第三章 欧洲认知民族同一性的民族认同建构 …… 105
第一节 欧洲近现代以前的民族认同状况 …… 105
一、欧洲认知民族同一性的古典根源 …… 105
二、中世纪的基督教文明与模糊的民族认同 …… 109
三、中世纪的封建割据与模糊的民族概念 …… 111
四、中世纪的封建等级制度与民族认同状况 …… 115

第二节 发展共同的民族文化与欧洲民族认同建构 …… 118
一、基督教文明的变化与建构共同的民族文化 …… 118
二、封建世俗政治崛起与建构共同的民族文化 …… 122
三、欧洲近现代民族文化建构中知识分子的作用 …… 126
四、欧洲近现代的文化传播条件与民族文化建构 …… 130

第三节　欧洲近现代民族国家建构 …… 134
一、从封建割据走向政治统一的民族国家 …… 134
二、构建人民、国民、公民等为主体的民族国家 …… 137
三、依靠共同的民族文化建构共同的民族精神 …… 144
四、依靠共同的民族精神建构统一的民族国家 …… 147

第三节　欧洲民族认同建构与发展共同的民族经济 …… 151
一、经济发展需要共同的民族文化与民族国家 …… 151
二、民族文化中的世俗创造精神与社会经济发展 …… 155
三、建构统一的民族国家推动社会经济发展 …… 159

第四章　欧洲认知民族之间差异性的民族认同蜕变 …… 164

第一节　19世纪初以前欧洲的民族认同蜕变 …… 164
一、战争的二元相对认知与古希腊民族认同的蜕变 …… 164
二、欧洲各种形式的战争孕育的民族认同 …… 169
三、中世纪晚期至19世纪初民族认同的蜕变 …… 173
四、殖民侵略的二元相对认知与"民族主义先驱" …… 177
五、欧洲19世纪初以前的种族主义 …… 182

第二节　19世纪欧洲的民族认同蜕变 …… 185
一、19世纪欧洲民族与民族国家之间的敌对心态 …… 185
二、19世纪欧洲民族主义思想中的民族利己主义 …… 188
三、19世欧洲自然科学新成就与种族主义发展 …… 192

第三节　20世纪上半期欧洲的民族认同蜕变 …… 194
一、民族认同的蜕变与欧洲的"文明危机" …… 194
二、民族认同的蜕变与欧洲的整体战 …… 196
三、20世纪上半期欧洲的种族大屠杀 …… 200
四、欧洲殖民侵略与20世纪亚非民族解放运动 …… 202

第五章　当代欧洲民族认同的多元共存认知 …… 205

第一节　当代欧洲民族认同多元共存认知的思想根源 …… 205
一、欧洲近现代民族国家和平共存的思想观念 …… 205

二、二战前欧洲对民族认同蜕变的认识 ………………………………208
　　三、欧洲一战至二战期间建立和平共存的尝试 ……………………212
第二节　二战后欧洲从对抗冲突转向互利合作的民族认同 ……………216
　　一、二战后欧洲以互利合作为基础构建和平共存 …………………216
　　二、民族国家的互利合作与欧洲一体化的启动 ……………………218
　　三、民族国家的互利合作与欧洲一体化的发展 ……………………221
第三节　"多样性中的同一性"的欧洲认同建构 …………………………224
　　一、欧洲一体化中欧洲认同的重要性 ………………………………224
　　二、建构欧洲认同的过程中承认欧洲的多样性 ……………………227
　　三、民族认同的历史教训与欧洲认同的建构 ………………………230
　　四、民族认同的历史经验与欧洲认同的建构 ………………………232
　　五、"超级欧洲民族"的欧洲认同建构 ………………………………234

绪 论

一、民族认同二元对立认知的原理与困境

对于当代学界广泛关注的身份认同,按照加拿大哲学家查尔斯·泰勒等人的看法,首先注意到身份认同重要性的,当推近代德国著名哲学家黑格尔。❶ 具体来说,尽管在黑格尔的相关著述中,难觅当代学界广泛关注的身份认同的语言概念名称,可是黑格尔在阐述其历史哲学与唯心史观的相关著述中,却反复强调了主观自我意识的重要性。而当代学界广泛关注的身份认同,首先表现为人们在自身主观内心世界中,能够意识到自我的身份,这实际上是黑格尔历史哲学与唯心史观特别注重的一种自我意识活动。

除了注重人心世界的自我意识之外,黑格尔还在《精神现象学》中,运用了主奴身份的二元相对作为具体案例❷,论述了主奴自我身份意识的形成,根源于主奴之间两两相对的二元相对认知。黑格尔在《精神现象学》中阐释的主奴原理,主要是通过主奴身份的两两相对作为具体的例子,揭示了自我身份意识形成,来源于人们自我意识的形成存在着一种二元相对认知的内在原理。换而言之,身份认同的形成,需要自我与他者的二元相对。

黑格尔主奴原理中阐述的形成自我身份意识的二元相对认知,在身份认同的过程中有着广泛的具体表现。例如,人们作为男性与女性之间的身份认同,来源于男女性别两两相对的二元相对认知;人们作为城市人与乡村人之间的身份认同,来源于人们生活于城市与乡村两两相对的二元相对认知。同样,人们作为东方人与西方人之间的身份认同,则形成于人们生活于东方与西方的二元相对认知。

---

❶ 查尔斯·泰勒.现代性之隐忧[M].程炼,译.北京:中央编译出版社,2001:56.
❷ 黑格尔.精神现象学[M].贺麟,王玖兴,译.北京:商务印书馆,2013:144.

将黑格尔主奴原理中阐述的形成自我身份意识的二元相对认知，运用于认识当今学界广泛关注的民族认同可知，民族认同的基本前提，首先表现为人们能够意识到自身的民族身份，但民族自我身份意识的形成，一方面，需要能够认知到自身所在民族在语言、生活的地理区域、社会生活方式及历史文化等方面的共同之处；另一方面，需要能够认知到自身民族与他者民族之间在语言、生活的地理区域、社会生活方式及历史文化等方面的差异之处。

可以看出，犹如黑格尔主奴理论揭示出的主奴身份之间的二元相对，民族认同的认知建构，同样存在着一个认知民族同一性与认知民族之间差异性的二元相对原理。认知同一与认知差异，犹如一枚硬币的两个面，共同构成了民族认同二元对立认知的内在原理。

更为重要的是，认识民族认同的二元对立认知原理，还需注意到认知民族在语言、生活的地理区域、社会生活方式及历史文化等方面的同一性，不仅能够帮助人们意识到自身的民族身份，还能够以民族自我身份意识为基础，生长出一种心理凝聚机制与社会凝聚机制。所谓认知民族同一性形成的心理凝聚机制，具体表现在主观人心世界中，以认知民族同一性形成的共同的民族自我意识为基础，还会形成共同的民族情感与民族伦理道德价值观念等，由此汇聚成为无数民族成员万众一心的内心世界状况。所谓认知民族同一性形成的社会凝聚机制，则具体表现为无数民族成员万众一心的内心世界状况，会成为无数民族成员无数社会行为的心灵基础，由此形成无数民族成员众志成城与团结凝聚的现实社会状况。

可是认知民族同一性形成的无数民族成员的心理凝聚与社会凝聚，仅仅是民族认同二元对立认知这枚硬币的一个面。在民族认同二元对立认知这枚硬币的另一个面，还存在着认知民族之间在语言、生活的地理区域、社会生活方式及历史文化等方面的差异性。认知民族之间的差异性，不仅能够帮助人们意识到自身的民族身份，还会以民族自我身份意识为基础，在人们的内心世界与现实社会中发生诸多蜕变。

具体地说，认知民族之间差异性，能够帮助民族自我身份意识的形成，但这也意味着各民族之间的人们在内心世界的意识深处，已经存在着彼此之间归属于不同民族的自我意识。再延伸到民族情感与民族伦理道德价值观念等领域，也表现为各民族与民族国家之间的人们，具有不同的情感寄托对象和价值奉献对象。认知民族之间差异性形成的诸般心灵差异，由此形成中国古人所说的"非我族类、其心必异"。但认知民族之间差异性，不仅会形成各民族与民族国家之间人们的心灵差异，还会在人们的内心世界发生诸般蜕变，滋生出无数民族及民族国家之间的猜忌、歧视、隔阂等心态，这再作用于一个由民族及民族国家构成的客观世界，由此成了人类历史上无数社会排斥与敌对冲突的心灵根基。

因此，将黑格尔揭示主奴身份之间二元相对的主奴理论，运用于认识当今学界广泛关注的民族认同，尽管能够揭示出民族认同中民族自我身份意识的形成，来源于民族认同建构中的二元对立认知，但民族认同二元对立认知不仅能够形成民族自我意识，还会生长出一正一邪、正邪相对的两种内心世界状况与现实世界面貌。在国内外的民族主义研究中，诸多学者往往将民族主义比喻为一柄双刃剑。民族主义这柄双刃剑，是由民族认同二元对立认知的内在原理所锻造，并形成了民族主义思想既推动人类社会进步又带来诸多社会恶果的内在悖论。近现代以来，民族主义文化思想深刻影响人类历史发展，民族主义文化思想蕴藏着的民族认同的二元对立认知，也制造出了近代以来民族主义文化思想中的无数迷思。

二、民族认同从二元对立到多元共存的认知演变

对于民族认同二元对立的认知困境，倘若继续沿着黑格尔哲学注重自我意识的学路，仅仅追溯到民族认同中的自我身份意识，对于民族认同二元对立认知悖论的探索之路，则会误入迷宫、难见出路。走出其中困境，则需另寻出路，另觅智识。众所周知，早在19世纪，马克思和恩格斯对于黑格尔哲学与唯心史观，已经进行了深刻批判。走出民族认同二元对立认知悖论的困境，也需在马克思和恩格斯在批判黑格尔唯心史观基础上创建的唯物史观与世界历史观中寻找智慧与出路。

尽管黑格尔哲学与唯心史观特别注重人心世界中的自我意识活动，可是马克思和恩格斯对黑格尔唯心史观的批判，指明了黑格尔哲学与唯心史观存在的关键问题，乃"最终消失于'自我意识'之中"[1]。马克思和恩格斯在批判黑格尔唯心史观基础上创立唯物史观的过程中，就明确指出"不是意识决定生活，而是生活决定意识。前一种考察方法从意识出发，把意识看做是有生命的个人。后一种符合现实生活的考察方法则从现实的、有生命的个人本身出发，把意识仅仅看成

---

[1] 中共中央马克思恩格斯列宁斯大林著作编译局.马克思恩格斯选集（第一卷）[M].北京：人民出版社，2012：174.

是他们的意识"❶。

因此,按照马克思和恩格斯的相关论述,对于民族认同的认识,不能停留于黑格尔唯心史观注重自我意识的认识境界,只局限于认识到民族认同中民族自我身份意识的重要性,也不能停留于黑格尔主奴理论揭示的自我身份意识,根源于主奴之间的二元相对认知,由此只认识到民族认同中民族自我身份意识的形成。马克思和恩格斯强调:"意识在任何时候都只能是被意识到了的存在,而人们的存在就是他们的现实生活过程。"❷对于民族认同中民族自我身份意识的认识,还需更上一层楼,需要进一步追寻民族自我身份意识形成与人们所在现实世界的关系。

具体来说,民族认同中的自我身份意识,尽管需要依靠认知民族的同一性与民族之间的差异性才能形成,可是民族的同一性与民族之间的差异性,并不是抽象存在着的,而是具体表现在民族的生活地理区域、语言文化、生产生活方式、历史发展等方面,是在现实世界中客观地存在着的,并构成了学界广泛承认的民族界定的客观因素。认识民族认同,也不能就精神论精神、就意识谈意识,只追溯到民族自我身份意识及其形成过程中的二元对立认知原理,而是需要遵循马克思和恩格斯的唯物史观认识方法,重点认识客观存在着的民族同一性与民族之间差异性的内在关系。

犹如尽管都是生长在同一棵树上,可是同一棵树上,却没有两片相同的叶子,在人类社会的客观现实中,人与人之间、群体与群体之间,总是存在着诸多的客观差异。因此,在同一性与差异性之间的关系中,差异性总是普遍地客观存在着。与之相反,同一性则具有人为建构的特征。同一性的人为建构特征,首先表现为同一性,乃是在大千世界中,对普遍存在着的差异性具有的某种共同特征归门别类、归之为一,同一性的建构是一种认知过程,建构出的同一性,既是一种认知需要,也是一种认知结果。在人为建构的同一性之中,始终存在诸多客观差异。

尽管同一性具有人为建构的特征,但人为建构的同一性,一旦作为一种认知结果,移入到人们的内心世界之中,这首先能够帮助形成人们身份认同中的群体

---

❶ 中共中央马克思恩格斯列宁斯大林著作编译局.马克思恩格斯选集(第一卷)[M].北京:人民出版社,2012:152-153.
❷ 中共中央马克思恩格斯列宁斯大林著作编译局.马克思恩格斯选集(第一卷)[M].北京:人民出版社,2012:152.

自我意识，在此基础上还能在人们的内心世界与现实生活中产生广泛影响。一方面，依靠认知同一性形成的群体自我意识，会形成以个体形式存在着的社会成员彼此之间的心理连接与心理凝聚，并生长出个体成员之间同心同意的内心世界状况。另一方面，建构出的同一性形成的个体成员之间的心理连接与心理凝聚，不仅囿于人们的内心世界之中，还会以此作为认识源泉与思想根基，作用于人们的社会行为与社会活动之中，并形成以个体形式存在着的社会成员彼此之间的社会连接与社会凝聚。

因此，正如当代德国著名哲学家哈贝马斯所认为的，同一性的问题是黑格尔哲学的真正动力。[1] 尽管同一性具有人为建构的特征，但人为建构的同一性，却是功莫大焉，能够对人们的内心世界与现实生活产生广泛影响。人为建构同一性的重要作用，具体表现在民族认同中，尽管无数的民族成员之间，存在着诸多客观差异，可是作为个体的民族成员，能够认知到彼此之间在地理区域、语言、社会生活方式及民族国家等方面存在着共同之处，由此形成民族自我意识，这首先在无数民族成员的内心世界中，能够形成一种无数民族成员万众一心的心理凝聚。民族认同的认知建构，也由此演化成为一种民族成员心理凝聚的建构机制。

同时，民族认同形成无数民族成员万众一心的心理凝聚，不仅仅局限于无数民族成员的内心世界之中，还能够作用于现实，形成无数民族成员现实社会中众志成城的社会凝聚。民族认同的认知建构，还会演化成为一种民族成员社会凝聚的建构机制。民族认同具备的社会凝聚功能，适应了民族成员"你来我去、你去我来"长期社会交往的客观历史与客观现实，并将民族凝聚成为一个"你中有我、我中有你"的共同体。认知民族同一性形成的心理凝聚与社会凝聚，根源于民族自我意识觉醒的内在源头，并成为民族及民族国家团结凝聚的认知根基与内在生命力。

尽管认知民族同一性的民族认同建构能够对人们的内心世界与现实生活产生巨大作用，可是按照黑格尔举例的主奴身份意识形成的二元相对认知，民族自我意识的形成，除了认知民族同一性之外，还需认知民族之间的差异性作为参照。由此形成的民族自我意识，这会导致在对待民族之间的差异性的过程中，误入以自我为中心的歧途，这既容易在内心世界中蜕变成为排斥他者的民族中心主义的

---

[1] 尤尔根·哈贝马斯.重建历史唯物主义[M].郭官义，译.北京：社会科学文献出版社，2000：96.

认知方式与思维方式，也容易在现实社会中滋生出民族与民族国家之间彼此冲突与战争的诸般社会行为，民族主义的文化思想由此误入歧路。

因此，尽管作为民族自我身份意识的民族认同，具有将民族成员凝聚起来的心理凝聚功能与社会凝聚功能，但民族认同建构最终消失于民族自我意识之中的根本问题，也会在对待认知民族之间的差异性这一环节，形成以自我为中心的民族自我中心主义文化思想，并蜕变出一套民族之间的心理排斥机制与社会排斥机制。

可以看出，将马克思和恩格斯批判黑格尔唯心史观的根本问题，运用于认识民族认同的建构，就会看出民族认同建构中的二元对立认知，将民族主义的文化思想锻造成了一柄双刃剑，其中的关键问题在于民族认同建构中的二元对立认知，只不过是帮助人们形成民族的自我身份意识，并最终消失于民族自我意识之中。仅仅局限于心怀民族自我意识的民族主义文化思想，在思想观念、认识境界及现实社会行为等方面，由此难以更上一层楼。走出民族自我意识锻造出民族主义思想双刃剑的困境，马克思和恩格斯在批判黑格尔唯心史观的基础上创建的唯物史观及其世界历史观，为此指明了发展出路。

具体来说，马克思和恩格斯的唯物史观注重客观现实，客观现实中的人们，总是以个体形式存在着。以个体形式存在着的人们，不仅存在着诸多的客观差异，同时其思想意识与社会行为，也总是以一个个的内在的自我作为出发点。但马克思和恩格斯阐述唯物史观却对此强调："各个人的出发点总是他们自己，不过当然是处于既有的历史条件和关系范围之内的自己，而不是意识形态家们所理解的'纯粹的'个人。"❶按照马克思和恩格斯这一论述，以个体形式存在着的人们，尽管其思想意识与社会行为，总是以一个个的内在的自我作为发点，可是以个体形式存在着的人们，不仅始终脱离不了"你来我去、你去我来"的社会交往，也始终脱离不了"你中有我、我中有你"的关系范围。

马克思和恩格斯强调："各个相互影响的活动范围在这个发展进程中越是扩大，各民族的原始封闭状态由于日益完善的生产方式、交往以及因交往而自然形成的不同民族之间的分工消灭得越是彻底，历史也就越是成为世界历史。"❷因

---

❶ 中共中央马克思恩格斯列宁斯大林著作编译局.马克思恩格斯选集（第一卷）[M].北京：人民出版社，2012：199.

❷ 中共中央马克思恩格斯列宁斯大林著作编译局.马克思恩格斯选集（第一卷）[M].北京：人民出版社，2012：168.

此，马克思和恩格斯的唯物史观注重客观现实，首先是注重客观现实中人们的社会生产与社会生活，由此层层深化，并发展为注重人们社会生产与社会生活中的社会分工与社会交往。社会分工与社会交往的发展，也形成世界各地区、民族、国家之间密切的相互影响与彼此联系，"历史也就越是成为世界历史"。马克思和恩格斯的唯物史观，也进一步发展出了其世界历史观。

将马克思和恩格斯阐述唯物史观过程中发展出的世界历史观，运用于认识民族认同中的二元对立认知悖论，则犹如当代美国人类学家埃里克·沃尔夫所强调"马克思最一贯、最系统地提出了这些问题"[1]。在交往与联系越来越密切的全球交往网络之中，世界诸多民族广泛地从一个自在的实体，发展为一个自觉的实体，民族自我意识广泛觉醒，认知民族同一性形成的心理凝聚与社会凝聚的重要性，也越来越凸显出来。近现代以来人类历史中民族主义思想勃兴的根源，也如当代英国的马克思主义历史学家霍布斯鲍姆所说："人们所习惯的真正群落，如村庄、教区、行会、会社等，因为显然不能再像以前那样涵盖他们生活中大多数可能发生的事情，因此步向式微。随着他们的式微，他们的成员感到需要以别的东西来取代他们。"[2]

在马克思和恩格斯指明的世界历史发展潮流中，各个民族与国家的人们，在越来越深化发展的社会交往中，也广泛地遭遇来自其他地理区域并具有不同语言文化、生产生活方式等的他者与陌生人。在越来越广泛的交往与接触中，彼此之间也各自心怀自我意识，认知民族之间的差异性，广泛地滋生出诸多心理排斥与社会排斥。在当代学界对于认同的研究中，查尔斯·泰勒将此称为"现代性隐忧"[3]。同样，当代美国学者曼纽尔·卡斯特也对此强调："我们的世界、我们的生活，正在被全球化和认同的对立趋势所塑造。"[4]

马克思和恩格斯的世界历史观不仅指明"历史也就越是成为世界历史"中的社会交往发展，会成为民族认同二元对立认知这柄双刃剑魔力倍显的内在根源，同时马克思和恩格斯的世界历史观，还指明了"历史也就越是成为世界历史"的发展潮流，形成各地区、国家、民族之间的彼此联系、相互影响，不断向纵深发

---

[1] 埃里克·沃尔夫.欧洲与没有历史的人民[M].赵丙祥，等，译.上海：上海人民出版社，2006：29.
[2] 艾瑞克·霍布斯鲍姆.帝国的年代[M].贾士蘅，译.北京：中信出版集团，2017：167-168.
[3] 查尔斯·泰勒.现代性之隐忧[M].程炼，译.北京：中央编译出版社，2001.
[4] 曼纽尔·卡斯特.认同的力量[M].曹荣湘，译.北京：社会科学文献出版社，2006：1.

展，会成为人类历史发展的必然之势。对此马克思和恩格斯指出：

>历史向世界历史的转变，不是"自我意识"、世界精神或者某个形而上学幽灵的某种纯粹的抽象行动，而是完全物质的、可以通过经验证明的行动，每一个过着实际生活的、需要吃、喝、穿的个人都可以证明这种行动。❶

按照马克思和恩格斯这一论述，世界各地区、民族、国家的人们社会交往的发展，形成了世界各地区、民族、国家越来越密切的联系、相互影响的世界历史潮流，既广泛渗透到人们衣、食、住、行等社会生活的点点滴滴之中，也广泛渗透到人们获取衣食住行等生活资料的社会生产的方方面面。现实社会中的人们，尽管都心怀黑格尔唯心史观注重的自我意识等的"形而上学幽灵"，但心怀自我意识的人们，其衣、食、住、行等生产生活的现实状况与具体面貌，早已卷入了"历史向世界历史的转变"的滚滚历史浪潮之中。

既然如此，认识民族认同，不能只认识到"历史也就越是成为世界历史"中社会交往的发展，会成为民族认同二元对立认知这柄双刃剑魔力倍显的内在根源，而且需要从黑格尔唯心史观注重的自我意识，上升到马克思和恩格斯的世界历史观认识视野。民族认同的认知模式建构，也需在民族认同依靠二元对立认知模式形成民族自我意识的基础上，再上一层楼，发展到民族认同的多元共存的认知模式与认识视野。

一方面，走出民族认同二元对立认知的困境，需要变二元为多元的认知变化，需要认知到现实世界是一个差异性普遍存在的多元世界，需要承认与尊重民族之间差异性的客观存在。另一方面，走出民族认同二元对立认知的困境，也需变对立为共存的认知变化。尽管现实社会中的人们普遍存在着各种客观差异，但现实社会中的人们彼此之间，还存在着密切的交往、联系、合作等。走出民族认同二元对立认知的困境，需要注重建设民族及民族国家之间的互联互通与交流合作，以此建构民族以及民族国家之间的共存与发展。

与之相应，民族认同从二元对立发展到多元共存的认知模式，既是"历史向世界历史的转变"的发展大势，也是一种人们认识视野与思维观念超越自我意识的发展变化。所谓"智者搭桥，愚者筑墙"，按照黑格尔所说的主奴身份的二元相对认知模式形成的自我意识，导致的后果是容易将人们的认识视野与思维观

---

❶ 中共中央马克思恩格斯列宁斯大林著作编译局.马克思恩格斯选集（第一卷）[M].北京：人民出版社，2012：169.

念，始终囿于自我意识的藩篱之内。与之相反，遵循马克思和恩格斯注重客观现实的唯物史观与注重彼此联系的世界历史观，则表现为既尊重现实世界中的客观差异，又注重在交流与合作中谋发展、求共存。遵循马克思和恩格斯的唯物史观与世界历史观的民族认同发展道路，才是顺应世界历史潮流中社会分工与社会交往逐步深化发展的认识视野与思维智慧。

三、近现代以来欧洲民族认同建构的经验教训

在当代国内外的民族主义研究中，欧洲往往被诸多学者视为近现代民族主义思想的重要起源地。欧洲自中世纪晚期一直到近现代的历史发展，民族的现代性建构与民族国家创建，乃欧洲历史发展的重要历史发展趋势。第二次世界大战后，则开始了以民族国家为单位的欧洲一体进程。尽管当代欧洲一体化步履维艰，但与欧洲近现代民族现代性建构与民族国家创建过程中长期的打打杀杀相比较，当代欧洲一体化的历史发展，也是旧貌换新颜。因此，欧洲围绕着民族现代性建构与民族国家创建的民族认同建构的客观历史发展，为民族认同从二元对立走向多元共存的认知模式变化，提供了典型的认识案例。

具体来看，近现代之前欧洲的历史发展，欧洲自"蛮族入侵"的民族大迁移后，逐步形成的欧洲封建社会，既充斥着封建割据的社会分散，又充斥着等级分明的社会分层，整个社会难以凝聚。从欧洲中世纪晚期开始，欧洲的历史发展，通过诸多方式，既广泛发展共同的民族语言、文学、历史、风俗习惯、集体象征符号等民族文化，也从欧洲中世纪的封建国家形态，逐步发展为共同的民族国家，同时还广泛发展共同的民族经济。民族同一性的建构，成了从欧洲中世纪晚期直至近现代欧洲历史发展的重要旋律，欧洲由此逐步走出中世纪晚期社会的失序与混乱，在世界各地区中，欧洲特别是西欧也率先开始了现代社会的转型。民族同一性的认知建构形成的心理凝聚与社会凝聚，形成了欧洲近现代历史发展中政治、经济、文化领域等巨大变化，并成了近现代欧洲崛起的重要动力。欧洲近现代民族认同建构的历史经验表明，民族认同的建构，需要特别注重民族认同形成的民族凝聚与民族团结，这才是民族认同推进近现代以来无数社会变迁与历史发展的根本动力。

可是认知民族同一性，还需认知民族之间的差异性作为参照。近现代以来弘扬自我的欧洲，对待异己却误入了歧途，难以走出近现代欧洲编织的民族自我中

心主义牢笼。这具体表现在欧洲内部，近现代以来欧洲认知民族之间的差异性，既在欧洲各民族及民族国家之间，滋生了无数的敌对心态及战争冲突，并渐积跬步，最终汇集成为第一次世界大战、第二次世界大战等欧洲列强之间的激烈厮杀，同时也广泛地存在着歧视"非我族类"的现象，并一步步蜕变为惨绝人寰的种族大屠杀。这用当代英国历史学家彼得·弗兰科潘的话来说："世界大战和历史上最残酷的屠杀都能从欧洲找到根源。"❶ 认知民族之间的差异性渐入歧路，由此也最终酿出了近现代"欧洲文明的危机"。

近现代以来，欧洲认知民族之间的差异性误入歧路，还表现在欧洲与世界其他大洲诸多民族与国家彼此接触、相互交往的过程中，蜕变出了近现代欧洲列强无数的欧洲自我中心主义心态。在近现代以来的人类历史发展中，心怀欧洲自我中心主义的欧洲列强，对待世界其他地区的民族与国家，广泛依靠武力掠夺，满足欧洲列强的民族自我利益，"在欧洲称霸全球后的几个世纪里，一幕幕无情的兼并和贪婪开始上演。"❷ 二元相对的结果乃是物极必反、逆向而向，近现代欧洲列强"一幕幕无情的兼并和贪婪"，也激发了世界其他地区广泛的民族自觉与民族解放运动，第一次世界大战、第二次世界大战后的欧洲列强，也在世界格局中渐失优势地位。

因此，民族认同二元对立认知锻造出的民族主义这柄双刃剑，对于近现代欧洲历史发展的影响，可谓"成也萧何，败也萧何"。所成之处，在于民族认同二元对立认知中认知民族同一性的凝聚机制；所败之处，则在于民族认同二元对立认知中认知民族及民族国家之间差异性滋生的对立机制。近现代以来欧洲民族认同建构的历史经验与历史教训，说明民族认同二元对立认知中的凝聚机制与对立机制，关系着民族认同建构的功过是非与成败得失。欧洲近现代民族认同建构的历史教训也说明，在注重民族凝聚与民族团结的基础上，注重民族与民族国家之间的互联互通与合作共存，才是民族认同的发展出路。

经历了第一次世界大战、第二次世界大战等诸多对立冲突的文明危机之后，欧洲痛定思痛，开始了以民族国家为单位的欧洲一体化进程。以往历史中战乱不断的欧洲，也反思需要创建和平共存，并以创建互利合作的经济一体化作为突破

---

❶ 彼得·弗兰科潘.丝绸之路——一部全新的世界史[M].邵旭东，孙芳，译.杭州：浙江大学出版社，2016：223.
❷ 彼得·弗兰科潘.丝绸之路——一部全新的世界史[M].邵旭东，孙芳，译.杭州：浙江大学出版社，2016：222.

口与现实社会基础，由此开启与推动了欧洲一体化。在思想文化建设方面，提出了建构欧洲"多样性中的同一性"，既承认欧洲的文化多样性，也承认欧洲民族以及民族国家之间合作共存的同一性，以此作为建设欧洲民族以及民族国家之间关系的重要思想观念。当代欧洲一体化中所说的"多样性中的同一性"，典型地表现了当代欧洲民族认同建构多元共存认知的思想观念变化。

与之相应，当代欧洲的民族认同，在汲取欧洲近现代民族认同历史经验与历史教训的基础上，也重新焕发出民族以及民族国家之间彼此尊重、和平共存、互利合作等新面貌。第二次世界大战后欧洲的历史变化，犹如当代美国学者罗伯特·卡根所说："在欧洲，古老的国际关系法则已经被抛弃了。欧洲人正在寻求他们的新秩序，一种不受旧法则以及强权思想影响的新秩序。欧洲人正在走出霍布斯无政府状态世界而进入一个康德的永久和平世界。"❶

但犹如欧洲近现代历史发展进程中建构民族认同，可谓费尽智识，历尽曲折，当代欧洲建构民族以及民族国家之间的多元共存，依然是遍地荆棘、前路坎坷，形形色色的自我意识编织的牢笼，也始终如影随形，继续困扰欧洲一体化的发展进程。倡导"多样性中的同一性"的欧洲一体化，既可能故态重萌，继续沦于分离涣散、彼此相对的历史故态之中，又可能重建出一个"超级欧洲民族"，对待世界其他地区的民族与国家，继续秉承"超级欧洲民族自我中心主义"的心态与作为，在自我与他者二元相对的认知模式与思维模式之中继续沉沦。

当代欧洲诸多睿智之士，对此也进行了广泛论述。例如，当代英国著名历史学家阿诺德·汤因比指出："当西方人重新审视自己的时候，他不仅要面对自己，还要直视'灵魂的最深处'。这是一种令现代西方人望而却步的景象。"❷ 同样，当代德国著名社会学家埃利亚斯研究欧洲文明的进程也感慨道："从把自己和个人看作'封闭的人'这样一种观点中解脱出来肯定不是一件容易的事。"❸ 汤因比与埃利亚斯的相关论述，也源于在经历了第二次世界大战之后，强烈感受到欧洲文明的发展历程，饱受形形色色的自我意识滋生的个人自我中心主义、民族自

---

❶ 罗伯特·卡根.天堂与实力：世界新秩序下的美国与欧洲[M].肖蓉，魏红霞，译.北京：新华出版社，2004：88.
❷ 阿诺德·汤因比.变革与习俗：我们时代面临的挑战[M].吕厚量，译.上海：上海人民出版社，2016：188.
❸ 诺贝特·埃利亚斯.文明的进程——文明的社会发生和心理发生研究[M].王佩莉，袁志英，译.上海：上海译文出版社，2013：40.

我中心主义、欧洲中心主义等巨大困扰。

因此，第二次世界大战之后的欧洲一体化进程，尽管与欧洲近现代围绕民族现代性建构与民族国家创建的历史发展相比较，已经发生了诸多变化。但也必须注意到，弘扬自我，由此深陷自我意识编织的牢笼之中，在欧洲历史发展过程中，也犹如一条波澜壮阔的长河。其中既有古代希腊罗马文明的古典源头，也在后世发展过程中，不断汇入了埃利亚斯列举的"笛卡尔的'思维的我'、莱布尼茨的'没有窗户的单子'、康德的'认识主体'"等[1]，同时还有马克思和恩格斯批判的黑格尔"消失于自我意识之中"的历史哲学与唯心史观。由此形成注重自我的欧洲文化传统，也根深蒂固、蔚为壮观。身处其中的当代欧洲一体化，能够从个人自我中心主义、民族自我中心主义、欧洲自我中心主义等形形色色的自我牢笼之中解脱出来，既如汤因比所说，"是一种令现代西方人望而却步的景象"，也如埃利亚斯所说，"肯定不是一件容易的事"。

---

[1] 诺贝特·埃利亚斯.文明的进程——文明的社会发生和心理发生的研究[M].王佩莉，袁志英，译.上海：上海译文出版社，2013：31.

第一章 认同从二元对立到多元共存的认知演变

第一节 认同从认知自身到二元对立认知

一、人们认知自身的身份认同

认识欧洲民族认同从二元对立到多元共存的认知模式变化,首先需要认识民族认同的二元对立认知,但认识民族认同的二元对立认知,还需从当代学界广泛关注的认同的相关内涵着手。在最近几十年国内外的人文社会科学研究中,认同理论广泛吸引了政治学、社会学、人类学、哲学,以及历史学等诸多学科的关注,可是认同概念的内涵非常复杂,诸多学者也对此进行了广泛论述。

例如,20世纪90年代冷战结束后,美国哈佛大学政治学教授亨廷顿提出了引发广泛争论的"文明冲突论",此后亨廷顿还解读了"美国的国家文化认同"。在这些著作中,亨廷顿对认同的概念既广泛运用,也对其内涵进行了相应探讨。在探讨认同概念内涵的过程中,亨廷顿对认同概念的复杂性就谈道:

> 人们常说,Identity 这一概念"既不明确,又不能不用"。它有"多重意义,难以界定,无法用通常的尺度来衡量它"。20世纪著名学者埃里克·埃里克森专门研究过这一问题,说这一概念"无所不在",但又"含义模糊""莫测高深"。这个 Identity "令人心烦,可是又躲不开"。❶

---

❶ 塞缪尔·亨廷顿.我们是谁?——美国国家特性面临的挑战 [M].程克雄,译.北京:新华出版社,2005:20.

亨廷顿所说的英语"Identity"一词，最近几十年国内学界通常翻译为认同。认识认同概念的复杂内涵，也可以选择从认识英语"Identity"一词的内涵着手。在英语中，"Identity"一词具有一个非常基本的内涵，即指人们的身份。与之相应，国内学界翻译英文 Identity 一词的过程中，除了将其翻译为认同之外，还经常将其翻译为身份。其中最为常见的例子，就是由英文"Identity"一词延伸出来的"Identity Card"一词，通常翻译为身份证。国内学界一些学者也将认同与身份两个词汇，直接连接起来运用，构成了身份认同这一语言概念名称，认同理论也被国内学界一些学者称为身份理论。

英文"Identity"一词的基本内涵是指人们的身份，诸多英文辞典在解释"Identity"一词时，首先将"Identity"解释为"Who am I?"（"我是谁"）与"Who are we?"（"我们是谁"）等问题。除了相关英文辞典的解释之外，诸多学者在论述认同时，也有着同样的论述。例如，当代德国史学理论家、历史学家约恩·吕森认为："认同是对以下问题的答复：人是谁？（更准确地说：我是谁和我们是谁）"❶ 除此之外，亨廷顿论述美国国家认同的著作，其标题直接就是"Who are we?"（"我们是谁"）。

诸如"我是谁"及"我们是谁"等界定身份的问题，则是人们对于自身的认知。因此，英文"Identity"一词指人们的身份，这仅仅是其表面之意，人们对于自身的认知，这才是英文"Identity"一词诸多内涵的内在核心。在当代学界的研究中，也有学者追溯认同概念的内涵，已经追溯到了这一层次。例如，当代美国学者格林菲尔德就认为："任何认同的本质特征在于它必定是相关行为人对自身的看法……认同就是认知。"❷

当追溯到人们对于自身的认知，乃认同概念的内在核心时，则可以看出英文"Identity"一词乃亨廷顿所说其既"令人心烦，可是又躲不开"的根本原因。

一方面，正如当代法国思想家埃德加·莫兰所说："我们知道看起来最容易的事情却是最难的：这就是自我了解。"❸ 人们对于自身的认知，表面上看起来很简单，但实际上却是异常复杂，对此古希腊人将其比喻为斯芬克斯之谜。古往今来，人们对于自身的认知，尽管进行了万般论述与无数探讨，结果还是众

---

❶ 约恩·吕森. 历史思考的新途径［M］. 綦甲福, 来炯, 译. 上海：上海人民出版社, 2005：130.
❷ 里亚·格林菲尔德. 民族主义：走向现代的五条道路［M］. 王春华, 等译. 上海：上海三联书店, 2010：13.
❸ 埃德加·莫兰. 反思欧洲［M］. 康征, 齐小曼, 译. 北京：生活·读书·新知三联书店, 2005：14.

说纷纭，难以定论。认同之所以如亨廷顿所说的"令人心烦"，也是由于人们对于自身的认知，这非常复杂。人们对于自身的认知，稍不留神，就会误入歧路。

另一方面，英文"Identity"一词，之所以如亨廷顿所说的"躲不开"，则是因为人们对于自身的认知，尽管非常复杂，但又非常重要。例如，在作为西方文明重要源头的古代希腊，就广泛强调需要"认识你自己"；同样，在古代东方文明中，中国古代先贤也强调"吾日三省吾身"的说法，其也是提醒人们认知自身的重要性。由此可以看出，尽管认同理论最近几十年被国内外学界广为关注，但国内外学界广为关注的身份认同，其中蕴含着的人们认知自身的内在核心，自古以来，人类社会对此就非常重视。当代诸多学者广泛关注的认同，实际上是一个非常古老的问题，在东方文明或者西方文明的历史长河中，对此已经蕴含了大量的认识智慧。认识认同，也需吸收其中广泛存在的认识智慧。

二、认同从主观性、客观性到多样性的演变

既然身份认同的关键内涵在于人们对自身的认知，由此则可以看出，身份认同首先是一种人们的主观心理活动，身份认同存在于人们的主观内心世界之中。在认同具有的诸般特征中，认同具有主观性，当属认同的首要特征。

认同具有主观性，有具体表现。例如，认同的基本内涵是指人们的身份，其表现为"我是谁"与"我们是谁"等认知自身的问题，人们提出或者回答这些问题，只不过是人们的一种主观内心活动。与之相应，认同概念的广泛运用与认同理论的兴起，也与研究人类主观心理活动的心理学密切相关。在学界对于认同的研究中，有学者就认为，认同理论最初开始出现于心理学的研究范畴之内，它提出于20世纪50年代初期，其中美国著名的精神分析家埃里克松，就对此做出了重要的理论贡献。

认同具有主观性，这在汉语的认同作为语言概念名称的运用过程中，也存在相应的具体表现。例如，构成汉语认同一词中的"认"字，延伸出来的相应词汇，则有认知、认识、认可等内涵，其指涉的对象都是人们的主观心理活动，并典型地呈现了认同的主观性。国内一些学者在阐释英文 Identity 一词时，不仅将英文 Identity 一词解释为认同或者身份，还将其阐释为人们的身份意识。人们明白自己身份的意识活动，是存在于人们的内心世界之中，这同样呈现了认同的主

观性。除此之外，英文 Identity 一词表示人们的身份，这表现在人们的日常社会生活话语中，人们也会经常说"应该明白自己的身份"，这依然是一种主观心理活动，同样呈现了认同的主观性。

认同具有主观性，成为认同概念的内涵非常复杂的重要根源。具体来说，无论是认同指涉人们的身份意识，抑或是认同蕴含着的人们对于自身的认知，都蕴藏在人们的内心世界之中。所谓"画虎画皮难画骨，知人知面难知心"，既然认同蕴藏在人们的内心世界之中，因此认同也是隐秘抽象、难以认识的。

同时，蕴藏在人们的内心世界之中的认同，也会变化为随心所欲、随意而为，这也犹如当代英国著名的民族主义理论家安东尼·史密斯所说："要在认同中寻找'本质'是徒劳的，因为它们总是在变动，往往可能根据需要做出调整。"[1] 认同作为一种主观心理活动，不同的人们之间，由于生活环境、生活阅历、文化水平等多方面的差异，因此对于自身的认知以及相应的身份意识，往往具有万般变化。即使具体的某一个人，在不同的时空环境中，其对于自身的认知及相应的身份意识，也是变化不定。认同的主观性，也让认同变得极为复杂。

认同具有主观性，这表现在当代学界追溯认同内涵的历史发展过程中。加拿大哲学家查尔斯·泰勒认为："早期对于认同题目予以最大影响的是黑格尔。"[2] 泰勒将当代学界关注的认同追溯到近代德国著名哲学家黑格尔，这更为具体地说，身份认同的关键，乃人们对于自身的认知。在近代人类文化思想发展过程中，黑格尔特别注重人类的主观心灵与精神现象。更为重要的是，在诸般主观心灵与精神现象之中，黑格尔特别注重主观心灵与精神现象中人们对于自身的认知。例如，黑格尔强调，"在精神方面，最高的成就便是自知"[3]。

同时，当代学界关注的认同，还表现为"我是谁"与"我们是谁"等认知自身的问题，人们对此进行回答形成的主观心灵与精神现象，则是觉醒的自我意识，而自我意识也是黑格尔关注人类精神现象与内心范畴的重要对象。人类通过认知自身，由此形成自我意识觉醒，也被黑格尔比喻为"盲人睁开了眼睛"[4]。

---

[1] 安东尼·史密斯.全球化时代的民族与民族主义[M].龚维斌，良警宇，译.北京：中央编译出版社，2002：35.

[2] 查尔斯·泰勒.现代性之隐忧[M].程炼，译.北京：中央编译出版社，2001：56.

[3] 黑格尔.历史哲学[M].王造时，译.上海：上海书店出版社，2006：66.

[4] 黑格尔.历史哲学[M].王造时，译.上海：上海书店出版社，2006：95.

可以看出，当代学界关注认同，其涉及的自我认知与自我意识等内涵，对此黑格尔已经做了诸多论述。尽管如此，马克思和恩格斯在批判黑格尔唯心史观的过程中，指明了黑格尔唯心史观的关键学理缺陷。例如，黑格尔注重人类的主观心灵与精神现象，马克思和恩格斯批判批判黑格尔唯心史观，称其"在'纯粹精神'领域中兜圈子"❶。同时，黑格尔注重人类的主观心灵与精神现象，也发展为特别注重滋生了无数主观心灵与精神活动的自我意识，马克思和恩格斯批判黑格尔唯心史观，对此同样一言以概之，称为"最终消失于'自我意识'中"❷。

因此，走出认同的主观性会导致认同隐秘抽象、难以认识并且还变化不定等认识困境，也需在马克思和恩格斯批判黑格尔唯心史观并创建唯物史观中的智慧中寻找出路。具体来说，黑格尔唯心史观"在'纯粹精神'的领域中兜圈子"，并"最终消失于'自我意识'中"。马克思和恩格斯在批判黑格尔唯心史观的基础上创建唯物史观，通过诸多论述阐明的关键学理，则是"意识并非一开始就是'纯粹'的意识"❸。将马克思和恩格斯的这一论述，运用于认识当代学界广泛关注的认同，则会发现对于认同的认识，不能止步于只认识到认同是一种人们认知自我形成的身份意识。

将马克思和恩格斯唯物史观的认识智慧，运用到当代学界广泛关注的认同研究，则会认识到认同尽管作为人们主观心灵世界的一种身份意识，其之所以能够闯入人们的主观内心之中，需要人们的自我认知，可是人们的自我认知，总得需要客观对象，其还需要认知人们自身的各种客观现实。研究认同，需要将目光投向滋生认同诸般主观心灵的客观现实世界，才能走出认同主观性导致的认同异常复杂的认识困境。

更为具体地说，认同作为人们主观心灵活动中的一种身份意识，在于现实社会生活中的人们，始终生活在一定地域之内、说着一定的语言、归属于一定的社会集体、有着某种特定的社会生活方式等。人们对这些形形色色的客观特征进行认知，方才形成人们内心之中的身份意识。倘若人们的认知活动，缺乏人们的认

---

❶ 中共中央马克思恩格斯列宁斯大林著作编译局.马克思恩格斯选集（第一卷）[M].北京：人民出版社，2012：174.
❷ 中共中央马克思恩格斯列宁斯大林著作编译局.马克思恩格斯选集（第一卷）[M].北京：人民出版社，2012：174.
❸ 中共中央马克思恩格斯列宁斯大林著作编译局.马克思恩格斯选集（第一卷）[M].北京：人民出版社，2012：160-161.

知活动必须面对的客观对象，人们的认知活动，也是"两眼一抹黑"，实在难以形成黑格尔将自我意识觉醒所比喻的"盲人睁开了眼睛"。

因此，认识当代学界广泛关注的认同，许要如马克思和恩格斯批判黑格尔唯心史观所说的，不能"在'纯粹精神'领域中兜圈子"，并"最终消失于'自我意识'中"，仅仅认识到认同乃是一种自我身份意识，而是需要更进一步，认识形成自我身份意识的各种客观现实状况。与之相应，认同尽管具有主观性，但在认同主观性的前方，还存在着认同的客观性。

认同中的自我认知及身份意识的形成，始终离不开人们自身所在的客观现实世界与所具有的各种具体特征，由此认同也具有客观性。这表现在当代学界的认同研究中，诸多学者对于认同的客观性也进行了广泛论述。例如，当代美国人类学家乔纳森·弗里德曼就谈道："自我界定并不是在真空中发生的，而是发生在已经被界定的世界中。"❶ 同样，当代英国著名的民族主义理论家安东尼·史密斯也强调："我们发现自己一生来就被某种特定的认同所缚。"❷

大致来说，人们的自我认知与身份意识的形成，主要来源于人们认知现实客观世界中两方面的具体特征。一方面，人们生活在各种社会集体组织之中，人们可以通过所在的家庭、工作单位、国家等各种社会集体认知自身身份。另一方面，现实世界中的人们往往存在各种客观特征，其中包括人们生活在一定的地域之中，具有一定的性别，信奉一定的宗教，从事一定的职业，使用某一语言等。这反映在人们的现实社会生活中，界定人们身份认同的身份证，也主要是依靠人们的性别、年龄、民族、籍贯、所在国家等客观特征。

也正是依靠认同的客观性，形成了各种形式的身份认同界定。一方面，人们按照所在的各种社会集体认知自身身份，与之相应的认同可以概括为集体认同，其主要表现为人们的家庭认同、各种社会职业集体认同、国家认同等。另一方面，人们把自身具有的性别、出生与生活的地理区域、运用的语言、从事的社会职业、信仰的宗教等，与之相应的认同可以概括为类别认同，其主要表现为人们的性别认同、地域认同、语言认同、职业认同等认同形式。认同中认知同一性的建构过程，也犹如德国著名哲学家哈贝马斯所说："任何人都不能脱离其他人同

---

❶ 乔纳森·弗里德曼.文化认同与全球性过程[M].郭建如，译.北京：商务印书馆，2003：116.
❷ 安东尼·史密斯.全球化时代的民族与民族主义[M].龚维斌，良警宇，译.北京：中央编译出版社，2002：148.

他共同具有的相同性来建立他自己的同一性。"❶

可以看出，通过认识认同的客观性，主观性的认同能以辨析。但追溯到客观性这一层次后，则需进一步认识认同客观性之中，还蕴藏着认同的多样性。所谓认同的多样性，具体表现为人们界定自己的身份，需要认知人们存在的多种客观特征与所在的多样社会集体。就人们存在的各种客观具体特征而言，其包括人们所在的地域、性别、语言、职业、民族、宗教信仰等。各种特征之中，更是存在多种层次、多种类型之分。同样，人们所属的社会集体，也表现为家庭、工作单位、国家等多种多样的社会集体。与之相应，认同也具体表现为性别认同、语言认同、职业认同、民族认同、宗教信仰认同、地域认同、家庭认同、职业单位认同、国家认同等，其形式多样、类型繁多。

在当代学界对于认同的研究中，诸多学者对于认同的多样性同样进行了广泛论述。例如，当代法国思想家埃德加·莫兰强调，在我们身上集合了家庭认同、地方认同、地区认同、国家认同、超国家认同，或者还有宗教派别的认同，从这一意义上来说，我们都是多重认同的人。❷现实社会中的人们，往往具有多种身份，也具有多重的社会角色，这也是认同多样性的现实社会表现。

其中亨廷顿在提出"文明冲突论"的过程中，对于认同的多样性也论述道："每个人都有多种认同，它们可能会互相竞争或彼此强化，如亲缘关系的、职业的、文化的、体制的、地域的、教育的、党派的、意识形态的及其他的认同。"❸在解读美国国家认同的过程中，亨廷顿则对"Identity"这一概念表示的各种身份，进行了更为详细的划分。亨廷顿认为，人们的身份可以划分为：

（1）归属性的，例如年龄、性别、祖先、血缘家族、血统民族属性、人种属性；

（2）文化性的，如民族、部落、从生活方式界定的民族属性、语言、国籍、宗教文明；

（3）疆域性的，如所在街区、村庄、城镇、省份、国别、地理区域、洲、半球；

（4）政治性的，如集团、派别、领导地位、利益集团、运动、事业、党派、意识形态、国家；

（5）经济性的，如职务、职业、工作单位、雇主、产业、经济部门、工会、阶级；

---

❶ 尤尔根·哈贝马斯.重建历史唯物主义[M].郭官义，译.北京：社会科学文献出版社，2000：17.
❷ 埃德加·莫兰.反思欧洲[M].康征，齐小曼，译.北京：生活·读书·新知三联书店，2005：122.
❸ 塞缪尔·亨廷顿.文明的冲突与世界秩序的重建[M].周琪，等，译.北京：新华出版社，2002：133.

（6）社会性的，如友人、俱乐部、同事、同仁、休闲团体、社会地位。❶

可以看出，尽管亨廷顿对于人们的身份认同，进行了具体、细致的分类，但却是形式多样、纷繁复杂，几乎囊括了人们现实社会生活中的方方面面，非常明显地呈现了认同的多样性。

值得注意的是，认同的多样性，也导致人们的认同种类繁多，并且彼此之间互相纠缠，犹如一团乱麻，难以对其进行清晰划分。举例来说，尽管亨廷顿对于人们各种各样的身份进行了详细的分门别类，但一定地域中的人们，可能运用着不同的语言、存在于不同的社会集体之中、信奉着不同的宗教。同样，具有共同语言的人们，也往往会存在不同的社会集体之中、信奉着不同的宗教。多种多样的认同彼此交织，同样成了亨廷顿所说的认同概念"令人心烦，可是又躲不开"的重要根源。追溯认同的内涵，当追溯到了认同的多样性特征之后，又再次面临着认同多样性带来的巨大困扰。

三、认同中认知同一与认知差异的二元相对

尽管人们的认同多种多样，各种形式的认同错综交织，可是在认知自身的身份认同过程中，还是能够快刀斩乱麻，广泛地运用着一种认知同一与认知差异的二元相对认知，将彼此之间错综交织、犹如一团乱麻的认同多样性，一刀两断、一分为二，由此将认同的多样性变复杂为简单、化多样为二元。

正如当代英国著名历史学家阿诺德·汤因比所说："人性中所独具的首要特征就是自觉意识，这包括了人的自我意识和他对外部世界——包括人类同胞和人类之外的、有生命的或无生命的自然世界的——的意识。"❷ 所谓认知同一与认知差异的二元相对认知，主要表现为人们认知自身的过程中，一方面广泛运用一种归纳概括的认知方法，认知到客观现实社会之中彼此之间存在着的共同之处，与之相应，认同的过程，也成了一个求同的认知过程；另一方面广泛运用比较的认知方法，认知到客观现实社会之中人们彼此之间的差异之处，与之相应，认同的过程，还成了一个求异的认知过程。认知"同一"与认知"差异"，犹如一枚硬币的两面，构成了身份认同过程中相互对立的两元。当代学界广泛关注的身份认

---

❶ 塞缪尔·亨廷顿.我们是谁？——美国国家特性面临的挑战[M].程克雄，译.北京：新华出版社，2005：25.

❷ 阿诺德·汤因比.变革与习俗：我们时代面临的挑战[M].吕厚量，译.上海：上海人民出版社，2016：11.

同中蕴含着的对于自身的认识，既需认知自我，还需认知他者。

从表面上来看，在身份认同中的自我意识形成过程中，认知"同一"与认知"差异"，两者之间相互对立。可是认知到客观现实社会之中彼此之间存在着的共同之处，还往往需要依靠参照物，其需要依靠与之不同的差异作为参照。因此，认知"同一"与认知"差异"两者之间，尽管犹如一枚硬币的两面，但却是你也离不开我，我也离不开你，两元之间还相互依赖、彼此作用，并形成了人们身份认同过程中的认知差异与认知同一的二元相对。

身份认同过程中认知差异与认知同一的二元相对，首先在英文"Identity"一词指涉人们身份这个基本内涵的扩展过程中，就有着非常明显的体现。一方面，英语"Identity"一词从表示人们的身份这一内涵出发，延伸出了具有同一性、共性、一致性、同质性等内涵。一定的人们共同归属某种社会集体、生活于某一方共同的地域之中、说着某种共同的语言等，其构成了这些人们的同一性、共性、一致性、同质性等，对其进行认知，不仅能够认知自身，还能够认知自身身份，认同需要认知同一。

另一方面，英语"Identity"从表示人们身份这一内涵出发，也延伸出了差异性、特殊性等内涵。在现实社会生活中，人们属于不同的社会集体，具有不同的性别、使用着不同的语言、生活于不同的地域、从事着不同的职业、具有不同的风俗习惯和生活方式，其构成了人们之间具有的差异性、特殊性等。对其进行认知，不仅能够认知自身，还能够认知自身身份，认同还需要认知差异。认同中需要回答"我是谁""我们是谁"等问题，还需要回答"我不是谁""我们不是谁"等问题作为参照。

因此，正如汤因比所强调："自我意识和对他人的意识似乎是相反相成的，属于同一个心灵范畴。"[1] 在当代学界对于认同的研究中，诸多学者对于认同的论述，也是着眼于认同二元相对认知中认知同一与认知差异的相互依赖、彼此作用。例如，当代美国著名国际政治理论家亚历山大·温特就指出："认同的基本原理也是如此：它假设'他们'（they）与我们（we）是根本不同的，而提高认同的可能性取决于他们与我们是一致的。"[2] 温特所说的"他们与我们不同"，针

---

[1] 阿诺德·汤因比. 变革与习俗：我们时代面临的挑战［M］. 吕厚量，译. 上海：上海人民出版社，2016：72.

[2] 亚里山大·温特. 国际政治中认同和结构变化［M］//约瑟夫·拉彼德，弗里德里希·克拉脱赫维尔. 文化和认同：国际关系回归理论. 金华，译. 杭州：浙江人民出版社，2003：82.

对的是认同的差异性,温特所说的"他们与我们的一致",针对的是同一性。

同样,当代加拿大著名哲学家查尔斯·泰勒也认为:"我们的同一性是在与他人的对话中,是在与他们对我们的认同的一致或斗争中形成的。"❶ 泰勒所说的"我们的同一性"需要与"具有差异性的他们的对话与斗争"方能确定,针对的则是同一与差异之间的相互作用关系。除此之外,当代英国学者戴维·钱尼也对此论述道:"现代的历史非常明白地表明,与他人的认同必然带来与另外一些人的区别:一个联合的群体,不论是种族的、性别的、还是年龄的,带来在成员和非成员之间的划分。"❷

认同二元相对认知中认知同一与认知差异的相互依赖、彼此作用,这表现在汉语认同一词的运用过程中,当代国内学界对于英文 Identity 一词,将其翻译为汉语的"认同"一词,汉语的"同"字,具有相同、共同、同一等内涵,这能够准确地表达英文 Identity 一词的同一性、共性、一致性、同质性等内涵。可是,认知同一还需要认知差异作为参照,英文 Identity 一词,还具有差异性、特殊性等内涵,这已经走向了汉语的"认同"一词具有相同、共同、同一等内涵的反面。从汉语的"认同"一词的字面之意,实在难以看出英文 Identity 一词具有的差异性、特殊性等内涵。

尽管如此,在中国传统文化中,对于身份认同过程中认知同一与认知差异的二元相对认知,却蕴藏着大量的认识智慧。例如,中国古代先贤不仅强调"吾日三省吾身"的重要性,同时还强调"不患人之不己知,而患不知人也"。这也说明了人们身份认同过程中涉及的认知自身的关键问题,不仅需要认知自己,还需要认知他者,"吾日三省吾身",需深入认知他者作为镜鉴。除此之外,所谓认知同一与认知差异的二元相对,更是中国古人所说的"知彼知己"。因此,尽管认同理论最近几十年广受国内学界关注,但中国古人所说的"知彼知己",也点明了认同理论中二元相对认知的关键。人们认知自身的身份认同,既需"知彼"与"知己"的二元相对认知,也需在"知彼知己"的认知道路中不断前行。

四、身份认同中二元相对认知的广泛运用

可以看出,认同的关键首先表现为人们对于自身的认知,但人们认知自身,

---

❶ 查尔斯·泰勒.现代性之隐忧[M].程炼,译.北京:中央编译出版社,2001:52.
❷ 戴维·钱尼.文化转向:当代文化史概览[M].戴从容,译.南京:江苏人民出版社,2004:155.

则必须认知人们的客观现实状况。因此，倘若把人们界定自身身份的认知活动，比喻成一座桥，这座桥的一边，连接的是人们认知自身需要认知的客观现实，这座桥的另一边，连接的则是人们认知客观现实世界后形成的主观内心世界状况。与之相应，认知差异与认知同一的二元对立认知，则是搭建了人们身份认同中的认知之桥的重要模型。人们身份界定的认知活动，也是广泛地在这座二元对立认知的认知之桥上行走。认知差异与认知同一的二元对立认知，在人们的身份界定过程中，也有着广泛的具体运用。

早在古代希腊，尽管古代希腊人已经知道认知自身的重要性，可是对于界定人们社会身份中蕴含的认知自身，古代希腊人对此的相关论述，就已经广泛地呈现了古代希腊人的二元对立认知思维。举例来说，古代希腊是奴隶制社会，人们的社会身份也广泛地充斥着主人与奴隶两种身份的二元相对。当古代希腊人回答"我是谁""我们是谁"等身份认同的关键问题时，作为古希腊文化集大成者的亚里士多德，就对于古代希腊社会中主人与奴隶两种身份认同论述道："主人仅仅只是奴隶的主人，他并不属于奴隶，相反，奴隶不仅是主人的奴隶，而且整个属于他。"❶ 可以看出，亚里士多德对于其所在时代主人与奴隶两种社会身份的回答，遵循的是一种主人与奴隶的二元相对认知思维模式。

近现代以来的欧洲，不仅将古希腊文化视为其古典根源，同时也在"认识你自己"的道路继续前行。但对于界定人们社会身份中蕴含的认知自身，还是难以摆脱亚里士多德关于主人与奴隶的二元相对认知的思维模式。举例说来，近现代德国著名哲学家黑格尔的历史哲学与唯心史观，犹如马克思和恩格斯所批判的不仅在"'纯粹精神'领域中兜圈子"，而且"最终消失于自我意识之中"。黑格尔的历史哲学与唯心史观，不仅注重"纯粹精神"，还特别注重"纯粹精神圈子"中的自我意识。可是自我意识又究竟如何形成？黑格尔在其《精神现象学》一书中则论述道："这个意识是通过另一个意识而自己与自己相结合。"❷

可以看出，即使黑格尔的历史哲学与唯心史观，已经从亚里士多德注重的奴隶与主人之间的社会身份，发展到注重奴隶与主人之间的社会身份中，还藏着自我意识，但即使追溯到了自我意识，也同样存在着"这个意识"与"另一个意识"的彼此结合与二元相对。对于"纯粹精神"中自我意识形成的二元对立认知

---

❶ 亚里士多德. 政治学 [M]. 颜一, 秦典华, 译. 北京：中国人民大学出版社, 2003：7.
❷ 黑格尔. 精神现象学（上卷）[M]. 贺麟, 王玖兴, 译. 北京：商务印书馆, 2013：144.

原理，黑格尔在其《精神现象学》一书中，也继续选择了主奴之间的二元相对作为具体例子，以此阐述人们身份认同中二元对立认知的重要模型。主人与奴隶都是人们的外在身份，主奴身份意识的形成，在于主奴之间的二元相对，黑格尔的主奴理论，阐明了一种主奴身份界定过程中的二元相对认知原理。

因此，黑格尔的历史哲学与唯心史观，在"'纯粹精神'领域中兜圈子"，并"最终消失于自我意识之中"，对于其所最终消失的自我意识，黑格尔则是依靠主奴理论中两两相对、两两相连的二元相对认知，来回答自我意识的形成根源。对此，马克思和恩格斯评价道：

> 有一位思想极其深刻但又怪诞的研究人类发展原理的思辨哲学家，常常把他所说的两极相联规律赞誉为自然界的基本奥秘之一。在他看来，"两极相联"这个朴素的谚语是一个伟大而不可移易地适用于生活一切方面的真理，是哲学家所离不开的定理，就像天文学家离不开开普勒定理或牛顿的伟大发现一样。❶

马克思和恩格斯将黑格尔主奴理论中论述的身份认同形成依靠的两两相对、两两相连，比喻为"哲学家所离不开的定理，就像天文学家离不开开普勒定理或牛顿的伟大发现一样"。这具体表现在人们身份意识形成的过程中，不仅黑格尔所说的主奴之间身份意识的形成，需要依靠主奴之间的二元相对与两极相连，现实社会中的人们性别有男女之分，人们居住或者生活的外在环境，也有东西方之别与城乡之异等。与之相应，人们的身份界定，也存在着男人与女人、东方人与西方人、城市人与农村人等的二元相对。

当代学界诸如女性主义研究、东方主义研究、城乡关系研究等具体的学术研究领域，其中的诸多学者，也广泛论述了男人与女人、东方人与西方人、城市人与农村人等身份界定的二元相对。例如，当代法国著名的女性主义研究学者波伏娃，其揭示"女性是男性的他者"这一命题，也正是针对男人与女人身份认同的二元相对认知。波伏娃就强调："在最原始的社会，在最古老的神话，都可以发现二元性的表达方式——自我和他者。"❷

同样，当代美国著名的文学理论家萨义德的东方主义研究，也是针对东方人与西方人身份认同的二元相对认知。萨义德也论述道，东方是"欧洲最深奥、

---

❶ 中共中央马克思恩格斯列宁斯大林著作编译局.马克思恩格斯选集（第一卷）[M].北京：人民出版社，2012：778.

❷ 西蒙娜·德·波伏娃.第二性（全译本）[M].陶铁柱，译.北京：中国书籍出版社，2004：3.

最常出现的他者（the Other）形象之一。此外，东方也有助于欧洲（或西方）将自己界定为与东方相对照的形象、观念、人性和经验"❶。除此之外，当代英国马克思主义文化理论家雷蒙·威廉斯在其《乡村与城市》一书中论述的城乡关系，则是针对城市人与农村人身份认同的二元相对认知。雷蒙·威廉斯开篇就指出："将乡村与城市作为两种基本的生活方式，并加以对立起来的观点，其源头可追溯至古典时期。"❷

从表面上来看，认同特别是界定人们身份认同的二元对立认知，犹如文字游戏一般。但正如当代美国人类学家乔纳森·弗里德曼所说："文化认同对那些参与其中的人来说并不仅仅是游戏，而是精神上和社会生存上生死攸关的严肃的策略问题。"❸人们的身份认同如弗里德曼所说，在"精神上和社会生存上生死攸关"，其既广泛地影响人们主观的思想观念状况，也广泛影响人们客观的现实社会生活状况。举例来说，波伏娃、萨义德、雷蒙·威廉斯等人，在其各自女性主义研究、东方主义研究、城乡关系研究等具体的学术研究领域，首先在其开场白中揭示了男女之间、东西方之间、城乡之间的二元相对认知，紧接着的论述内容，则是各自阐述相应的二元相对认知对人们思想观念与社会生活的广泛影响。

因此，认识各种形式的二元相对认知，不仅需要认识在人们的身份界定过程中广为运用的各种形式的二元相对认知，同时还需继续认识人们的身份界定过程中广为运用的各种形式的二元相对认知，对人们内心世界的思想观念与现实社会生活的影响。

第二节 认同二元对立认知的双重功能及其困境

一、认同二元对立认知塑造的双重内心世界

认识认同中各种形式的二元相对认知，广泛影响人们的思想观念与社会生活，其中的根本原因，在于认同的基本内涵是指人们的身份，人们具有什么样的

---

❶ 爱德华·W. 萨义德. 东方学 [M]. 王宇根, 译. 北京: 生活·读书·新知三联书店, 2007: 2.
❷ 雷蒙·威廉斯. 乡村与城市 [M]. 韩子满, 刘戈, 徐珊珊, 译. 北京: 商务印书馆, 2013: 1.
❸ 乔纳森·弗里德曼. 文化认同与全球性过程 [M]. 郭建如, 译. 北京: 商务印书馆, 2003: 66.

身份，因此也具有相应的内心世界状况与社会生活面貌。但更为具体地来说，由于认知同一与认知差异的二元相对，广泛地界定着人们的身份认同，因此，身份认同对人们内心世界状况与社会生活的广泛影响，还具体表现为认知差异与认知同一的二元相对认知两个侧面，也犹如花开两朵，对人们内心世界状况与社会生活面貌，会产生两个不同侧面的双重影响。

再具体到各种形式的二元认知对人们内心世界的影响，总的来说，认知同一与认知差异两元之间，生长出的人们内心世界状况，则是两两相对并且截然相反的双重内心世界状况。一方面，认知同一性的认知机制，能够发展出一种人们彼此之间的心理凝聚机制，能够将人们内心世界中的意识、情感及伦理价值观念等心理活动凝聚为一。另一方面，认知差异性的认知机制则截然相反，能够蜕变为一种人们彼此之间的心理排斥机制，能够将人们内心世界中的意识、情感及伦理价值观念等分隔开来。

就认知各种形式的同一性，能够演变成为一种人们彼此之间的心理凝聚机制来说，认知各种形式的同一性具体表现为人们认知到彼此之间具有来自共同的地域、说着共同的语言、具有共同的性别特征、信仰共同的宗教等某种共同特征、属于某种形式的社会集体等各种形式的同一性，这首先能够将人们主观内心世界中的意识凝聚起来，形成一种人们共同的心理意识。因此，认知各种形式的同一性，首先能够在人们内心世界中，搭建出一种人们彼此之间同心同意的共同心理意识家园。

认知各种形式的同一性，能够形成一种人们共同的心理意识。其中的"意"，除了表现为共同的身份意识之外，还能够在人们的内心世界中发展出一种共同的心理意愿，这意味着人们彼此之间，具有某种认可、承认、同意、赞成等心理活动。在当代学界的认同研究中，国外一些学者也强调英文 Identity 一词，与英文 Willing（意愿）一词具有密切关联。同样，将英文 Identity 一词翻译为汉语的"认同"，也具有认可、承认、同意、赞成等内涵，其同样呈现了英文 Identity 一词表示人们具有某种共同心理意愿的内涵。认知同一性搭建出一种共同的心理意识家园，也会发展成为共同的心理意愿。

另外，人们的身份认同，不仅与人们的身份意识密切相关，还与人们的内心情感活动密切相关。认知各种形式的同一性，能够演变成一种人们彼此之间的心理凝聚机制，还表现为其在一种共同的身份意识基础上，能够将人们的情感凝聚起来，并在人们的内心世界中，进一步搭建出一种情投意合的共同心理情感家园。

这具体来说，所谓人非草木，孰能无情，人们内心世界中不仅仅存在着各种心理意识，还会以各种心理意识为起点，形成喜怒哀乐愁等各种情感活动。与之相应，认知同一性形成的人们的身份意识，也会扩展而成相应的喜怒哀乐愁等各种情感活动。举例来说，人们认知到彼此之间具有来自共同的地域、说着共同的语言、信仰共同的宗教等某种共同特征，或者彼此之间属于共同的集体，这首先在人们内心世界中，形成彼此之间具有某种共同之处的心理意识。但人们的内心世界活动，还会以相应的心理意识为起点，在共同的地域、说着共同的语言、信仰共同的宗教中的人们的内心世界之中，会形成一定的亲切、熟悉及友爱之情。

这表现在人们的现实社会生活中，所谓"美不美、家乡水，亲不亲、故乡人"，人们以家乡之水为美、以故乡之人为亲，这些具体的心灵情感表现，由人们地域认同的心理意识衍生而成，也是具体的地域认同搭建出的一种共同情感家园的具体表现。除了具体的地域认同之外，现实社会生活中的人们，也需通过自身所在的各种社会集体界定自身的身份。在人们的各种集体认同中，人们对于自身所属的社会集体，当其兴旺发展之际，人们往往为其骄傲自豪；当其遭受挫折危难之时，人们往往为其焦虑忧愁。人们对于自身所归属的社会集体，为其高兴为其忧等诸般情感变化，也是由人们的集体认同萌生。

对于人们身份认同滋生的相关情感活动表现，当代学界也有相关研究。例如，当代法国学者多米尼克·莫伊西在其倡导的"情感地缘政治学"中就谈道：

如果20世纪是"美国的世纪"和"意识形态的世纪"，我认为，各种强有力的证据都证明，21世纪将是"亚洲的世纪"和"身份的世纪"。从意识形态到身份认同的转变，是同时发生的，也就是说，我们对待这个世界的情感已经变得比以往任何时候都更加重要。[1]

可以看出，莫伊西所说的"情感地缘政治"，根源于莫伊西注重的身份认同中的心理意识。莫伊西进一步论及的世界各地的自豪、焦虑等"情感地缘政治"表现，则是身份认同由心理意识进一步发展到情感领域的具体表现。莫伊西所说的"情感地缘政治"，也是身份政治发展到情感领域的具体表现。

---

[1] 多米尼克·莫伊西.情感地缘政治学——恐惧、羞辱与希望的文化如何重塑我们的世界[M].姚芸竹，译.北京：新华出版社，2010：7.

最后，人们的身份认同不仅涉及人们的心理意识、心理情感等，还会发展到人们内心世界中如何立身处世的伦理道德价值观念层次。具体来说，身份认同中的关键问题，主要表现为"我是谁""我们是谁"等问题，提出与回答这些问题，这首先形成了人们内心世界中的身份意识，但人们一旦在心理意识层次明白了"我是谁""我们是谁"等问题，还会向"为了谁""为了什么"等问题发展，由此在人们内心世界中形成共同的价值奉献对象。

与之相应，人们认知各种形式的同一性，不仅能够在人们内心世界中搭建一种共同的心理意识家园与心理情感家园，还能够搭建一种同心同德的共同伦理道德价值观念家园。在这个共同的伦理道德价值观念家园中，人们围绕着共同的目标积极奉献，共同承担责任，共同努力奋斗，由此汇聚为一种人们的共同伦理道德价值观念。

因此，当认识了认知同一性形成的意识、情感、伦理道德价值观念等诸般表现后，可以看出，认知各种形式的同一性，能够将人类社会中一颗颗的个体心灵连接起来，能够让人们的内心世界心有所向、情有所归，生长出人们万众一心、心心相连的共同心灵家园。在这个共同的心灵家园中，存在着共同的心理意识、心理情感、伦理道德价值观念等，其让本是一颗颗的个体心灵不再游离孤单，而是心有所属、情有所归。认知各种形式的同一性对于人们内心世界的影响，也犹如近代法国心理学家勒庞所说："聚集成群的人，他们的感情和思想全都采取同一个方向。"❶

但认知同一性所形成的诸般心灵效果，仅仅是二元相对认知中的一个侧面。各种形式的二元相对认知影响人们内心世界，还存在着另外一个侧面，即各种形式的二元相对认知中的认知差异性，也能够形成人们内心世界中的一番天地。但认知差异性形成的内心世界天地，却是截然相反的另一番模样。总的来说，倘若说认知各种形式的同一性形成的人们内心世界状况乃万众一心，那么认知各种形式的差异性形成的人们内心世界状况，则是人心各异，并且会蜕变为人们内心世界存在着的一种心理排斥机制。

在当代学界的研究中，当代美国著名国际政治理论家亚历山大·温特就对此论述道："建构自身独立的行为体取决于在自我和他者之间创立并维持一条界线，

---

❶ 古斯塔夫·勒庞.乌合之众——大众心理研究[M].冯克利,译.北京：中央编译出版社，2005：3.

所以即便是个人和团体身份也是以'差异'为先决条件的。"❶ 更为具体地说，认同需要人们认知在生活地域、语言、性别特征、宗教信仰、所在的社会集体等方面的差异，与之相应，在人们的心理意识深处，那些在生活地域、语言、性别特征、宗教信仰、所在的社会集体等方面的，与自身存在着差异的人们，往往会被视为"外人""陌生人"或者"他者"，由此形成了人们内心世界中各种形式的他者意识。认知各种形式的差异性，在人们心理意识这一起点上，已经开始筑起一道道的心灵壁垒，生长出无数心理意识的隔膜。

认知各种形式的差异性，不仅会生长出彼此有别的心理意识，还会以此为基础，在人们内心世界中的情感领域，生长出情各有异的情感表现。人们认知到生活地域、语言、性别特征、宗教信仰、所属的社会集体等方面的差异，与之相应，人们内心世界中的心理情感，也是各有所托。

更为重要的是，倘若认知各种形式的同一性，形成彼此之间一定的亲切、熟悉及友爱之情，由此形成彼此之间同欢乐、共忧愁的共同情感世界，那么人们认知到生活地域、语言、性别特征、宗教信仰、所属的社会集体等存在差异，其所生长出的情感世界状况，则广泛充斥着生疏、冷漠等。对于与自身存在着差异的人们，人们不仅在心理意识层面，将其视为"他者""外人"及"陌生人"等，还会在人们的情感世界中，发展出对于具有差异性的"他者""外人"及"陌生人"等的猜疑、恐惧、厌恶、歧视等诸般情感。由身份认同滋生的相关情感活动差异，不仅广泛地存在于人们的现实社会生活中，更会扩及国际政治领域。例如，在当代学界的研究中，当代法国学者多米尼克·莫伊西在其所倡导的"情感地缘政治学"中，对此谈道：

在一个不断变动着的没有疆界的世界中，这个"我们是谁"的问题就越来越与每个人密切相关。身份认同与自信息息相关，反过来自信或者缺乏自信，也会通过情感表达出来，特别是通过恐惧、希望或者羞辱等各种情感表达出来。❷

除了情感领域的相关表现之外，在伦理价值观领域，认知各种形式的同一性，能够在人们的内心世界中生长出共同的价值奉献对象，可是认知生活地域、语言、性别特征、宗教信仰、所属的社会集体等方面的差异，在人

---

❶ 亚里山大·温特.国际政治的社会理论[M].秦亚青，译.上海：上海人民出版社，2003：283.
❷ 多米尼克·莫伊西.情感地缘政治学——恐惧、羞辱和希望的文化如何重塑我们的世界[M].姚芸竹，译.北京：新华出版社，2010：4.

们内心世界中的伦理道德价值观念领域，生长出人们价值奉献的对象，则是各有所向。同时，人们对于自身所属的社会集体或者与自身具有同一性的人们，彼此之间能够共同承担责任，可是对于那些自身不属于的社会集体或者与自身具有不同特征的人们，人们普遍所持的价值观念，则是用不着为其承担责任。因此，认知同一性与认知差异性的二元相对，在人们伦理价值观念领域内，也会生长出"各人自扫门前雪，哪管他人瓦上霜"的二元相对。

因此，当认识了认知差异性形成的意识、情感、伦理道德价值观念等诸般表现后，还可以看出，认知同一性，能够形成一种万众一心、心心相连的人心世界状况；与之相反，认知差异性，则能够形成一种人心各异、心各所向的人心世界状况。认知各种形式的同一性，犹如一条条绳子，将人类社会中个体心灵连接起来，让本是孤立个体的心灵不再游离；与之相反，认知各种形式的差异性，则犹如一道道鸿沟，也犹如一道道壁垒，能够将人们的心灵隔离开来。认知同一与认知差异，两者不仅二元相对，两者生长出的人们的内心世界，也是冰火两重天。

二、认同二元对立认知塑造的双重社会生活面貌

认知同一与认知差异的二元相对，不仅会在人们的内心世界中演变出一种心理凝聚机制与一种心理排斥机制的两两相对，同时，人心世界凝聚与排斥的冷暖相对，总是会在人们的现实社会中表现出来。认知同一性，能够生长出人们现实社会中的团结凝聚；与之相反，认知差异性，则能够衍生出人们现实社会中的对立冲突。认知同一与认知差异的二元相对，也能够演变出一种社会凝聚机制与一种社会排斥机制的两两相对。

就认知同一能够演变出一种社会凝聚机制来说，其中身份认同的心理意识会向心理意愿发展，人们的心理意愿，则会激发人们相应的社会行为。当代美国著名国际政治理论家亚历山大·温特对此论述道："意愿总是为了得到某种东西，所以就起到了一种积极的解释性作用，因为意愿是驱动身体的力或能。"[1]更为具体来说，人类社会由一个个的个体成员所构成，其犹如一粒粒散沙。所谓"物以类聚，人以群分"，人们认知到共同的地域、信仰共同的宗教、说着共同的语言、

---

[1] 亚历山大·温特.国际政治的社会理论[M].秦亚青,译.上海：上海人民出版社,2000：147.

具有共同的性别特征或者职业特征，以及属于共同的社会集体等，不仅会形成人们共同的身份意识，还会向共同的心理意愿发展，并驱动着人们聚集成群。这也犹如当代德国著名社会学家哈贝马斯所说："集体的同一性规定着个人的社会属性。……人的同一性是通过他与其他同一个群体中的其他人的关系形成的。"[1] 人们身份认同过程中认知各种形式的同一性，能够激发现实社会中团结凝聚、抱团取暖，以个体形式存在着的人们，由此不再孤单。

  对此，在当代学界对于认同的研究过程中，社会整合（social integration）这一概念也受到了广泛重视，其也被用于指涉社会中各个部分的连接状况、依赖程度及凝聚状况。社会整合的概念之所以被广为重视，是因为各种形式的认同，往往存在着一定的社会整合功能。但更为具体地说，各种形式的认同，往往存在着一定的社会整合功能，主要表现为二元相对认知中的认知同一，在发挥着社会整合的功能。认知各种形式的同一性，能够形成人们彼此之间的社会整合与社会凝聚，并形成人们彼此之间广泛的联系、团结、合作等。由此，认知各种形式的同一性，不仅是连接人们意识、情感、伦理道德等诸般心灵的绳子，也是以个体形式存在着的社会成员之间的社会黏合剂，并聚合成为人们社会生活中的联系、合作、团结等。

  就认知各种形式的同一性形成的社会整合与社会凝聚的具体表现而言，在人们各种形式的认同中，虽然人们认知到共同的地域、职业、性别、年龄等特征，能够形成人们的联系、合作及团结等社会整合与社会凝聚，但其往往仅限于特定的社会场景中，并且也很模糊。与之相应，人们还往往以各种形式的类别认同为基础，构建各种形式的社会集体，并具有明确的人员构成、组织结构、合作目标等。各种形式的社会集体之中，人们具有更加密切的凝聚、团结、合作等关系。因此，各种形式的社会集体认同，更为有效地呈现了认同的社会凝聚与社会整合功能。

  在当代学界对于认同的研究过程中，诸多学者论述认同的社会凝聚与社会整合功能，也是重点针对集体认同。一些学者把集体认同，解释为集体中人们的团结与合作等。例如，亚历山大·温特认为，集体认同是以人们的团结、合作、共有等感觉作为基础。[2] 同样，当代德国著名哲学家哈贝马斯也反复强调，集体认

---

[1] 尤尔根·哈贝马斯.重建历史唯物主义[M].郭官义，译.北京：社会科学文献出版社，2000：21.
[2] 亚里山大·温特.国际政治中认同和结构变化[M]//约瑟夫·拉彼德，弗里德里希·克拉脱赫维尔.文化和认同：国际关系回归理论.金烨，译.杭州：浙江人民出版社，2003：77.

同表现为在集体之中人们之间一种抽象的团结关系。❶ 各种形式的社会集体认同，更为有效地呈现了认同的社会整合功能，各种形式的社会集体，也成了人们合作、团结关系的容纳器。社会集体中人们的团结凝聚状况，构成了社会集体的内在生命力。

对此马克思和恩格斯也早就指出："只有在共同体中，个人才能获得全面发展其才能的手段。"❷ 各种形式的集体认同，不仅形成了凝聚、团结、合作等的社会整合，同时也正是因为其所表现出凝聚、团结、合作等，进一步将各种形式的社会集体，发展成为人们的安身立命之所。人们依靠集体认同安身立命中的"安身"，是因为各种形式的集体认同及其社会整合功能，与人们的社会归属密切相关。在对于认同的研究中，相关学者也论及了集体认同的社会整合与人们的社会归属之间的关系。英国著名的文化史学家彼得·伯克就谈道："每当说到'我们'的时候，都是在表达着一种与他人团结的意识，对某个共同体的归属感觉，无论这个共同体是大是小，是暂时的还是永久的，是和谐的还是不和谐的。"❸ 除此之外，国外一些学者在阐述英文"Identity"一词的内涵时，也特别强调认同与英文"belong"（归属）一词密切相关。

人们依靠集体认同安身立命中的"立命"，则是因为各种形式的集体认同，不仅关系着人们的社会归属，还关系着人们的切身命运。在对于认同的研究中，诸多学者也广泛地追溯到人们的身份认同与命运共同体意识之间的密切关系。例如，亚历山大·温特强调："只有当共同命运是客观条件的时候，才能够成为集体身份形成的原因，因为'同舟共济'的主观意识是集体身份的建构因素。"❹ 同样，法国思想家埃德加·莫兰在广泛论述了认同的相关特征之后，也最终强调："我们已经走到了命运共同体这一步。"❺

各种形式的集体认同，关系着人们的切身命运，这在人们的现实社会生活中，有着广泛的现实社会表现，倘若人们所归属的社会集体团结兴旺，人们的现实社会生活面貌，则会安居乐业。与之相反，则是"危巢之下，安有完卵"？人

---

❶ 尤尔根·哈贝马斯.后民族结构[M].曹卫东，译.上海：上海人民出版社，2002：20.
❷ 中共中央马克思恩格斯列宁斯大林著作编译局.马克思恩格斯选集（第一卷）[M].北京：人民出版社，2012：199.
❸ 彼得·伯克.语言的文化史——近代早期欧洲的语言和共同体[M].李霄翔，等，译.北京：北京大学出版社，2007：6.
❹ 亚里山大·温特.国际政治的社会理论[M].秦亚青，译.上海：上海人民出版社，2000：437.
❺ 埃德加·莫兰.反思欧洲[M].康征，齐小曼，译.北京：生活·读书·新知三联书店，2005：100.

们归属的社会集体危难衰弱，人们的现实社会生活状况则会颠沛流离。作为个体的人们所归属的社会集体的兴衰荣辱，总是关系着以个体形式存在的人们的切身命运变化。因此，各种社会集体不仅界定着人们的身份，同时还成了一个命运共同体。人们的身份认同意识，也表现为命运共同体意识。

再进一步说，认知同一既能够搭建出人们共同的社会归属，也能够搭建出人们彼此之间的同病相怜，这也反过来激发了认知同一性能够在人们内心世界中，生长出共同的身份意识、共同的情感寄托对象、共同的伦理道德价值观念等主观心理活动。认知各种形式的同一性，在人们的客观现实生活中，能够逐步建构成为人们的安身立命之所；在人们的主观内心世界中，能够逐步建构成为心有所归的心灵家园，两者之间，也是相生相成。

可是身份认同中各种形式的二元相对认知，影响人们的现实社会生活状况，不仅表现为认知同一性影响人们的诸多社会状况，还表现为认知差异性，同样影响着人们的现实社会状况。所谓"物以类聚，人以群分"，认知同一性将人们聚集成群，由此形成一种社会凝聚机制，可是认知差异性则会将人们分化成不同的群体。各种形式的差异性，既犹如一道道沟壑，也犹如一堵堵墙垒，在人们的现实社会中，能够演化出一种社会排斥机制与社会隔离机制。

具体来说，各种形式的差异性，往往能够发展出人们现实社会生活之中的诸多差异。例如，在现实社会生活中，人们的性别特征，有着男女差异。男女性别特征的差异，也进一步衍生出了如服饰、社会交往、社会职业等诸多社会生活中的"男女之别"。人们居住与生活的外在地理区域，尽管山水相连，但其间的差异，既衍生出了各种形式的"楚河汉界"，也衍生出了各地"十里不通俗"的社会生活面貌。人们从事的社会职业的差异，衍生出了人们"隔行如隔山"的社会生活面貌差异。

可以看出，倘若说认知同一性，通过搭建人们的联系、合作、团结等，形成人们共同的社会归属与人生命运，将作为个体成员的人们凝聚为一体，那么各种形式的差异性，则会衍生出人们不同的社会归属与不同的人生命运。差异性的客观存在，既生长出了人类社会的人间百态与世象万千，也生长出了无数的社会排斥与社会隔离。

更为重要的是，认知各种差异性形成的内心之中的疑惧、猜忌、偏见等主观之心，还会作为心理基础，演化出现实社会中的排斥、隔离，甚至对立、冲突、战争等。这也犹如郝时远先生所说："惧怕差异、污名差异、排斥差异、消除差异成为人类社会发展过程中的主流意识，由此而引起的矛盾、冲突、战争几乎充满了人类历史。"❶ 认知差异性演变出的诸般社会表现，让以往历史与现实社会中的人们，也饱受排斥、对立、冲突、战争之苦。

三、二元对立认知双重功能的二律悖反

认知同一与认知差异，构成了人们身份认同中的二元相对，两元之间，既能够生长出人们内心世界的双重天地，也能够生长出人们现实社会生活的双重面貌。但对身份认同中的二元对立认知中的认识，尚不能局限于此，而是需要更进一步认识到，认知同一与认知差异的两元之间，还彼此作用，由此赋予了身份认同中二元对立认知的双重功能，还具有二律悖反的特征。

所谓二元对立认知中认知同一与认知差异的二律悖反特征，首先具体表现在人们认知自身的身份意识形成过程中。人们形成身份意识，可以归结为提出与回答"我是谁"或者"我们是谁"等问题。但在人们形成身份意识的认知过程中，越是需要弄清楚"我是谁"或者"我们是谁"等问题，则越需要弄清楚"我不是谁"或者"我们不是谁"等问题。换而言之，在认知同一与认知差异的二元对立中，越需要认知到"自我"的特性及"我们"的同一性，则越需要认知到"自我"与"他者"及"我们"与"他们"之间的差异性。

因此，身份认同中二元对立认知的二律悖反特征，首先存在于认同所指涉的身份意识形成过程中。二元对立认知形成人们身份意识的二律悖反特征，在各种形式的认同中有着广泛的具体表现。以人们的地域认同为例，居住在某一地域的人们，能够形成自身的地域认同，需要与居住的其他地域的"外人"或者"他者"与之对应，对应关系愈明显，人们才能愈明显地感受到彼此之间地域特征的同一之处。不仅地域认同如此，诸如语言认同、性别认同、宗教认同，以及各种社会集体认同，也存在类似的二律悖反特征。

但二元对立认知的二律悖反特征，不仅表现在人们认知自身的身份意识形成过程中，还表现在其生长出的人们内心世界与现实社会的双重天地之间。在这双重天地之间，越是凸显依靠认知同一性形成的团结与凝聚，则越容易形成与具有

---

❶ 郝时远.社会主义和谐社会的重要观念：尊重差异、包容多样［M］//周大鸣，何星亮.文化多样性与当代世界.北京：民族出版社，2008：23.

差异性之间的他者的隔离。二元对立认知的二律悖反特征，会导致人们在构建团结与凝聚的过程中，适得其反，人为地蜕变为构建人们之间的敌对关系。其中敌我关系中的"我们"，具有某种同一性；敌我关系中的"敌人"，则是具有差异性的"外人"与"他者"。因此敌我之间，明显地呈现了认同过程中认知同一与认知差异的二元相对，在敌我之间的二元对立中，越是需要强化具有某种同一性的"我们"的团结凝聚，也越是需要凸显与"外人""他者"的差异性及敌对关系，并演化出人为地制造人类历史中无数的对立、冲突、战争等。

二元对立认知的这种二律悖反特征，在当代学界一些学者的相关研究中，也有着相应的具体表现。例如，亨廷顿提出"文明冲突论"，以及解读"美国国家文化认同"，其中对于身份认同的诸多论述，则是根植于身份认同中认知同一与认知差异的二元对立认知原理。亨廷顿在其提出的"文明冲突论"中，对于身份认同的二元对立认知就论述道："任何层面上的认同（个人的、部族的、种族的和文明的）只能在与'其他'——与其他的人、部族、种族或文明——的关系中来界定。"❶ 在亨廷顿解读"美国国家文化认同"的过程中，对于认同与他者以及外人关系的论述，也更为广泛。例如，亨廷顿论述道：

Identities 由自我界定，但又是自我与他人交往的产物。他人对一个人或一群体的看法影响到该个人或群体的自我界定。如果一个人进入一个新的社会环境，被认为是"外人"，该人自己大概也会认为自己不属于这一群体。❷

倘若亨廷顿提出"文明冲突论"与解读美国的国家认同，其对于身份认同的诸多解读，根植于身份认同中认知同一与认知差异的二元对立认知原理，那么亨廷顿提出"文明冲突论"与解读美国的国家认同的用意，则是力图运用身份认同中二元对立认知中认知同一性存在着的心理凝聚功能与社会凝聚功能，搭建西方世界与美国国内社会的团结与凝聚。

例如，亨廷顿提出"文明冲突论"，是在冷战结束后，力图运用其所说西方的基督教的西方文明同一性，代替资本主义的意识形态对于西方社会的凝聚功能。同样，亨廷顿解读美国的国家认同，则是面对当代美国现实社会背景，根据美国早期移民的地域来源与宗教信仰，将美国文化归纳概括为一种其所说的盎格

---

❶ 塞缪尔·亨廷顿.文明的冲突与世界秩序的重建[M].周琪，等译.北京：新华出版社，2002：134.
❷ 塞缪尔·亨廷顿.我们是谁？——美国国家特性面临的挑战[M].程克雄，译.北京：新华出版社，2005：22.

鲁—新教文化。尽管这种归纳概括很笼统，难以概括美国作为一个移民国家形成的多样化来源，却是力图运用其凝聚功能，作为美国国家的文化同一性，搭建美国国内社会的团结与凝聚。

但亨廷顿提出的"文明冲突论"与解读的美国国家文化认同，也把二元对立认知中认知同一与认知差异的二律悖反，引入到了一条人为地建构冲突与对立的歧路。其在人为建构出同一性的同时，也滑向了认同二元对立认知的另一个侧面，即蜕变为对于存在着差异性的他者，人为地将其演化为敌人。在此后解读美国国家文化认同的过程中，对于具有差异性的他者向敌人的演化，亨廷顿也作了更为详细的论述：

承认差别，不一定会引起竞争，更不一定会引起仇恨。然而，即使是心理上并不需要什么仇恨心的人，也有可能陷于最终与人为敌的过程。要区分，就必然要比较，看"我们"跟"他们"的区别何在。要比较，则会做出评估："我们"的做法比"他们"的做法是优还是劣。群体的自我中心主义会让人有理由证明自己比别人强，需要证明自己群体的优越性。竞争导致对立，使本来较狭窄的区别感导致比较强烈和较根本性的同异感。这种认识模式固定下来，就会将对立面妖魔化，使对方变成敌人。❶

可以看出，尽管亨廷顿提出的"文明冲突论"，被认为是冷战结束后涌现出的一种国际政治新理论，但其仍然是强调对立的冷战思维模式的延续。所谓冷战思维模式，是第二次世界大战后英国的丘吉尔及美国驻苏联大使乔治·凯南等一大批西方政治家与学者，根据意识形态的差异，将世界一分为二的一种思维模式，其仍然是一种典型的二元对立认知模式。在亨廷顿解读的美国国家文化认同中，其"文明冲突论"中延续冷战思维的二元对立认知模式，则进一步聚焦于美国的国家身份认同，其副标题"我们是谁"则是身份认同中的核心问题。

对此，当代英国学者爱德华·莫迪默评论亨廷顿的"文明冲突论"时就指出："他正确地认识到，在冷战的后果中，以群体认同——文化的、族裔的、宗教的、民族的——为基础的划分，发挥着新的作用。"❷亨廷顿提出"文明冲突论"及解读"美国国家文化认同"的重要作用，呈现了身份认同问题在当代世界

---

❶ 塞缪尔·亨廷顿.我们是谁？——美国国家特性面临的挑战[M].程克雄，译.北京：新华出版社，2005：24.

❷ 爱德华·莫迪默，罗伯特·法恩.人民·民族·国家——族性与民族主义的含义[M].刘泓，黄海慧，译.北京：中央民族大学出版社，2009.

的重要性，但亨廷顿对此的诸多论述，也呈现了二元对立认知的人类思维陷阱，其强调的仍然是身份认同二元对立认知中无数的对立与冲突。

冷战结束后，身份认同的重要性日趋凸显，其不仅限于亨廷顿关注的美国国家文化认同，而是波及整个世界范围。例如，当代法国学者多米尼克·莫伊西倡导的"情感地缘政治学"强调：

在冷战时期，从来没有任何理由去问"我们是谁"。答案简单而明显，地图上画着两个敌对集团，将地球分为两大地区。但在一个不断变动没有疆界的世界中，这个"我们是谁"的问题越来越与每个人密切相关。❶

多米尼克·莫伊西倡导的"情感地缘政治学"，还有一个副标题，即"对塞缪尔·亨廷顿文明冲突论的创造性回应"，但莫伊西所作的"创造性回应"，主要是针对身份认同的差异，在人们情感世界形成的情感反应。多米尼克·莫伊西所说"情感地缘政治学"的诸多情感表现，更为具体地说，是身份认同中二元对立认知模式扩展到人们情感领域的具体表现。

身份认同中二元对立的认知模式与思维模式，不仅在亨廷顿分析的国际政治与美国国内政治中有着相应的具体表现，同时在诸如东西方之间、男女之间、城乡之间的关系中，也存在相应的具体表现，并且广泛地在人们的内心活动与现实社会生活中，塑造出冰火两重天的面貌与状况，两两相对之间，更是互为悖论，其也迫切需要走出诸多二元对立认知的困境。

第三节 认同走出二元对立认知困境的多元共存认知

一、变二元为多元的认知变化

在20世纪90年代冷战结束后，对于世界格局的演化与走向，亨廷顿秉承冷战中对立冲突的思维模式，提出了仍然强调对立冲突及遏制孤立等思维模式的"文明冲突论"。与之相应，身份认同备受学界关注，身份认同中二元对立认知的原理，以及其进一步形成的心理影响与社会影响，也被诸多学者广为论述。尽管

---

❶ 多米尼克·莫伊西.情感地缘政治学——恐惧、羞辱与希望如何重塑我们的世界[M].姚芸竹，译.北京：新华出版社，2010：4.

如此，在当代学界，文化多元主义还是受到诸多学者的广泛关注。对于当代世界文化多元主义的发展状况，当代英国著名的人类学家齐格蒙特·鲍曼就总结道：

"多元文化主义"是近来由制造舆论的有识阶层给出的解决这个世界关于各种价值准则以及方向的不确定性的最普通的办法。这种解决方法正在迅速变成"政治准确性"的准则，甚至变成了一条再也不需要被理解的公理，变成了所有进一步的深思熟虑的引言，变成了信念的基石。❶

从齐格蒙特·鲍曼的这一论述可以看出，文化多元主义正在发展成为影响当代世界的重要文化思想观念。与之相应，文化多元主义不仅受到了当今学界一些学者的广泛关注，诸如联合国教科文组织等国际组织，也广泛倡导文化多元主义。例如，1992年，联合国教科文组织成立了世界文化与发展委员会，并组织世界各国的专家学者编写了《文化多样性与人类全面发展——世界文化与发展委员会报告》，其中也强调：

复杂的现实要求我们在不同的层次上采取不同的措施。公然违反多元化的行为、针对不同民族与文化的冲突和犯罪在世界上广泛存在。国际社会必须为各国政府指出更明确的责任与义务，设立行使和保护文化权利的国际标准。联合国的道德劝诫和道义支持以及国际公众舆论的作用可以派上大用场。对那些反对文化歧视、支持文化多元化的国家，联合国要给予道义上的支持。❷

从总体上来说，当代一些学者及诸如联合国教科文组织等国际组织，广泛关注文化多元主义的内在原因，也与学界对于身份认同的广泛关注，特别是身份认同中形形色色的二元对立认知的现实社会影响，存在着密切关联。

具体来说，尽管身份认同中二元对立认知的认知同一，能够形成具有某种同一性的人们的连接、凝聚等，并往往演化成为一种人们主观内心与现实社会的凝聚机制，但其另一侧面则是认知差异性，容易滋生出具有差异性的人们之间的歧视、隔阂、对立等，进而蜕变为一种人们主观内心世界与现实社会生活中的排斥机制及对立机制，由此导致现实社会中的排斥、对抗及冲突。联合国教科文组织编写的《文化多样性与人类全面发展——世界文化与发展委员会报告》，阐释其倡导的文化多元主义的根源时指出："人类正面临前所未有的挑战。要战胜这些

---

❶ 齐格蒙特·鲍曼.共同体：在一个不确定的世界中寻找安全[M].欧阳景根，译.南京：江苏人民出版社，2003：153.
❷ 联合国教科文组织.文化多样性与人类全面发展——世界文化与发展委员会报告[M].张玉国，译.广州：广东人民出版社，2006：33.

挑战，不但需要世界各族人民的共同努力，还需要人们在思想和行动上有一次大的转变。"❶

可以看出，形形色色的二元对立认知之所以误入歧路，主要是人们在认知差异性这个环节出了问题。认知差异性引发的诸多蜕变，成了形形色色二元对立认知的"阿喀琉斯之踵"。走出形形色色的二元对立认知困境的基本前提，首先需要对待差异性的认知能够有所变化，需要认知到现实世界并不是一分为二、一刀两断的二元世界，而是一个多姿多彩的多元世界。诸多学者及联合国教科文组织等倡导的文化多元主义呈现的认知变化，也具体表现为在身份认同中形形色色的二元对立认知基础上，需要变二元为多元。

人类社会之所以是一个多姿多彩的多元世界，是因为差异性客观地存在着。犹如尽管都是同一棵树上的树叶，可是同一棵树上，却没有两片相同的树叶，差异性广泛地客观存在着。现实社会中的人们，在诸如性别、地域、职业、语言及所属的社会集体等方面，尽管具有某种同一性，但再进一步追溯，具有某种同一性的人们彼此之间，还是客观地存在着各种各样的差异。差异性的客观存在，形成了现实社会是一个多姿多彩、万花齐放的多元世界。

与之相应，同一性与差异性的二元之间，差异性广泛地客观存在着，同一性则具有建构的特征，在当代一些学者的相关研究中，诸多学者对此也进行了广泛论述。例如，有学者论述道："文化差异就像是一支万花筒，虽然可变化出千万种面貌，但同样可还原化约为抽象的'一'。"❷差异性普遍存在着，并赋予了现实世界的多姿多彩，同一性只不过是对普遍存在着的差异性"还原化约为抽象"的结果。在当代学界对于认同的研究中，诸多学者也重点论述了同一性的建构特征。例如，有学者认为："所有的同质性必须通过筛选、分离和排斥，从大量杂乱的多样性中精选出来，所有的一致性需要被创造。"❸

从相应的论述可以看出，认知同一性，是人们在认知活动中，将本质上存在着的各种差异"归之为一"，同一性仅仅是人们运用归纳概括的方法得出的认知

---

❶ 联合国教科文组织.文化多样性与人类全面发展——世界文化与发展委员会报告[M].张玉国,译.广州：广东人民出版社,2006：1.
❷ 克斯汀·海斯翠普.他者的历史：社会人类学与历史制作[M].贾士蘅,译.北京：中国人民大学出版社,2010：11.
❸ 齐格蒙特·鲍曼.共同体：在一个不确定的世界中寻找安全[M].欧阳景根,译.南京：江苏人民出版社,2003：10.

结果。对此，当代英国著名历史学家彼得·伯克针对"共同体""文化"及"认同"等，就特别强调：

> 无论在我们从事历史学或社会学的实践活动，还是在日常生活中，"共同体"一度是个不可或缺但同时又充满危险的用语。在这方面，它与"认同"很相似，甚至与"文化"一词非常相似。……使用"共同体"一词，就像使用"文化"一词那样，它的危险性在于这个词汇似乎和同质性、与外界的界限分明以及取得了共识的意思，而这些意思在从事脚踏实地的研究时却根本无法找到，无论这种"脚踏实地"的研究是历史学的、社会学的还是人类学的研究。❶

既然同一性如彼得·伯克所说，即使"从事脚踏实地的研究时却根本无法找到"，其只能找到差异性的客观存在，那么，变二元为多元的认知变化，其根本前提也是将二元对立中的"惧怕差异、污名差异、排斥差异、消除差异"，变化为承认差异、尊重差异及包容差异。这成了当代一些学者以及联合国教科文组织等倡导的多元主义的根本思想。

例如，英国学者沃特森在其《多元文化主义》一书中，在探讨了多元文化主义的诸多内容后，在结语中指出："作为我们遵照行事的一种原则的多元文化主义，要求我们所有人具有对差异的接受能力、对变革的开放心态、追求平等的激情和在其他人的生疏感面前承认熟悉的自我的能力。"❷ 而联合国教科文组织编写的《多种文化的星球——联合国教科文组织国际专家小组的报告》也在开篇中强调："在当代世界上，多样性不仅是一个事实，而且是一个必须掌握和正确评价的重要事实。"❸

可以看出，在二元对立认知中，对于差异性的认知，往往蜕变为惧怕差异、排斥差异、消除差异等。在当代一些学者及国际组织倡导的文化多元主义中，则变化为承认差异、尊重差异、接受差异等。对待客观存在着的差异，从惧怕、排斥、消除等，变化为承认、尊重、接受等，构成了变二元为多元的认知变化的基本前提。

---

❶ 彼得·伯克.语言的文化史——近代早期欧洲的语言和共同体［M］.李宵翔，等译.北京：北京大学出版社，2007：5.

❷ C.W.沃特森.多元文化主义［M］.叶兴艺，译.长春：吉林人民出版社，2005：119.

❸ 欧文·拉兹洛.多种文化的星球——联合国教科文组织国际专家小组的报告［M］.戴侃，辛未，译.北京：社会科学文献出版社，2001：3.

二、变二元为多元的认知变化中深入认知差异

正如齐格蒙特·鲍曼论述文化多元主义所说:"对文化多样性的承认只是事情的起点,而非结束。"❶变二元为多元的认知变化,需要认知到现实世界中差异性客观地存在着,由此承认差异、尊重差异,这仅仅是变二元为多元的认知变化的基本前提。变二元为多元的认知变化,还得在承认差异、尊重差异的基本前提下,需要在认知客观存在着的差异的道路上不断前行,不断深入认知客观存在着的差异。

之所以需要不断深入认知客观存在着的差异,首先在于客观现实世界的差异性是普遍地存在着的,但形形色色的二元对立认知,变多样为二元,变复杂为简单,这实际上是一种一刀两断、一分为二的简单化的认知行为。对此,亨廷顿在其倡导的"文明冲突论"中也承认:

简化的范式或地图对于人类的思想和行动是必不可少的,一方面,我们必须清楚地阐述理论或模式,并有意识地运用它们来指导我们的行为……另一方面……又把现实简化到能够很好地服务于我们的目的。❷

人们所在的现实世界千差万别、多姿多彩,二元对立认知将其一刀两断、一分为二,这种简单化的认知,尽管清晰简约,并且如亨廷顿所说,能够"清楚地阐述理论或模式",但这种简单化的认知模式,首先存在的问题是不符合差异性与多样性普遍存在的客观现实。拿亨廷顿提出的"文明冲突论"与解读的"美国国家认同"来说,亨廷顿在其"文明冲突论中",将欧美世界概括为一种基督教文明,在解读的"美国国家认同"中,将"美国国家认同"概括为对于"盎格鲁-撒克逊"文化与清教文化的认同,这实际上是一种简单化的归纳概括。

对此,诸多学者也提出了相应的质疑。例如,当代德国学者哈拉尔德·米勒就认为,亨廷顿的文明冲突论,实际是一种"我们反对他们"的理论,这一理论模式过于简单,简单化则是一种不幸。❸亨廷顿的"文明冲突论"之所以如米勒所说,是一种"过于简单的理论模式",在于尽管欧美世界存在着诸多的文化多样性,但亨廷顿却根据其长期信仰的基督教,将其归纳概括为一种基督教文明。

---

❶ 齐格蒙特·鲍曼.共同体:在一个不确定的世界中寻找安全[M].欧阳景根,译.南京:江苏人民出版社,2003:169.

❷ 塞缪尔·亨廷顿.文明的冲突与世界秩序的重建[M].周琪,等,译.北京:新华出版社,2002:10-11.

❸ 哈拉尔德·米勒.文明的共存——对塞缪尔·亨廷顿"文明冲突论"的批判[M].郦红,那滨,译.北京:新华出版社,2002:19-28.

同样，美国本是由世界诸多民族移民形成的移民国家，但亨廷顿却根据早期到达美国的移民者是盎格鲁-撒克逊人，还是清教徒，将"美国国家认同"概括为对于"盎格鲁-撒克逊"文化与清教文化的认同。尽管这种归纳概括是在纷繁复杂的历史发展中，找出某种具体的历史发展以偏概全，但由此还层层演绎，将把世界分为具有同一性的"我们"与具有"差异性"的"他们"，并成为一种简单化的二元对立认知模式。欧洲与美国的历史发展中的文明表现与文化表现，也不局限于是一种基督教文明以及"盎格鲁-撒克逊"文化与清教文化。

更为重要的是，二元对立认知的简单化认知，还可以追溯到认同的自我性。认同具有自我性，这表现在英文 Identity 一词的内涵演变过程之中，界定人们身份的"Who am I"（"我是谁"）这一问题，其主要涉及的问题，乃涉及个体的自我身份。同样，界定人们身份的"Who are we"（"我们是谁"）这一问题，则涉及作为群体的自我身份。因此，身份认同的过程中，总是存在着内在的"自我"作为根本前提，自我性也成为身份认同的重要特征。认同的自我性，根源于人的自我性。现实社会中的人们，始终以个体的形式存在着。以个体的形式存在着的人们，其思维意识活动与现实社会活动，始终以一个个内在的自我作为根本出发点，再以此扩及群体的自我。人的自我性，决定了形成人们身份认同中的认知活动总是以自我为前提，这容易将人们引入认知歧路，即容易误入形形色色的自我中心主义陷阱。

因此，正如当代英国著名历史学家阿诺德·汤因比所说："在人类的认识体系中，对于人性本身的认识是最薄弱的。"❶ 汤因比所说的对人性本身的认识非常薄弱，更为具体地说，还表现为人们对于自身的认识，始终会以自我意识作为起点。对此汤因比强调："人性中首要的独具特征就是自觉意识，随着自觉意识的形成，生命的生理和生理进化特征已超越了纯粹的生物性阶段，进入了'后生物学阶段'。"❷ 尽管自我意识的形成，犹如汤因比所说，会让人之所以为人，可是还会让人的思维与认识，误入自我意识的陷阱之中难以自拔，并形成诸般自以为是、自作聪明的认知困境。

与之相应，形形色色的身份认同二元对立认知中蕴藏着的自我中心主义，犹

---

❶ 阿诺德·汤因比. 变革与习俗：我们时代面临的挑战 [M]. 吕厚量, 译. 上海：上海人民出版社, 2016：11.

❷ 阿诺德·汤因比. 变革与习俗：我们时代面临的挑战 [M]. 吕厚量, 译. 上海：上海人民出版社, 2016：24.

如查尔斯·泰勒在研究认同的过程中所说,其"黑暗面是以自我为中心,这使我们的生活既平庸又狭窄,使我们的生活更缺少意义,更缺少对他人及社会的关心"❶。同时,身份认同中的核心问题是人们对于自身的认知,但人们对于自身认识中以自我意识为核心的自我中心主义,在认知过程中往往容易自成一体、封闭隔绝,对此当代德国社会学家埃利亚斯谈道:

他们的自我认识便成了天经地义,成了一种永久地处于状态中的人类特征,成了所有人通常的、自然的共同经验。个人是一个封闭的人,一个自成一体的小世界,一个完全独立地存在于大千世界之外的小世界,个人完全是由这种观念来确定的。每一个他人同样也是一个封闭的人,他的本质、他的天性和他自身同样也只存在于他的内心。一堵看不见的墙把他的内心与一切外部的东西以及一切其他的人隔绝开来。❷

埃利亚斯将近现代以来人们思想观念中的自我中心主义,比喻为欧洲中世纪人们所信奉的地心说。埃利亚斯也反复强调:"近代的很多人对于个别的人以及对人的'内部'和'外部'事物之间有一堵无形的墙这样一种自我认识深信不疑,就像中世纪的时候人们对于地球是宇宙的中心,太阳绕着地球运行深信不疑一样。"❸

尽管身份认同存在着自我性,其认知活动,往往以自我为前提,由此误入形形色色的自我中心主义陷阱。中国古语有"吾生也有涯,而吾知也无涯"。古希腊哲学家苏格拉底也强调,人需要知道自己的无知,人们以自我为前提的认知,始终面临着诸多的"无知之境",身份认同的自我性,决定了身份认同中以自我为前提的认知活动,始终存在着认知局限。二元对立认知中对于具有差异性的他者,将其简单地视为"外人"或者"陌生人",并对其滋生猜疑、惧怕等心灵活动及排斥、敌对等现实社会表现,其既是一种简单化的认知行为,也是源于自我认知的局限性。

因此,正如中国古代思想家孔子所言:"不患人之不己知,患不知人也。"走出其中的困境,不仅需要认知到差异性普遍存在乃客观现实,而且需要不断深入

---

❶ 查尔斯·泰勒.现代性之隐忧[M].程炼,译.北京:中央编译出版社,2001:5.
❷ 诺贝特·埃利亚斯.文明的进程——文明的社会发生和心理发生的研究[M].王佩莉,袁志英,译.上海:上海译文出版社,2013:27.
❸ 诺贝特·埃利亚斯.文明的进程——文明的社会发生和心理发生的研究[M].王佩莉,袁志英,译.上海:上海译文出版社,2013:38.

认知差异性。这尽管如埃利亚斯所感慨"从把自己和个人看作'封闭的人'这样一种观点中摆脱出来肯定不是一件容易的事"❶。但也得知其难为而为之，需要在"知彼知己"的道路上不断前行。

在认知差异性的道路上不断前行，不断深入认知差异性，还能够将对于具有差异性的他者，由对其简单化的认知滋生的猜疑、惧怕、仇视、排斥、敌对等，转化为发现差异蕴含着内在文化价值。差异性的客观存在，形成了现实世界的千差万别与多姿多彩，其中还蕴藏着多姿多彩的文化创造与经验智慧。对此，联合国教科文组织专家组倡导文化多元主义，强调"文化多样性带给人类的福祉正如生物多样性一样。文化多样性注意到人类以往所有经验、智慧和实践的精华。只要一种文化清楚本身的特质，它就能够从与其他文化的比较中获益良多"❷。

多样性中蕴含着的文化创造与经验智慧，能够给人类带来福祉，其中最为突出的现实社会表现，就是语言的多样性。在长期的历史发展过程中，世界各地的人们，发展出了丰富的文字语言与口头语言，彼此之间的差异，尽管犹如一道道沟壑，导致现实社会中无数的言语不通，可是联合国教科文组织专家组对此就强调"语言的特点正是多元化的象征——世界上每一种语言都代表着一种独特的人生经验和一种独特的世界观"❸。与之相应，"语言的灭绝与动植物的灭绝一样，对人类来说都是一种资源的巨大损耗，因为每一种语言背后都是一种独特的文化，反映了人类经验的独特性"❹。

不仅语言的多样性如此，在生活地域、职业、语言及所属的社会集体等方面也存在着诸多客观差异的人们，同样犹如一道道沟壑，制造出了无数的心理区隔与社会区隔。可是在差异性普遍存在的多样性中，既蕴含着独特的经验智慧，也汇聚成了丰富的发展创造，由此形成了现实世界的多姿多彩。正如联合国教科文组织专家组所强调："事实上，正是多文化社会所产生的多样性，以及多样性赖以生发的创造性，使这些社会更具有创新能力，更有活力，生存繁衍得更加久

---

❶ 诺贝特·埃利亚斯.文明的进程——文明的社会发生和心理发生的研究[M].王佩莉，袁志英，译.上海：上海译文出版社，2013：40.
❷ 联合国教科文组织.文化多样性与人类全面发展——世界文化与发展委员会报告[M].张玉国，译.广州：广东人民出版社，2006：16-17.
❸ 联合国教科文组织.文化多样性与人类全面发展——世界文化与发展委员会报告[M].张玉国，译.广州：广东人民出版社，2006：20-21.
❹ 联合国教科文组织.文化多样性与人类全面发展——世界文化与发展委员会报告[M].张玉国，译.广州：广东人民出版社，2006：113.

远。"❶ 可以看出，从承认差异、尊重差异、包容差异，再通过不断深入认识客观存在着的具体差异，到发现差异性普遍存在形成的多样性价值，这既是当代学界及诸如联合国教科文组织等倡导多元文化主义的重要思想内容，也成了其超越形形色色的二元对立认知思维困境的发展出路。

三、变对立为共存的认知变化

变二元为多元的认知变化，需要承认差异性广泛地客观存在着，但这仅仅是基本前提。在此基本前提下，还存在着一个主要目标，即实现存在各种差异性的人们之间的共存。从二元对立认知走向多元共存认知的认知模式变化，不仅需要变二元为多元，还需要变对立为共存。在当今学界及一些国际组织倡导的多元文化主义思想中，联合国教科文组织专家组强调：

多元化本身并不是目的，认识到多元差异，只是为进一步的对话和合作打基础。尽管前路困难重重，但责任无法逃避，我们必须在普遍公民权的基础上，找到使多元文化和谐共生的办法。这个目标也需不仅是建立一个多元文化的社会，而且是建立一个由多元文化指导、既承认多元文化又不失统一性的国家。❷

实现具有普遍差异之间的人们的共存，不仅是走出二元对立认知诸多困境的根本目标，同时其本身也是认同的根本目标。具体来说，在认知同一性与认知差异性的二元对立认知中，差异性客观地存在着，即使人们在诸如性别、地域、职业、语言及所属的社会集体等方面具有某种同一性。因此，同一性具有人为建构的特征，之所以人为地建构诸如性别、地域、职业、语言及所属的社会集体等方面的同一性，其主要是针对同一性具备的心理凝聚功能与社会凝聚功能，力图在诸如性别、地域、职业、语言及所属的社会集体等方面具有某种同一性的人们之间实现共存。

由此可以看出，认同的根本目标，需要在普遍存在着差异性的人们之间，搭建彼此之间的共存，认同的力量也表现为普遍存在着差异性的人们之间在主观内心世界与现实社会中的团结、凝聚等共存关系。在当代学界对于认同的研究中，当代德国历史学家约恩·内森在论述了认同的诸多内涵之后，最终强调："认同

---

❶ 联合国教科文组织.文化多样性与人类全面发展——世界文化与发展委员会报告［M］.张玉国，译.广州：广东人民出版社，2006：5.

❷ 联合国教科文组织.文化多样性与人类全面发展——世界文化与发展委员会报告［M］.张玉国，译.广州：广东人民出版社，2006：6.

的力量也最终体现为我们与具有差异性的他者进行共同生活的能力。"❶当代德国哲学家哈贝马斯在对差异性与同一性等进行了诸多论述之后,也特别强调"不同种族共同体、语言集体、宗教群体和生活方式之间的共存,不能够以社会的零散化为代价"❷。构建普遍存在着客观差异之间的人们的共存,成为学界研究认同中差异性与同一性关系的一种共识。

再进一步追溯,身份认同中的自我意识,涉及的核心问题是人们对于自身的认知。而人们对于自身的认知活动,尽管以自我为中心,但现实社会中的个体与具有客观差异性的他者,总是存在着诸多的社会连接。因此,身份认同中对于自身的认知活动,也正如埃利亚斯所说:"人们不能把'自我'看作与其他的人和物相对立的,而应该把自我看作是其他人中的一个。"❸个体之间彼此共存的广泛现实社会表现,也需要以自我为前提的认知,能够认知到客观存在着的差异的人们之间的共存关系。

在此根本前提下,再认识形形色色的二元对立认知困境,其中存在的主要问题,则在于其将一个多样化的世界变复杂为简单、变多样为二元,其不仅是一种简单化的认知,同时还对于具有差异性的他者,滋生了无数猜疑、惧怕、排斥、敌对等主观心灵表现与现实社会表现,其已经背离了建构人们共存的认同根本目标,误入了只看得到对立冲突,却看不到共存的认知歧路。形形色色的二元对立认知困境,其问题也主要表现为在认知差异性这一环节翻不过对待差异性这座山。

这表现在目前学界相关认同的研究中,其中亨廷顿的"文明冲突论"及其解读"美国国家文化认同",其理论根基是一种典型的二元对立的认知模式与思维模式,其中的关键问题,也是只强调对立与冲突,由此沦为了一种人为地建构对立与冲突的理论。20世纪90年代亨廷顿的"文明冲突论"提出后,引起了学界的广泛关注。综观当代学界一些学者对于亨廷顿的"文明冲突论"的评论,其中诸多对于亨廷顿的"文明冲突论"的批评之论,其矛头所指,也是集中批判亨廷顿的"文明冲突论"只强调对立与冲突这个关键问题。

例如,当代德国学者哈拉尔德·米勒认为,亨廷顿的文明冲突论,实际是一

---

❶ 约恩·吕森.历史思考的新途径[M].綦甲福,等译.上海:上海人民出版社,2005:40.
❷ 尤尔根·哈贝马斯.包容他者[M].曹卫东,译.上海:上海人民出版社,2002:167.
❸ 诺贝特·埃利亚斯.文明的进程——文明的社会发生和心理发生的研究[M].王佩莉,袁志英,译.上海:上海译文出版社,2013:29.

种"我们反对他们"的理论,这一理论模式过于简单,简单化则是一种不幸。❶亨廷顿的"文明冲突论"之所以如米勒所说,是一种"过于简单的理论模式",在于其笼统地根据长期历史发展过程中世界各地人们主要信仰的宗教,把世界各地分为具有同一性的"我们"与具有"差异性"的"他们",是一种简单化的二元对立认知模式。米勒所说的"简单化则是一种不幸",是以此强调彼此之间的对立与冲突,由此沦为了一种"我们反对他们"的理论。除了哈拉尔德·米勒之外,当代德国历史学家约恩·吕森评论亨廷顿的文明冲突论,也具体谈道:

> 像亨廷顿所持的这一类观点,遵循的是民族中心主义的思考方式,虽然对解决现在的导向问题提出了建议,但这一建议本身是有问题的,因为它是一个从最上层的"冲突"的观点出发来命题跨文化交流。按照霍布斯的说法,其实可以更谨慎地称之为"一切人对一切人的战争",这一文化观念与其说是给出了解决的办法,不如说是在解决问题的外罩中使新的问题产生。❷

可以看出,约恩·吕森评论亨廷顿所说的"文明冲突",会沦为"一切人对一切人的战争",则是因为亨廷顿的"文明冲突"存在着的关键问题,是"从最上层的'冲突'出发来命题",其只强调对立冲突。亨廷顿所说的"文明冲突"的最终结果,如约恩·吕森所说,"在解决问题的外罩中使新的问题产生",其中的"新的问题",则是其只不过将冷战世界两大阵营的对立冲突,转化成了冷战结束之后以文明为单位的对立冲突,其仍然还是一种只看得到对立冲突的认知模式与思维模式。走出其中的困境,需要认知模式与思维模式的发展,变对立为共存。对此,即使在亨廷顿所说的"文明冲突论"中,亨廷顿费尽篇幅,在论述了其所说的因文明差异形成无数对立与冲突之后,最后对于"文明的未来",亨廷顿还是承认:"文化的共存需要寻求大多数文明的共同点,而不是促进假设中的某个文明的普遍特征。"❸

四、在对立转为共存的认知变化中注重交流合作

在认同从二元对立到多元共存的认知模式变化过程中,变二元为多元的认知变化,需要深入认知差异,需要深入认知差异性客观存在中的内在文化价值;

---

❶ 哈拉尔德·米勒.文明的共存——对塞缪尔·亨廷顿"文明冲突论"的批判[M].郦红,那滨,译.北京:新华出版社,2002:19-28.
❷ 约恩·吕森.历史思考的新途径[M].綦甲福,来炯,译.上海:上海人民出版社,2005:125.
❸ 塞缪尔·亨廷顿.文明的冲突与世界秩序的重建[M].周琪,等译.北京:新华出版社,2002:369.

变对立为共存，则需要注重具有各种客观差异的人们之间的社会交往与相互合作。社会交往中的相互合作，成为构建具有各种客观差异之间的人们共存的基本途径。

从具体根源来说，在认同从二元对立到多元共存的认知模式变化过程中，需要注重具有各种客观差异的人们之间的社会交往与相互合作，这是因为身份认同中认知同一性与认知差异性，根源于"你来我去、你去我来"的社会交往之中。人们的社会交往，成为生长认同的现实社会土壤，认同形成于人们的社会交往之中。当代学界对于认同的研究，对于认同与社会交往两者之间的密切关系，也进行了广泛论述。

例如，当代德国哲学家哈贝马斯倡导社会交往理论，反复强调社会交往是认同形成的中介。❶ 同样，当代英国著名的社会人类学家厄内斯特·盖尔纳认为："当机动性与脱离自身所在群体的交往成为社会生活的主要内容时，学会用来交往的文化，就变成了个人认同的核心。"❷ 除此之外，只有在社会交往中遭遇他者，人们的认同方能形成。与之相应，在当代英美学界对于认同的研究中，"encounter"（遭遇）一词与认同之间的关系，也受到了广泛关注。

人们的社会交往，乃生长认同的现实社会土壤，具体到界定人们身份认同的二元对立认知，则存在着更为明显的表现。具体来说，只有人们在社会交往中"遭遇"他者，才能够既认知到自身群体在语言、生活的地理区域、社会生活方式及历史文化等方面的同一之处，也认知到与"他者"在语言、生活的地理区域、社会生活方式及历史文化等方面的差异之处。倘若人们"老死不相往来"，没有具有差异性的他者作为参照，人们自身群体的同一性，也不能够凸显出来。人们对于自身群体语言、生活的地理区域、社会生活方式及历史文化等方面的共同之处，往往认为理所当然，且浑然不觉。

既然人们的社会交往活动，构成了生长认同的现实社会土壤，并在界定人们身份认同的二元对立认知中，存在着更为明显的表现，那么，认识认同，也需重点认识人们社会交往的历史发展概况。对此，马克思和恩格斯论述其世界历史观时强调：

各个相互影响的活动范围在这个发展进程中越是扩大，各民族的原始封闭状

---

❶ 尤尔根·哈贝马斯. 后民族结构 [M]. 曹卫东, 译. 上海：上海人民出版社, 2002：115.
❷ 厄内斯特·盖尔纳. 民族与民族主义 [M]. 韩红, 译. 北京：中央编译出版社, 2002：45.

态由于日益完善的生产方式、交往以及因交往而自然形成的不同民族之间的分工消灭得越是彻底,历史也就越是成为世界历史。❶

马克思和恩格斯的世界历史观,揭示了人们社会交往与社会流动的发展乃人类历史发展的必然趋势。特别是近现代以来,人们的社会交往与社会流动,更是高度发展,历史越来越成为世界历史。将马克思和恩格斯的世界历史观,运用到当代学界注重的认同研究中,揭示了近现代以来人们社会交往与社会流动的高度发展是认同在现代社会引起高度关注的根本原因。

这具体来说,在古代社会,由于交通条件的限制,多数人们身处农耕文明之中,经年累月囿于一方田地,人们彼此之间,"鸡犬之声相闻,老死不相往来"。正是由于古代社会中社会交往与社会流动并不发达,人们彼此之间,即使具有诸多同一性,也被人们视为天经地义、理所当然,人们对于同一性的认知往往是不知不觉,安然生活于彼此之间相知相熟的熟人社会之中。同时,正是由于古代社会及由于社会交往与社会流动并不发达,人们很少遭遇具有差异性的他者,遭遇差异性的他者带来的诸般困苦,人们也难以有所体验。

因此,在社会交往与社会流动并不发达的古代社会,认同的问题并不特别明显。盖尔纳强调:"在传统环境里,追求单一的、占主导地位的文化同一性的理想毫无意义。"❷ 当代加拿大著名哲学家查尔斯·泰勒也对此论述道:"在现代之前,人们并不谈论'同一性'和'认同',并不是人们没有(我们称为的同一性),也不是同一性并不依赖于认同,而是那时根本不成为问题,不必如此小题大做。"❸

尽管如此,人类历史发展过程中相互交往与彼此互动构建的联系和影响,也犹如当代全球史观的代表人物麦克尼尔父子所说:"人类之网总是在不断大幅度地改变着自己的性质和内涵,以至于我们谈及人类交往的网络时不得不使用复数形式。"❹ 历史发展中,人们一直在克服大山、江河、海洋、沙漠等自然环境带来的阻隔。特别是近现代以来,人们"你来我去、你去我来"的社会交往,也变成了另一番模样。在现代社会中,人们的社会交往与社会流动高度发展,人们四处

---

❶ 中共中央马克思恩格斯列宁斯大林著作编译局.马克思恩格斯选集(第一卷)[M].北京:人民出版社,2012:168.
❷ 厄内斯特·盖尔纳.民族与民族主义[M].韩红,译.北京:中央编译出版社,2002:18.
❸ 查尔斯·泰勒.现代性之隐忧[M].程炼,译.北京:中央编译出版社,2001:55.
❹ 约翰·R.麦克尼尔,威廉·H.麦克尼尔.麦克尼尔全球史——从史前到21世纪的人类网络[M].王晋新,等译.北京:北京大学出版社,2018:2.

流动、四海为家。认同由此变得极富现代性，认知同一性与认知差异性这柄二元对立认知的双刃剑，在现代社会中也是魔力倍显。

一方面，在社会交往与社会流动高度发展的现代社会中，人们越来越需要广泛认知同一性。认知同一性，既被人们用来搭建情有所托、心有所归的心灵家园，也用来搭建彼此之间凝聚、团结的社会归属之所。认知同一性在现代社会中变得越来越重要。诸如"我们是属于同一地域之人"的同乡，"我们属于共同的集体组织""我们是同行"等身份认同中的认知同一性，被人们越来越看重，并且广泛运用。犹如查尔斯·泰勒所强调："认同的重要性在现代社会以各种形式得到了普遍的承认。"❶现代社会中的认同被泰勒称为"现代迷恋"。查尔斯·泰勒指出："近现代以来社会的巨大变迁，造就了对同一性和认同的不可避免的现代迷恋。"❷

另一方面，现代社会中的认同，还被查尔斯·泰勒称为"现代性的隐忧"，其中根源，由于在社会交往与社会流动高度发展的现代社会中，人们会广泛地接触到与自身存在着差异的他者，其会滋生出无数的惧怕、猜疑、排斥、隔离，甚至敌对冲突。不仅查尔斯·泰勒称之为"现代性的隐忧"，联合国教科文组织、世界文化与发展委员会等机构编写的《文化多样性与人类全面发展——世界文化与发展委员会报告》对此也强调：

在当今世界范围内，人类社会以前所未有的社会方式联系在一起，所有的人都被卷入一个强有力的系统之中。但对于其中的大多数人来说，这个世界系统却变得越来越失衡、不确定和分裂。……反抗逻辑和"小团体的自我陶醉"开始威胁世界和平与安全，威胁经济增长与社会和谐、侵害人类与生俱来的尊严，动摇每个社会对自己历史文化的信念，威胁对人类生存发展至关重要的文化多样性。❸

可以看出，近现代以来，人们"你来我去、你去我来"的社会交往与社会流动越是高度发展，人们身份认同中的二元对立认知困境也越来越凸显。正如英国的戴维·莫利与凯文·罗宾斯等学者所说："社会交往扩展的后果一方面是我们不可避免地接触'陌生人'，另一方面我们除了不自在地跟他们共存之外，别无

---

❶ 查尔斯·泰勒. 现代性之隐忧［M］. 程炼，译. 北京：中央编译出版社，2001：56.
❷ 查尔斯·泰勒. 现代性之隐忧［M］. 程炼，译. 北京：中央编译出版社，2001：52.
❸ 联合国教科文组织. 文化多样性与人类全面发展——世界文化与发展委员会报告［M］. 张玉国，译. 广州：广东人民出版社，2006：3.

他法。"❶

近现代以来,世界各地普遍存在着客观差异的人们彼此遭遇的社会交往发展,不仅凸显了建构普遍存在着客观差异的人们的共存的必要性与重要性,而且近现代以来世界各地普遍存在着客观差异的人们彼此遭遇的社会交往发展,已经形成了一个彼此联系与相互影响的全球交往网络,并广泛地渗透到人们的现实社会生活之中。对此,马克思和恩格斯论述其世界历史观时强调:

历史向世界历史的转变,不是"自我意识"、世界精神或者某个形而上学幽灵的某种纯粹的抽象行动,而是完全物质的、可以通过经验证明的行动,每一个过着实际生活的、需要吃、喝、穿的个人都可以证明这种行动。❷

可以看出,马克思和恩格斯世界历史观指明的近现代以来世界各地人们"你来我去、你去我来"的社会交往发展,不仅是当代学界广泛关注的认同问题的根源,而且是认同问题中二元对立认知困境的内在根源。同时还注意到,近现代以来世界各地人们"你来我去、你去我来"的社会交往发展,既是浩浩荡荡的世界历史潮流,也锻造出了"你中有我、我中有你"的现实社会面貌。

而马克思和恩格斯世界历史观指明的近现代以来世界各地人们"你来我去、你去我来"的社会交往发展,则是根源于马克思和恩格斯唯物史观注重客观历史,具体表现为注重人们社会生活与社会生产的客观历史发展。对此,马克思和恩格斯指出:

我们首先应当确定人类生存的第一个前提,也就是一切历史的第一个前提,这个前提就是:人们为了能够"创造历史",必须能够生活。但是为了生活,首先需要吃喝住穿以及其他的一些东西。因此,第一个历史活动就是生产满足这些需要的资料,即生产物质生活本身,而且,这是人们从几千年前直到今天单是为了维持生活就必须每日每时从事的历史活动,是一切历史的基本条件。❸

在马克思和恩格斯唯物史观注重的社会生产中,由于人们的各种客观差异,因此,在作为"一切历史的基本条件"的社会生产中,也形成了各种社会分工。

---

❶ 戴维·莫利,凯文·罗宾斯.认同的空间:全球媒介、电子世界景观与文化边界[M].司艳,译.南京:南京大学出版社,2001:33.
❷ 中共中央马克思恩格斯列宁斯大林著作编译局.马克思恩格斯选集(第一卷)[M].北京:人民出版社,2012:169.
❸ 中共中央马克思恩格斯列宁斯大林著作编译局.马克思恩格斯选集(第一卷)[M].北京:人民出版社,2012:158.

在社会分工的基础上，由此形成"你来我去、你去我来"的社会交往。马克思和恩格斯阐述唯物史观也特别强调："按照我们的观点，一切历史冲突都根源于生产力与交往形式之间的矛盾。"❶

社会分工与社会交往的不断发展，让"每一个过着实际生活的，需要吃、喝、穿的个人"，在社会生活中的衣食住行等方面以及相应的社会生产状况，卷入了马克思和恩格斯世界历史观指明的彼此联系与相互影响之中。差异性的普遍存在，形成的人们社会生产与社会生活中的社会分工与社会交往，不断向纵深发展，这对整个人类历史发展的影响，犹如当代全球史观的代表人物麦克尼尔父子所认为的："假如没有那种巨大的交往，没有那些食物、能源、技术、货物等流通和交换所构成的现代世界性网络，我们人类便不可能达到60亿之巨的数量。"❷

既然如此，尽管人们广泛运用着二元对立认知的思维模式，将差异性普遍存在的多样化世界一刀两断、一分为二，由此变复杂为简单、化多样为二元，并形成非此即彼、非输即赢等思维模式，但这种二元对立认知的思维模式却是只见对立与冲突，不知联系与合作。针对差异性的客观存在，人们的社会生产与社会生活之中，已经发展出了密密麻麻、千丝万缕的交往与联系，其犹如无数溪流共聚江河，既不断地改变着人们的社会生产状况与社会生活面貌，也将全球各地的人们汇聚成为一个地球村。

与之相应，认知差异性，也需如英国著名社会学家安东尼·吉登斯所说："人们只有分享共同的东西，才能在差异当中彼此共存。"❸人们身份认同中的认知发展，尽管需要依靠认知自我与认知他者的二元相对，却不能够局限于身份认同中的自我意识之中，更不能够通过自我与他者的两两相对，凸显冲突与敌对，而是需要近现代以来世界各地普遍存在着客观差异的人们广泛遭遇的社会交往发展中，注重相互联系，建设互联互通，在交流中求发展，在合作中谋共存，这既是走出形形色色的二元对立认知困境的根本出路，同时也能够顺应马克思和恩格斯指明的"历史向世界历史的转变"的发展潮流。

---

❶ 中共中央马克思恩格斯列宁斯大林著作编译局.马克思恩格斯选集（第一卷）[M].北京：人民出版社，2012：196.
❷ 约翰·R.麦克尼尔，威廉·H.麦克尼尔.麦克尼尔全球史——从史前到21世纪的人类网络[M].王晋新，等译.北京：北京大学出版社，2018：8.
❸ 安东尼·吉登斯.全球化时代的民族国家——吉登斯讲演录[M].南京：江苏人民出版社，2012：16.

第二章 民族认同从二元对立到多元共存的认知演变

第一节 民族认同二元对立认知的形成过程

一、民族与民族主义的重要性与复杂性

自20世纪七八十年代以来，国外学界出现了一波民族与民族主义理论研究热潮。其中英国著名的马克思主义历史学家埃里克·霍布斯鲍姆梳理当代国外民族与民族主义研究成果就认为："最能掌握民族与民族运动及其在历史发展所扮演角色的著作，当推至1968—1988年这二十年期间所发表的相关文献，这二十年的表现较之前的任何四十年都来得辉煌。"❶

国外学界这波民族与民族主义理论研究热潮，也具体表现为涌现出一大批从事民族与民族主义理论研究的著名代表人物，比较突出的是埃里克·霍布斯鲍姆、厄内斯特·盖尔纳、本尼迪克特·安德森等。针对当代国外的这波民族与民族主义研究热潮，当代德国学者乌尔里希·维勒谈道：

新兴的民族主义研究自20世纪80年代初以来，与之前的观念出现重大分野。它的"奇迹之年"准确而言是在1983年。在这一年，关注民族主义问题的，分别由厄内斯特·盖尔纳、本尼迪克特·安德森、埃里克·霍布斯鲍姆所写且最具轰动效应的三本书同时出版。自此，民族主义开始在国际性的历史和社会学研究

---

❶ 埃里克·霍布斯鲍姆.民族与民族主义[M].李金梅，译.上海：上海人民出版社，2000：3.

中发挥着令人惊异的作用。❶

　　乌尔里希·维勒将盖尔纳、安德森、霍布斯鲍姆等民族主义研究，称为新兴的民族主义研究，这根源于当代国外的这波民族与民族主义研究热潮，与之前的传统民族主义研究相比较，"它首先摈弃了所谓民族主义与民族是自然形成的表面认识，也因此摈弃了陈旧的追求本质论的社会学。它确立了民族主义在思想观念范畴及同一性建构过程中的优先性"❷。乌尔里希·维勒所说的当代国外学界兴起的民族与民族主义理论研究热潮，不再注重追求民族的社会本质，而是确立了民族主义思想观念范畴的优先性，更为具体地说，则是注重民族在人们文化思想观念中的相关反映。

　　当代国外学界新兴的民族与民族主义理论研究，如乌尔里希·维勒所说"确立了民族主义在思想观念范畴以及同一性建构过程中的优先性"，这最为突出的表现，当属本尼迪克特·安德森将民族归结为一个"想象的共同体"。对于民族与民族主义理论研究中"民族是什么"的根本问题，安德森就认为："我主张对民族做如下的界定：它是一种想象的政治共同体——并且，它是被想象为本质上有限的，同时也享有主权的共同体。"❸想象活动存在于人们思想观念范畴，安德森把民族归结为一个"想象的共同体"，主要是针对民族在人们思想观念领域，被想象成为一个共同体。这种对民族的认识思路，典型地表现了注重民族在人们思想观念范畴引发的具体反映。

　　当代国外的民族与民族主义研究，自从霍布斯鲍姆、盖尔纳、安德森等人的民族与民族主义理论研究著作出版后，也如乌尔里希·维勒所说："自此，民族主义开始在国际性的历史和社会学研究中发挥着令人惊异的作用。"举例来说，安德森把民族归结为一个"想象的共同体"，不仅在诸多民族与民族主义的研究中广为引用，同时还广泛影响其他学科的研究。例如，当代的历史学研究中印度裔美国历史学家杜赞奇提出"从民族国家拯救历史"，也专辟"想象的民族：谁

---

　　❶ 汉斯—乌尔里希·维勒.民族与民族主义：历史、形式、后果［M］.赵宏，译.北京：中国法制出版社，2013：4.
　　❷ 汉斯—乌尔里希·维勒.民族与民族主义：历史、形式、后果［M］.赵宏，译.北京：中国法制出版社，2013：6.
　　❸ 本尼迪克特·安德森.想象的共同体：民族主义的起源与散布［M］.吴叡人，译.上海：上海人民出版社，2003：5.

想象？想象什么？"的标题展开论述。❶

当代国外学界兴起的民族与民族主义理论研究热潮，确立了民族主义思想观念范畴的优先性，不仅表现为注重民族引发人们思想观念范畴的具体反映，同时还表现为注重民族引发人们思想观念范畴产生的巨大思想作用，即非常注重民族主义思想的重要影响。借用安德森的话，民族不仅在人们思想观念范畴被想象成为一个共同体，而且民族被想象成为一个共同体，还会产生巨大的文化思想威力。注重民族主义的思想威力，成为乌尔里希·维勒所说的当代"新兴的民族主义研究"的重要特征。

注重民族主义的思想威力，将民族主义视为深刻影响近现代以来人类历史发展的重要文化思想，这广泛地出现在诸多历史学家的著述之中。举例来说，埃里克·霍布斯鲍姆作为当代英国著名的马克思主义历史学家，不仅依靠其《革命的年代》《帝国的年代》《资本的年代》《极端的年代》等一系列的近现代历史研究著作，在当代历史学研究中享有盛誉，同时还通过《民族与民族主义》《传统的发明》等重要著作，推动了当代国外民族主义研究，成为当代国外民族主义研究的重要代表人物。对于民族主义在近现代以来人类历史中的深远影响，作为历史学家的霍布斯鲍姆深有感触。霍布斯鲍姆在《民族与民族主义》一书的开篇中就感慨道："若想一窥近两世纪以降的地球历史，则非从民族以及衍生自民族的种种概念入手不可。"❷

除了霍布斯鲍姆之外，论述民族主义对近现代以来人类历史的重要影响，还广泛地见之于其他诸多历史学家的著述中。例如，英国著名历史学家汤因比论述西方文化思想的历史发展就认为："迄今为止，至少当代基督教（它从17世纪后期起已开始在西方衰落）已经在很大程度上受到了各种后基督时代意识形态的冲击，这方面的三个最重要的代表为民族主义、社会主义与个人主义，而民族主义又是其中最为强势的。"❸ 汤因比的这一认识，也出现在当代美国著名历史学家斯塔夫里阿诺斯的《全球通史》著作中。斯塔夫里阿诺斯在《全球通史》也认为，民族主义、自由主义和社会主义，从19世纪起已经对欧洲历史和世界历史的进程产生

---

❶ 杜赞奇.从民族国家拯救历史——民族主义话语与中国现代史研究[M].王宪民，等，译.南京：江苏人民出版社，2009：5.
❷ 埃里克·霍布斯鲍姆.民族与民族主义[M].李金梅，译.上海：上海人民出版社，2000：1.
❸ 阿诺德·汤因比.变革与习俗：我们时代面临的挑战[M].吕厚量，译.上海：上海人民出版社，2016：23.

最大影响。❶

注重民族主义的思想威力不仅广泛影响着近现代以来人类历史发展，还广泛渗透到了当代国际政治及人们现实社会生活的方方面面。对此，诸多学者同样进行了广泛论述。例如，就民族主义对于国际关系的影响而言，当代英国学者詹姆斯·梅奥尔强调，"没有人否认，民族主义对20世纪国际政治影响巨大"❷。同样，当代西班牙学者胡安·诺格强调：

实际上，从民族主义的政治意识形态来说，它常被看成和解释成一种争取和获得使用国家权力的战略。真正激发民族主义的东西，是为建立、巩固、改革或拒绝一个特定的国家政治框架而进行的斗争。从这个意义上来说，民族主义是同国家存在联系在一起的，因此，民族主义在非国家化的社会里是不可想象的。❸

除此之外，当代英国学者迈可尔·赫克特认为，"民族主义政治所涵盖的范围十分广泛，从平常事件到暴力范围，不一而足"❹。可以看出，从无数宏观的国际政治变化，再到微观的日常生活平常事件，相关学者已经广泛论述了民族主义思想的深刻影响。

承认民族主义思想的重要影响，这几乎已经成为当代学界研究中的定论。尽管如此，对于民族与民族主义研究中"民族是什么"的根本问题，即使当代学界的民族与民族主义研究名家辈出，对此却是众说纷纭、难以定论。承认民族的内涵与民族主义思想极为复杂，同样成为当代民族与民族主义研究的共同特征。这表现在当代国外学界民族与民族主义研究诸多著述的论述结构中，往往是论述了民族主义思想深远影响之后，再集中于论述民族与民族主义的复杂性。

举例来说，霍布斯鲍姆在其《民族与民族主义》一书中，首先强调理解最近两个世纪的人类历史，必须从民族及衍生自民族的种种概念入手。紧接着，霍布斯鲍姆就引用19世纪英国著名政治哲学家白芝皓对于"民族是什么"的回答："若你不曾问起民族的意义为何，我们会以为我们早已知道答案，但是，我们很

---

❶ 斯塔夫里阿诺斯.全球通史——1500年以后的世界[M].吴象樱，梁赤民，译.上海：上海社会科学院出版社，1999：354.
❷ 詹姆斯·梅奥尔.民族主义与国际社会[M].王光忠，译.北京：中央编译出版社，2009：5.
❸ 胡安·诺格.民族主义与领土[M].徐河林，朱伦，译.北京：中央民族大学出版社，2009：95.
❹ 迈克尔·赫克特.遏制民族主义[M].韩召颖，等译.北京：中国人民大学出版社，2012：4.

难清楚到底民族是什么，也很难给它一个简单定义。"❶霍布斯鲍姆的《民族与民族主义》一书的开篇，主要内容也是论述"民族是什么"问题的复杂性。

而美国人类学家本尼迪克特·安德森在民族主义理论研究中，将民族归结为一个"想象的共同体"，但他也强调："民族主义已经对现代世界产生了巨大影响；然而，与此事实形成明显对比的是，具有说服力的民族主义理论却屈指可数。"❷本尼迪克特·安德森认为，民族主义研究中缺乏具有说服力的民族主义理论，"民族主义从未产生它自己伟大的思想家：没有它的霍布斯、托克维尔、马克思或韦伯"❸。尽管民族主义影响广泛，但民族主义中的思想内容，也被本尼迪克特·安德森比喻为，"那里是一个'空无一物的地方'"❹。

除了霍布斯鲍姆和本尼迪克特·安德森的相关论述之外，从事民族主义研究的当代英国著名学者休·希顿-沃森也认为："要给'民族'下一个'真正科学的定义'几乎是不可能的；而且，这种现象一直存在，现在仍然存在。"❺ 当代美国学者哈罗德·伊罗生将人们对于民族的认识，比喻为探寻时隐时现的"雪人"一般困难。伊罗生谈道："大家都相信雪人的存在，而且认为其重要性远远超过了人们的认知，但没有人能确定它长得什么样子，更无法确定其他是否真的很狰狞。之所以如此，可能是没有几个人认真地找过，也可能是寻找的路上障碍重重，遇到的困难太多。"❻

因此，尽管20世纪七八十年代国外学界兴起的民族与民族主义理论研究热潮，犹如乌尔里希·维勒所说"更加注重民族主义的思想观念范畴"，这导致的后果，则是能够看到民族主义的巨大思想威力，但其所面临的困惑，则表现为难以述说民族与民族主义的具体内涵。对于民族与民族主义文化思想的具体内涵，相关的论述依然是众说纷纭、难以定论。

---

❶ 埃里克·霍布斯鲍姆.民族与民族主义[M].李金梅，译.上海：上海人民出版社，2000：1.
❷ 本尼迪克特·安德森.想象的共同体：民族主义的起源与散布[M].吴叡人，译.上海：上海人民出版社，2003：2-3.
❸ 本尼迪克特·安德森.想象的共同体：民族主义的起源与散布[M].吴叡人，译.上海：上海人民出版社，2003：5.
❹ 本尼迪克特·安德森.想象的共同体：民族主义的起源与散布[M].吴叡人，译.上海：上海人民出版社，2003：5.
❺ 休·希顿-沃森.民族与国家——对民族起源与民族主义政治的探讨[M].吴红英，黄群，译.北京：中央民族大学出版社，2009：7.
❻ 哈罗德·伊罗生.群氓之族：群体认同与政治变迁[M].邓伯宸，译.桂林：广西师范大学出版社，2008：45.

二、民族与民族认同的主观性

20世纪七八十年代国外学界新兴的民族主义研究，如乌尔里希·维勒所说，"确立了民族主义在思想观念范畴以及同一性建构过程中的优先性"，这除了表现为注重民族引发人们思想观念范畴的具体反映与重要作用，还表现为注重民族的同一性建构。当代国外的民族与民族主义研究，特别注重民族认同。例如，霍布斯鲍姆与盖尔纳等人的民族与民族主义研究著作中，就屡屡提及民族认同的相关内涵。霍布斯鲍姆在其《民族与民族主义》一书中，列举了当代国外民族与民族主义重要著作，紧接着谈道：

上述著作都提出了"民族是什么"这个问题。将人类划分成不同的民族集团，乃是民族建立的必然过程，然而奇怪的是，至今尚无一致通论或标准原则，可作为民族区分的标准——即使有人宣称"民族认同"乃是它们安身立命最基本而不可或缺的价值所在，是他们赖以为生的社会价值体系，亦无法解决此项欠缺明确界定的问题。❶

从霍布斯鲍姆的上述论述可以看出，当代学界回答"民族是什么"这个问题，注重民族认同成为一个重要的回答方式。当代国外的民族与民族主义研究，特别注重民族认同，可见民族认同已经成为当代民族与民族主义研究中广为运用的概念工具。例如，历史学家杜赞奇在其所说的"从民族国家拯救历史"的历史研究中，提出"想象的民族：谁想象？想象什么？"杜赞奇主要论述的内容，则集中于论述身份认同。❷ 在人们各种各样的身份认同中，民族认同可谓受当代国内外学界广泛关注的一种认同形式。

那么，民族认同究竟是什么？对此问题，首先需要注意汉语认同一词的广泛运用。汉语的民族认同，英语中对应的则是 National Identity。犹如英文 Identity 一词的基本内涵，就是表示人们的身份。民族认同作为认同延伸出的诸多概念之一，从表面上来看，也非常简单，民族认同的基本内涵，就是人们的民族身份。

犹如英文 Identity 一词表示人们的身份，其涉及的则是"我是谁""我们是谁"等问题，其表现为人们对于自身的认知。民族认同作为人们诸多的认同形式之一，也表现为人们能够认知到自身属于一定的民族，民族认同既是人们对认知自身的

---

❶ 埃里克·霍布斯鲍姆.民族与民族主义[M].李金梅,译.上海：上海人民出版社,2000：5.
❷ 杜赞奇.从民族国家拯救历史——民族主义话语与中国现代史研究[M].王宪民,等译.南京：江苏人民出版社,2009：5.

细化，也是人们对于自身认知的一个侧面。犹如人们在认知自身的过程中，能够形成自我身份意识，这具体到民族认同来说，人们一旦认知到自身属于某一民族，能够在人们内心世界中，形成属于某一民族的民族身份意识。民族认同万千演化的首要前提，也表现为民族认同首先是人们内心世界中的民族身份意识。

可以看出，民族认同尽管备受当代国内外学界的广泛关注，但犹如剥洋葱一般对民族认同层层解析，则会发现民族认同首先指涉民族身份，背后蕴藏着民族自我意识。由于自我意识藏在人们的主观内心世界中，因此尽管民族认同已经成为当代民族与民族主义研究广为运用的基本概念，但当代国内外学界广泛注重民族认同，其对于"民族是什么"这个民族与民族主义研究关键问题的回答，走的仍然是注重民族在人们主观思想观念范畴具体表现的认识道路。对此，霍布斯鲍姆在探讨民族途径时就谈道："或许，我们可用主观标准来取代客观标准，比方说以集体认同或个人认同来判定民族。"❶ 当代学界民族认同受到广泛关注，也表现为力图从民族的主观性侧面认识民族。

从民族的主观性侧面认识民族，可以追溯到19世纪上半叶德国费希特与黑格尔等哲学家。19世纪初，拿破仑大军入侵德意志，费希特发表对"德意志民族的演讲"，其演讲的主旨，是强调德意志民族精神的重要性。对于德意志人为何能够成为一个民族这一问题，费希特经过诸多论证就回答道："所有这些都是具有本原精神的人，当他们视为一个民族的时候，他们就是一个本原民族，一个单纯的民族，即德意志人。"❷ 可以看出，对于德意志人能够成为一个民族的回答，是从"当他们视为一个民族的时候"的主观侧面进行回答，费希特所说的"当他们视为一个民族的时候"，也即民族自我意识觉醒的时候。

除了费希特之外，黑格尔在其历史哲学中，也特别强调了民族精神的重要性。对于民族精神，黑格尔指出："一个民族的这种精神乃是一种决定的精神。"❸ 正如马克思和恩格斯指明黑格尔唯心史观的关键问题，在于"最终消失于自我意识之中"，黑格尔也特别强调民族精神与民族意识之间的密切关系。黑格尔也认为，民族精神"这种精神便构成了一个民族意识的其他种种形式的基础和内容"❹。

这影响到后世人们对于民族的认识，其中在20世纪初，德国思想家斯宾格

---

❶ 埃里克·霍布斯鲍姆. 民族与民族主义[M]. 李金梅, 译. 上海：上海人民出版社, 2000：7.
❷ 梁志学. 费希特著作选集（第五卷）[M]. 北京：商务印书馆, 2006：363.
❸ 黑格尔. 历史哲学[M]. 王造时, 译. 上海：上海书店出版社, 2006：48.
❹ 黑格尔. 历史哲学[M]. 王造时, 译. 上海：上海书店出版社, 2006：48.

勒在其《西方的没落》一书中进一步认为:"民族既不是语言的单位,也不是政治的单位,也不是动物学上的单位,而是精神上的单位。"❶在此基础上,斯宾格勒还强调:"民族是一种心灵单位。"❷注重以民族为单位的主观心灵空间,同样呈现了从民族的主观性侧面认识民族的认识路径。黑格尔在其《历史哲学》中注重的民族意识,也成为斯宾格勒强调民族是一个"共同的心灵单位"的重要根源。民族之所以成为斯宾格勒所说的一个"共同的心灵单位",首先在于民族成员在其主观心灵中,意识到彼此之间属于共同的民族,民族成员主观心灵中共同的民族意识,乃民族成为一个"共同的心灵单位"的根基。

这进一步表现在当代民族与民族主义研究中,本尼迪克特·安德森把民族归结为一个"想象的共同体",尽管在当代学界产生了广泛影响,但与费希特、黑格尔、斯宾格勒等人注重从民族意识认识民族的认识思路相比较,两者之间的差异,在于费希特、黑格尔、斯宾格勒等人已经强调,民族乃是被人们意识到的一个共同体,而本尼迪克特·安德森则强调,民族是被人们想象成为一个共同体。两者的共同之处,都是看重民族在人们主观内心世界的表现。

因此,作为民族自我身份意识的民族认同,尽管已经受到当代国内外学界对于民族认同的广泛关注,并成为当代民族与民族主义研究中广泛运用的概念工具,但这仍然是沿袭费希特、黑格尔、斯宾格勒等人注重从民族意识认识民族的认识道路。在当代民族与民族主义研究中,不仅民族认同受到了国内外学界对于民族认同的广泛关注,而且从民族意识的角度认识民族,还广泛存在于诸多学者对于民族的论述中。例如,有学者指出:民族就是"一群男人和女人,他们的出身和社会条件不同,但他们有具有一种有别于其他群体的集体自我意识"❸。除此之外,也有学者论述道:"所有有关民族性的问题中,民族意识是关键因素……人类能够描述和分析民族特性的唯一学科是心理学……这种民族意识和民族感情不仅是民族的性格特点,而且就是民族本身。"❹

三、民族与民族认同的客观性

从精神、意识或者想象等主观世界表现认识民族,民族由此被认为是一个

---

❶ 奥斯瓦尔德·斯宾格勒.西方的没落[M].张兰平,译.西安:陕西师范大学出版社,2008:114
❷ 奥斯瓦尔德·斯宾格勒.西方的没落[M].张兰平,译.西安:陕西师范大学出版社,2008:111
❸ 胡安·诺格.民族主义与领土[M].徐鹤林,朱伦,译.北京:中央民族大学出版社,2009:10-11.
❹ 诺曼·戴维斯.欧洲史[M].郭方,刘北成,等译.北京:世界知识出版社,2007:366.

"精神共同体""心灵共同体"及"想象的共同体"等,这种对于民族的认识思路尽管蔚为壮观,但民族之所以成为一个"精神共同体""心灵共同体"及"想象的共同体",总是离不开人们所在的客观现实世界。这再具体到民族认同来说,民族认同尽管是一种人们内心世界中的民族自我身份意识,但民族自我身份意识能够闯入人们的内心世界之中,还得依靠人们认知到民族存在着诸多的客观特征。

由此可以看出,建构民族认同中的认知活动,犹如一座桥。在这座桥的一边是民族的主观心灵世界,其中既存在着意识到民族乃是一个共同体的意识活动,也存在着将民族想象成一个共同体的想象活动。在这座桥的另一边,则是民族在客观现实世界中民族的诸多客观特征,其中包括民族的地理区域、语言、社会生活方式及历史发展过程。民族认同中自我身份意识等主观活动不可能凭空形成,而是来自人们对于民族客观性的认知。认识民族,不能只注重民族主观性这一侧面,还需注重民族客观性这一侧面。

近现代以来人们认识民族的发展过程中,从民族的客观特征认识民族,也是认识民族的一条重要途径。例如,斯大林认为,民族是人们在历史上所形成的具有共同语言、共同地域、共同的经济生活及表现于共同的民族文化特点的共同心理素质这四个基本特征的稳定的共同体。在斯大林民族定义四要素中,民族的共同心理,属于人们的主观内心世界之物,民族具有共同的语言、地域、经济生活,则属于民族在现实社会中存在着的客观特征。斯大林的民族定义,强调民族具有共同的语言、地域、经济生活等客观特征,这表现在学界在回答"民族是什么"这个民族与民族主义研究关键问题的过程中,也有着非常广泛的类似论述。

正如西班牙学者胡安·诺格研究民族与地域之间的关系所说:"世界上一切社会和文化都感到,扎根在属于自己的一块土地才有安全感和认同保证。一切人类共同体都需要一块可以保证他们生活并通过它能表明自己存在的地理区域。"[1]人们的生存,总是离不开脚下的一方大地,特定的地理区域,为人们提供了生存保障与安全保障。具体到民族来说,民族生活在共同地理区域之内,倘若民族没有自己的一块地理区域,民族的客观存在就是空中楼阁。民族地理区域既是民族的生存根基,也是民族的安全保障。民族生活在特定的地理区域内,也被视为民

---

[1] 胡安·诺格.民族主义与领土[M].徐鹤林,朱伦,译.北京:中央民族大学出版社,2009:12.

族构成的客观特征。

近现代以来，人们对于民族的认识，民族的地理区域与民族之间的内在关系，也被广泛强调。其中，黑格尔注重民族精神，也认为"助成民族精神的产生的那种自然的联系，就是地理基础"❶。黑格尔不仅强调认识民族精神需要从民族共同生活的地理区域特征着手，同时也认为，民族地理区域特征的不同自然特征，生长出了不同的民族性格与民族精神。黑格尔具体论述道：

我们所注重的，并不是要把各民族所占据的土地当作是一种外界的土地，而是要知道这地方的自然类型和生长在这块土地上的人民的类型和性格有着密切的联系，这个性格正就是各民族在世界历史上出现和发生的方式和形式以及采取的地位。❷

黑格尔在其历史哲学中，不仅论述了民族的地理环境与民族精神，以及民族性格的内在联系，同时也从分析世界各大洲的高地、平原流域、海岸区域等不同地理环境特征着手，导入了其对于世界各地区民族精神与民族性格的论述。所谓"一方水土养一方人"，黑格尔分析民族精神的方法，也是先从分析"一方水土"的自然特征着手，再分析"一方人"的精神生活与精神状态。黑格尔注重分析滋生民族精神的地理基础，在近现代人们对于民族的认识过程中，也广泛可见。

当代学界对于民族的研究，民族共同的地理地域对于民族的重要性，诸多学者从不同的角度进行了论述。例如，美国政论家哈罗德·伊罗生，将民族拥有一块共同的地理地域，比喻为一个人的身体。伊罗生说："领域扮演关键性的角色；没有领域，'民族意识'不足以成为一个'民族'，一个'民族'也无法成为一个'国家'。爱自己的'国家'，不只是爱国心就可以一语道尽的——爱国心有时候可歌可泣，有时候却不敢令人恭维——它是从祖先的原乡到祖国整个过程的一部分，也是个人身体存在的延伸，其重要性不亚于身体的本身。"❸

按照伊罗生的比喻，民族拥有一块地理区域，犹如一个人拥有其身体，民族地理区域的客观存在，也标志着民族的客观存在。这表现在民族认同中，人们认知到自身属于某一民族，也往往来源于人们对于民族共同地理区域的认知。诸多民族名称的命名，也是"因地名族"，人们对于民族的认知过程，首先通过命名

---

❶ 黑格尔.历史哲学［M］.王造时，译.上海：上海书店出版社，2006：74.
❷ 黑格尔.历史哲学［M］.王造时，译.上海：上海书店出版社，2006：74.
❸ 哈罗德·伊罗生.群氓之族：群体认同与政治变迁［M］.邓伯宸，译.桂林：广西师范大学出版社，2008：81.

一块客观存在着的地理区域，由此衍生出命名生活在一块客观存在着的地理区域内的民族。这举例来说，埃及人或者希腊人之所以成为一个民族，首先在于客观存在着埃及或者希腊这一地理区域。人们地理认知的深化发展，也助推着民族认同的萌生。

与之相应，依靠认知民族共同地理区域形成的民族意识，也往往根源于人们的领土意识。对此，西班牙学者胡安·诺格在研究民族与地域之间的关系时就谈道："各种民族主义在很大程度上都是一种领土意识形态形式，或者直接叫领土意识形态。"❶民族认同尽管是人们认知到自身属于某一民族，但人们的民族认同，往往根植于人们的地理认同。民族认同的建构，需特别注重民族地理区域的边界与民族的领土权力，对此胡安·格诺强调："一切民族主义运动都或明或暗地提出的首要问题是，作为一个民族，它的领土到何处为止；它的界限是什么，或者说，在大多数情况下，这些界限应当是什么，应当以什么标准来划定。这些当然都是基本问题，但却具有深远意义。"❷

但认识民族认同与民族地理区域之间的关系，还不能局限于此，还得需要沿着马克思恩格斯唯物史观的认识思路，进一步认识民族在其地理区域内的民族生产生活方式。马克思和恩格斯阐述其唯物史观就指出：

全部人类历史的第一个前提无疑是有生命的个人的存在。因此，第一个需要确认的具体事实就是这些个人的肉体组织以及由此产生的个人对其他自然的关系。……任何历史记载都应当从这些自然基础以及它们在历史进程中由于人们的活动而发生的变更出发。❸

将马克思和恩格斯唯物史观指明的这一认识方法，运用于认识民族与其所在地理区域之间的关系，与黑格尔在其历史哲学中阐述的由于民族地理区域特征的不同自然特征，生长出了不同的民族性格与民族精神相比较，马克思和恩格斯唯物史观则是指明民族地理区域特征的不同自然特征，由此形成了各民族不同的社会生产方式与生活方式等客观特征。

民族生活在共同的地理区域内，根据相应的自然环境，发展出了诸如农耕、游牧、渔业等共同的社会生产方式，人们也由此界定农耕民族、游牧民族及航海

---

❶ 胡安·诺格.民族主义与领土[M].徐鹤林，朱伦，译.北京：中央民族大学出版社，2009：22.
❷ 胡安·诺格.民族主义与领土[M].徐鹤林，朱伦，译.北京：中央民族大学出版社，2009：31.
❸ 中共中央马克思恩格斯列宁斯大林著作编译局.马克思恩格斯选集（第一卷）[M].北京：人民出版社，2012：146-147.

民族等。共同的社会生产方式，构成了界定民族的客观特征，人们对此进行认知，广泛地塑造着人们主观内心世界中的民族意识与民族认同。民族认同中不仅蕴含着人们的地域认同，而且蕴含着人们对于某种社会生产方式的认同。

同时，民族通过诸如农耕、游牧、渔业等生产方式发展出了民族在服饰、饮食、建筑、交通等方面共同的社会生活特征。民族的客观特征，具体地表现在人们衣、食、住、行等异常广泛的社会生活领域。人们认知民族的服饰、饮食、建筑、交通等社会生活特征，其也广泛地塑造着人们主观内心世界中的民族意识与民族认同。民族认同中不仅蕴含着人们的地域认同，还蕴含着人们对于某种社会生活方式的认同。民族具有一块共同地理区域的客观特征，衍生出的民族社会生产方式与社会生活方式等客观特征，同样成了界定民族的重要因素。

民族除了存在着一块共同的地理区域之外，还具有共同的语言，这也成为民族形成的重要客观特征。注重民族的语言与民族之间的密切关系，在最近几十年国外学界民族主义的研究中，受到了诸多学者的广泛关注。例如，本尼迪克特·安德森把民族概括为一个"想象的共同体"，共同的民族语言，也被本尼迪克特·安德森视为民族这个"想象的共同体"能够闯入人们内心之中的重要工具。安德森认为："民族的语言使人们感觉到那些在他们的特殊语言领域里数以十万计的，甚至百万计的人们的存在，而与此同时，他们也逐渐感觉到只有那些数以十万计的或者百万计的人们属于这个特殊的语言领域。"❶

本尼迪克特·安德森认为数以十万计的或者数以百万计的人们，能够感觉到共同属于民族特殊的语言领域，由此想象到彼此之间属于一个共同体，倘若依靠面对面的口头语言交流，实在难以形成，而是需要"书同文"的文字语言统一及印刷书籍的普及。本尼迪克特·安德森把民族概括为一个"想象的共同体"，既注重共同民族语言对于形成民族"想象的共同体"的重要作用，也注重"印刷资本主义"中民族文字语言普及发挥的重要作用。

民族语言的客观存在，不仅是形成民族"想象的共同体"的重要工具，同时还是形成民族意识的重要工具。在近现代民族主义思想发展进程中，民族语言对于形成民族意识的重要性，早就受到了诸多学者的广泛重视。例如，德国哲学家

---

❶ 本尼迪克特·安德森.想象的共同体：民族主义的起源与散布[M].吴叡人，译.上海：上海人民出版社，2003：52.

赫尔德特别注重民族语言与民族意识、民族性格之间的联系，并对后世民族主义思想的演化发展，也产生了重要影响。对此，当代美国学者哈罗德·伊罗谈道：

> 赫尔德所提出的族群和民族主义概念，滋长了欧洲现代民族主义的成长，在他眼里，语言就是"民族文化遗产中最特殊的因素"。他认为，语言唤醒了族群个别的存在意识，并使这种意识得以持续，同时"借此把自己与其他的群体区隔开来"。语言"把一个民族的内在心灵与内在力量"具体化，"没有语言，民族即不存在"。继赫尔德之后，洪堡于19世纪初，更进一步，"深入个别语言特有的形式中，追索民族的性格线索，此一议题被公认为另立了一个传统"。❶

语言是认知世界的工具，只有借助民族语言的认知功能，民族意识方能够形成。在当代学界的民族研究中，赫尔德所强调的民族语言与民族意识之间的内在关系，仍然受到了诸多学者的广泛强调。例如，霍布斯鲍姆就强调："我们很难否认，一群住在一起，讲着同样话语的人们，自然会认为彼此属于同一民族。"❷借助民族语言的认知功能，民族成员意识到自身民族存在的民族意识，民族意识由此闯入了人们的内心世界。

与之相应，世界诸多民族名称的命名，不仅广泛地存在着"因地名族"，也广泛地存在着"因族名言"，民族与其生活的地理区域及人们所使用的语言，彼此之间相互联系在了一起。举例来说，法兰西人、德意志人、俄罗斯人之所以成为一个民族，不仅在于其生活在法兰西、德意志、俄罗斯等相应的地理区域，同时还说着法语、德语、俄语等民族语言。

更为重要的是，人们运用语言作为工具认知世界，不仅能够帮助人们意识到或者想象到民族是一个共同体，同时还能形成各民族丰富多彩的精神生活与思想观念。民族语言的客观存在，不仅塑造着人们的民族意识，同时还塑造着民族的精神生活与思想观念。对此，当代美国学者哈罗德·伊罗生论述道：

> 这个世界以族群的语言命名、描述，孩子从这个世界中了解世界的过去与现在，族群则以语言和腔调呈现自己，编织出过去的故事，唱出或悲或喜的歌谣，歌颂乡土之美、英雄之位、神话之力。孩子从语言中学习、吸收、重温并传递整

---

❶ 哈罗德·伊罗生.群氓之族：群体认同与政治变迁［M］.邓伯宸，译.桂林：广西师范大学出版社，2008：132.
❷ 埃里克·霍布斯鲍姆.民族与民族主义［M］.李金梅，译.上海：上海人民出版社，2000：60.

个族群的既有事实，包括信仰体系、开天辟地、生死奥秘的解答，以及伦理、审美与传统的智慧。❶

民族成员以民族语言作为工具，通过民族的神话传说及其他的口述传承，通过记载民族历史的历史文献，通过塑造民族情感与民族精神的诗歌、小说、戏剧、音乐、艺术等，呈现了民族的思想认识、思维方式、宗教信仰等，广泛地塑造着民族成员的认知、想象及伦理等丰富多样的精神生活与思想观念。民族的语言工具，为民族搭建了内容丰富的精神大厦。联合国教科文组织编撰的专家组报告就指出："当前，全世界还在使用的语言有 5000~20000 种，每一种语言都反映出一种不同的世界观，代表着一种不同的思维模式和文化模式。"❷

广泛地以民族语言作为工具，发展出的民族的文学作品、历史著作、音乐艺术、宗教信仰活动等，蕴含着民族丰富的思维模式和文化模式。其源远流长，延续不断地塑造着人们主观内心世界中的民族意识与民族认同。与之相应，人们的民族认同，不仅表现为对于民族语言的认同，还表现为对于民族的历史起源与历史发展、民族的文学艺术、民族的宗教信仰等多种多样的文化认同。

正如霍布斯鲍姆所说："'民族'最重要的含义，是它在政治上所彰显的意义，这也是大多数文献着力探讨的主题。"❸ 近现代以来民族主义思想的发展，根植于近现代以来从封建国家到现代民族国家的政治发展趋势。经历了近现代以来从封建国家到现代民族国家的政治发展，当代世界已经发展为由众多的民族国家所构成。同样，当代德国著名哲学家哈贝马斯指出："'联合国'已经告诉我们，当今国际社会是由诸多民族国家组成的。"❹

与之相应，民族不仅具有共同的地理地区、生产生活方式、历史起源与历史发展进程、语言文字、文学艺术、宗教信仰等客观特征，民族还与现实社会中的民族国家密切相关。民族与民族国家之间的密切关系，也是诸多学者探讨民族内涵与民族主义思想的重要内容。以"民族"一词在近现代以来英语词汇概念的变化为例，当代德国学者汉斯 – 乌尔里希·维勒认为："在英语中'民族建构'

---

❶ 哈罗德·伊罗生.群氓之族：群体认同与政治变迁 [M].邓伯宸，译.桂林：广西师范大学出版社，2008：131.
❷ 联合国教科文组织.文化多样性与人类全面发展——世界文化与发展委员会报告 [M].张玉国，译.广州：广东人民出版社，2006：112.
❸ 埃里克·霍布斯鲍姆.民族与民族主义 [M].李金梅，译.上海：上海人民出版社，2000：21.
❹ 尤尔根·哈贝马斯.包容他者 [M].曹卫东，译.上海：上海人民出版社，2002：126.

（nation-building）与'国家建构'（state-building）的词汇完全相同。"❶ 杜赞奇所说的"从民族国家拯救历史"，也对此强调："现代民族主义的新颖之处在于近百年来遍布全球的民族国家的世界体系。这一体系将民族国家视为主权的唯一合法的表达形式。"❷ 正是由于民族国家之间的密切关系，民族认同不仅表现为对民族地理区域、民族的生产生活方式、民族的语言文化等认同，还表现为对于作为当代国际社会中基本政治单位的民族国家的认同。

四、民族认同多样性中的二元相对认知

通过认识民族的各种客观特征，能够洞悉民族认同中民族自我身份意识的形成根源。但正如马克思和恩格斯批判黑格尔唯心史观所指出："意识的一切形式和产物不是可以通过精神的批判来消灭的，不是可以通过把它们消融在'自我意识'中或化为'怪影''幽灵''怪想'等来消灭的。"❸ 认识民族认同，不能局限于仅仅追溯民族认同中的民族自我身份意识，而是需要追溯民族认同中民族自我身份意识的形成，其来源于人们对于客观存在着的地理区域、民族的生产生活方式、语言文化、民族国家的认知。人们对于民族各种客观特征的认知愈加广泛与深刻，民族认同也更为牢固深厚。

犹如各种形式的认同具有客观性，衍生出了认同的多样性，同样，形成人们民族认同中民族身份意识的民族客观标准，也是形式多样、纷繁复杂的。由此，民族认同的客观性，也衍生出了民族认同的多样性，并为认识民族与民族认同带来了诸多困难。这表现在民族与民族主义研究，斯大林把共同的语言、地域、经济生活、共同心理等作为民族界定的四要素，诸如民族共同的语言、地域、经济生活等，也往往被诸多学者视为界定民族的客观标准。但构成民族的客观特征，远远不止民族共同的语言、地域、经济生活等，还包含更为广泛的内容。

这表现在学界的民族与民族主义研究中，对于民族客观特征的多样性，诸多学者进行了广泛论述。当代美国学者哈罗德·伊罗生认为："共同的文化、历史、

---

❶ 汉斯-乌尔里希·维勒.民族主义：历史、形式、后果[M].赵宏，译.北京：中国法制出版社，2013：30.
❷ 杜赞奇.从民族国家拯救历史——民族主义话语与中国现代史研究[M].王宪民，等，译.南京：江苏人民出版社，2009：6.
❸ 中共中央马克思恩格斯列宁斯大林著作编译局.马克思恩格斯选集（第一卷）[M].北京：人民出版社，2012：172.

传统、语言、宗教，有的还加上种族，以及领土、政治、经济，所有这些东西各以不同的分量组成一个实体，这就是所谓的'民族'。"❶伊罗生所列举的这些民族构成特征，异常广泛、举不胜举。现实世界中民族的客观特征，也并不局限于伊罗生列举的各种因素，其包括民族的语言、地理区域、经济生活、社会制度、宗教信仰、风俗习惯，以及民族的历史、文学、服饰、法律、音乐、绘画、娱乐、建筑风格、服饰等诸多的范畴，几乎囊括了人们社会生活的方方面面。伊罗生说："民族是由哪些东西组成，每个人都可以列出一份自己的清单。"❷

构成民族的客观特征异常多样，成为民族这个概念异常复杂的重要根源，这也为认识民族，带来了巨大的困难。对此霍布斯鲍姆在其民族与民族主义研究中说道：

我们可以轻而易举地分辨不同的鸟族，或者我们可以不费吹灰之力地区分老鼠与花豹的不同点。假使区别民族差异像赏鸟一样简单就好了。就划分民族的标准而言，有时是根据单一的标准（如语言、族群特性等）；有时则会杂交各类不同的标准（如结合了语言、共居地、共享的历史经验和文化传统等等）。……无论这些客观标准是什么，它们显然都无法成立，因为符合这类定义的诸多群体，只有少部分不管在何时都可被称之为"民族"，反倒是例外情形不时可见。不是符合标准者根本不是"民族"或不具有民族精神；就是百分之百的"民族"却不符合这些标准。事实上，民族根本不可能具有恒久不变、放之四海而皆准的客观定义，因为这个历史新生儿才刚诞生，正在不断变化，且至今仍非举世皆然的实体。❸

人们只有认知客观现实世界中民族的具体特征，才能形成内心世界中的民族身份意识与民族认同。可是客观现实世界中民族的具体特征多种多样，极为复杂，民族认同也包罗了形形色色的认同形式。人们的民族认同往往蕴含着人们的地域认同、语言认同、宗教认同、历史认同、社会生活方式认同等多种认同形式。民族认同的一个典型特征，表现为民族认同既是与众多认同形式相互交织在一起，也是囊括了众多形式的认同。当代美国学者里亚·格林菲尔德指出："民族认同的与众不同之处在于，它提供了一个实用于不同原料的统领性原则，这个

---

❶ 哈罗德·伊罗生.群氓之族，群体认同与政治变迁[M].邓伯宸，译.桂林：广西师范大学出版社，2008：222.
❷ 哈罗德·伊罗生.群氓之族，群体认同与政治变迁[M].邓伯宸，译.桂林：广西师范大学出版社，2008：222.
❸ 埃里克·霍布斯鲍姆.民族与民族主义[M].李金梅，译.上海：上海人民出版社，2000：5-6.

原则赋予原料意义，从而将它们转化为具体认同的元素。"❶ 杜赞奇所说的"从民族国家拯救历史"也对此强调："民族主义虽然宣称是统一的或具有统一功能的身份认同，但实际上是一种包容差异的现象。"❷

民族认同不仅包罗万象，同时还随着依靠特定社会发展状况而变化不定。迈克尔·赫克特指出："民族认同是从在不同情况下可以成为不同类型社会认同基础的特定中想象、建构和聚合形成的。"❸ 霍布斯鲍姆也强调："民族认同及其所代表的含义是一种与时俱进的现象，会随着历史进展而嬗变，甚至也可能在极短的时间内发生剧变。"❹ 人们的民族认同，往往依靠时空环境的变化，在地域认同、语言认同、宗教认同、历史认同、社会生活方式认同、国家认同等多种认同形式之间来回穿梭、变化万千。

民族认同中的自我身份意识不仅会因时而变，还会因人因地而异。这正如霍布斯鲍姆所说："在一般人的心目中，所谓'民族意识'并非一致存在的现象，在不同的地区和不同的社会团体之间，便会出现不同程度的民族认同。过去学界往往忽略了民族认同是有其地域差异的，此外，学界还未认真探讨其中的原因。"❺ 人们所在的社会阶层、社会团体、地域之间的差异等因素，也影响着人们的民族认同。

尽管民族认同的内涵与变化异常复杂，但犹如人们针对认同的多样性，能够运用一种认知同一与认知差异的二元相对认知，化复杂为简单，化多样为二元，在民族认同依靠认知民族各种客观特征形成民族自我身份意识的过程中，也同样存在着认知同一与认知差异的二元相对认知模式。民族认同中认知同一与认知差异的二元相对认知模式，也能够将民族认同化复杂为简单，化多样为二元。

所谓民族认同的二元相对认知，犹如斯宾格勒分析民族意识所说："正因为有某个'你'，我们才知道有个'我'。"❻ 其主要表现为认知民族的同一性与认知民族之间差异性的二元相对。认知民族的同一性，其能够帮助人们意识到属于

---

❶ 里亚·格林菲尔德.民族主义：走向现代的五条道路[M].王春华，等，译.上海：上海三联书店，2010：14.
❷ 杜赞奇.从民族国家拯救历史——民族主义话语与中国现代史研究[M].王宪民，等，译.南京：江苏人民出版社，2009：5.
❸ 迈克尔·赫克特.遏制民族主义[M].韩召颖，等，译.北京：中国人民大学出版社，2012：119.
❹ 埃里克·霍布斯鲍姆.民族与民族主义[M].李金梅，译.上海：上海人民出版社，2000：11.
❺ 埃里克·霍布斯鲍姆.民族与民族主义[M].李金梅，译.上海：上海人民出版社，2000：12.
❻ 奥斯瓦尔德·斯宾格勒.西方的没落[M].张兰平，译.西安：陕西师范大学出版社，2008：79.

某一共同的民族，可是意识到属于某一共同的民族，往往还要其他民族之间的存在作为参照，需要认知民族之间的差异性。

在民族认同的二元相对认知中，一方面，人们形成民族认同中的民族身份自我意识，需要人们能够认知到自身所属民族的地理区域、生产生活方式、语言、历史发展、文化传统、政治制度等共同的客观特征，并构成民族认同二元相对认知中的民族同一性认知。另一方面，人们形成民族认同中的民族身份自我意识，还需人们能够认知到自身所属民族在地理区域、生产生活方式、语言、历史发展、文化传统、政治制度等方面，与其他民族存在的各种客观差异。

正如霍布斯鲍姆所说："就划分民族的标准而言，有时是根据单一的标准（如语言、族群特性等）；有时则会杂交各类不同的标准（如结合了语言、共居地、共享的历史经验和文化传统等等）。"❶ 这延伸到形成民族认同中民族身份自我意识的二元相对认知，有时是根据民族界定中某种单一标准的两两相对，有时则是根据民族界定中多种不同标准的两两相对。民族认同的多样性中，存在着各种类型又相互变化的形形色色的二元相对认知。

因此，认知民族的同一性与认知民族之间的差异性，犹如一枚硬币的两面，其两两相对、彼此作用，构成了民族认同的二元相对认知。犹如黑格尔的主奴理论，揭示了主奴之间的二元相对形成彼此的身份意识，民族认同的二元相对认知发挥的首要作用，则是能够形成民族认同中的民族身份自我意识。但是，民族认同的二元相对认知，以建构民族认同中的民族身份自我意识为起点，还会在人们的内心世界与现实生活中发展出更加广阔的双重天地，并塑造出人们两两相对的双重内心世界状况与社会生活面貌。

第二节 民族认同中认知民族同一性的演变

一、认知民族同一性的心理凝聚与民族成为心灵共同体

民族认同的二元相对认知，以建构民族认同中的民族身份自我意识为起点，

---

❶ 埃里克·霍布斯鲍姆.民族与民族主义[M].李金梅,译.上海：上海人民出版社,2000：5.

在人们的内心世界与现实生活中发展出更加广阔的双重天地，并塑造出人们两两相对的双重内心世界状况与社会生活面貌，具体表现为认知民族的地理区域、生产生活方式、语言、历史发展、文化传统、政治制度等共同的客观特征，这是民族认同二元相对认知中的一个侧面，这不仅能够形成民族认同中的民族身份意识，还会以形成民族身份意识为起点，形成无数人们相应的内心世界状况与现实社会生活面貌。

就认知民族同一性形成人们相应的内心内心世界状况来说，人们认知民族的地理区域、生产生活方式、语言、历史发展、文化传统、政治制度等共同的客观特征，会形成民族身份意识。以此为起点，能够将无数民族成员的个体心灵，凝聚成为一个"心灵共同体"，并在无数民族成员的个体心灵之间，建构出一个共同的心灵家园。认知民族的同一性，由此演化出一种心理凝聚机制。

在近现代以来的民族及民族主义研究中，费希特与黑格尔强调民族具有共同的民族精神，沿着费希特与黑格尔等的认识思路，斯宾格勒认为民族是一个"心灵单位"，本尼迪克特·安德森将民族归结为一个"想象的共同体"。相关论述之所指，也主要是注重认知民族同一性对于民族成员的心理凝聚功能。犹如人们形形色色中的同一性认知，在演变出来的"心灵共同体"及共同的心灵家园之中，存在着共同的心理意识、心理情感及伦理道德价值观念。同样，在民族这个"心灵共同体"或者共同的心灵家园之中，也存在着民族成员之间共同的民族意识、民族情感及民族伦理价值观念等具体内容。

首先，在民族的共同心灵家园之中，无数民族成员通过认知民族共同的地理区域、共同的语言、共同的社会生产方式与社会生活方式、共同的历史、文学等，能够将若干民族成员内心世界中的各种自我意识聚集为一，形成归属于某一民族的共同心理意识。民族成员之间在其内心世界中，具有共同的民族意识，既是民族这个"心灵共同体"诸多共同心理活动的前提，也是搭建民族这个共同的心灵家园的基石。民族是一个"心灵共同体"，表现为民族是一个意识共同体，其尽管囊括了无数成员，但彼此之间的内心深处，却能够意识到归属于共同的民族。

其次，正如黑格尔所强调："假如没有热情，世界上一切伟大的事业都不会成功。"❶人们内心世界中不仅充斥着黑格尔注重的自我意识，还会在自我意识的基础上生长出各种情感。民族在作为一个意识共同体的基础上，还能够将无数民族成员的内心情感聚集为一，让无数民族成员情有所归、情有所托。由此，民族不仅是一个"心灵共同体"，还表现为民族是一个情感共同体，民族成为一个无数民族成员内心世界中共同的情感家园。

民族成员之间具有共同的民族情感，具体表现在两个方面。一方面，民族成员内心世界中共同的民族情感，表现为民族成员彼此之间，具有一定的熟悉、亲近、友爱等心理情感。另一方面，民族成员内心世界中共同的民族情感，还表现为民族成员对所在民族的共同情感。当人们所属的民族兴旺强盛，人们的情感表现是为此骄傲自豪；当人们所属的民族遭遇挫折，人们的情感表现则是为此忧伤悲愤。民族的兴衰荣辱，让人欢喜让人忧，牵动着民族成员内心世界无数的情感变化。同时，民族的客观存在，蕴含着民族共同的地理区域，民族语言，民族社会生活方式，民族历史，民族的文学、音乐、艺术等方方面面。与之相应，人们对于民族的情感，也存在着一个爱屋及乌的情感扩展过程，会扩展到对于民族共同体的方方面面，寄托着民族成员内心世界中的无限情感。这也正如当代美国学者詹姆斯·梅奥尔所强调："民族情感是如此深入人心且不证自明，以至于它已经普遍化为无形了。"❷

最后，在人们内心世界中，不仅存在着各种意识与各种情感，同时还存在着各种伦理道德价值观念。人们内心世界中各种各样的伦理道德价值观念，既是人们社会行为的规范与引导，规范与指引着人们"孰可为、孰不可为"的社会行为，同时也明确了人们社会生活中的责任与义务，激发着人们在现实社会生活中的积极奉献与努力创造。认知民族同一性，在民族成员的内心世界中，不仅会生长出共同的民族意识与民族情感，还会生长出共同的民族伦理道德价值观念。民族不仅仅是人们内心世界中的一个意识共同体与情感共同体，还是人们内心世界中的伦理道德价值观念共同体。对此，当代法国学者奥利维尔·罗伊论述民族认同时强调："民族认同是对某一特定共同体的道德和情感的认同，建立在忠诚于章程性原则并参与集体的自我理解的基础上。它创造了共同的归宿感，提供了集

---

❶ 黑格尔.历史哲学[M].王造时,译.上海：上海书店出版社,2006：21.
❷ 詹姆斯·梅奥尔.民族主义与国际社会[M].王光忠,译.北京：中央编译出版社,2009：30.

体认同的基础，培养了共同的忠诚，给予团体成员以生活在一起的自信。"❶

奥利维尔·罗伊对于民族认同的论述，是将民族认同的情感范畴与道德范畴混合在一起进行论述。在当代学界对于民族主义的研究中，诸多对于民族主义的论述，侧重于从民族主义的伦理道德价值观念，阐释民族主义的思想内涵。例如，《大不列颠百科全书》就将民族主义解释为："民族主义是一种思想状态，每个人对民族国家怀有至高无上的世俗的忠诚。"民族成员内心世界中共同的民族伦理道德价值观念，也具有非常广泛的表现。

一方面，民族在遭受外敌入侵之时，民族成员内心世界中共同的民族伦理道德价值观念具体表现为民族成员需要为民族的救亡图存承担责任与义务。对此，本尼迪克特·安德森论述民族主义时就指出："没有什么比无名战士的纪念碑和墓园，更能鲜明地表现现代民族主义文化了。"❷无名战士的纪念碑和墓园之所以受到人们的瞻仰，是因为无名战士为了民族的事业奉献了生命，无名战士的纪念碑和墓园，呈现了一种为民族的集体事业积极奉献的民族伦理道德价值规范。安德森所说的无名战士的纪念碑和墓园，鲜明地表现了现代民族主义文化，更为具体地说，则是鲜明地呈现了现代民族主义文化中人们的民族伦理道德价值观念。

另一方面，正如埃利亚斯所说："所有属于一个民族的人都在同一个社会化的过程中遵循着同样的标准并追求着同样的价值观念，所以在共同的生活中他们一般总是能够协调一致的。"❸在民族的和平发展时期，民族成员的伦理道德价值观念，是民族成员共同遵循的价值标准，并具体表现为民族成员日常社会生活中方方面面的积极创造，其是民族的基石，能够支撑民族共同体的发展大业。

因此，民族作为一个无数民族成员的"心灵共同体"，其中的共同心灵，具体表现为人们内心世界中共同的意识、情感、伦理道德价值观念等范畴。认知民族同一性，在民族成员的内心世界中，生长出了共同的民族意识、民族情感、民族伦理道德价值观念，形成了民族认同中"万众一心"等主观内心世界状况，并成了民族客观存在的心灵根基。认知民族同一性形成的心理凝聚状况，构成了民

---

❶ 爱德华·莫迪默，罗伯特·法恩.人民·民族·国家——族性与民族主义的含义[M].刘泓，黄海慧，译.北京：中央民族大学出版社，2009：94.
❷ 本尼迪克特·安德森.想象的共同体：民族主义的起源与散布[M].吴叡人，译.上海：上海人民出版社，2003：11.
❸ 诺贝特·埃利亚斯.文明的进程——文明的社会发生和心理发生的研究[M].王佩莉，袁志英，译.上海：上海译文出版社，2013：21.

族主观内心世界之中的内在生命力。

二、民族成为心灵共同体的文化建构方式

认知民族同一性，能够形成民族成员共同的民族意识、民族情感、民族伦理道德价值观念，共同组成了民族成员共同的"心灵共同体"与心灵家园。既然如此，无数民族成员缘何能够在意识、情感、伦理道德价值观等集聚为一，形成共同的民族意识、民族情感、民族伦理道德价值观念？

对此问题，其中本尼迪克特·安德森将民族归结为一个"想象的共同体"，这与近现代以来费希特、黑格尔、斯宾格勒注重民族意识的认识思路存在差异，一者表现为民族被归结为一个"想象的共同体"，二者则表现为民族被界定为人们意识到的共同体。两者的共同之处，都是注重民族在人们主观世界的反映。更为重要的是，本尼迪克特·安德森在提出民族是一个"想象的共同体"的论断之后，紧接着论述的主要内容，则是近现代西方人的殖民主义侵略与帝国主义扩张、书面语言、印刷资本主义、人口调查、地图、博物馆等文化传播方式，由此将人类的诸多心理活动，从古代社会集中于王朝与宗教，转化为现代社会中对民族的想象，由此将民族演变成为一个"想象的共同体"。本尼迪克特·安德森论述的民族成为一个"想象的共同体"的途径与方式，也成为本尼迪克特·安德森民族主义理论中极为新颖的内容，并在当代学界的民族与民族主义研究中产生了广泛影响。

具体来说，将本尼迪克特·安德森"想象的共同体"的形成途径与形成方式，运用于认识共同的民族意识、民族情感、民族伦理、道德价值观念等的形成过程，则能够说明在民族主义深刻影响近现代以来人类历史发展的过程中，存在着诸多的文化建构方式与文化传播方式，其中包括知识分子在诸多领域的文化创造、现代社会中学校教育的文化传播、现代社会中承载文化知识传播的印刷技术的普及等。与之相应，民族现代性建构中知识分子对于传播民族观念与建构民族文化的作用，民族现代性建构中现代社会学校教育的发展、普及与印刷技术的广泛传播等的作用，也成为当代民族主义与民族主义研究被广泛关注的内容。

因此，犹如现代社会能够运用诸多的科学技术手段，创造出无数的大型建筑与精密仪器，民族能够成为无数民族成员内心世界中的一个"意识共同体""情感共同体"及"价值观念共同体"等，也在于现代社会存在诸多的文化创造方法与文化传播途径，能够将此搭建而成。但在此基础上也得注意，正如马克思和恩格斯批

判黑格尔唯心史观"最终消失于'自我意识'之中",其导致的问题则是会"任凭自己的思辨之马自由奔驰"❶。尽管现代社会中存在诸多的文化创造方法与文化传播途径,能够将民族搭建成为无数民族成员内心世界中的一个"意识共同体""情感共同体"及"价值观念共同体"等,但诸如共同的民族意识、民族情感、民族伦理价值观念等,之所以能够闯入人们的心灵之中,还在于民族具有的共同语言、地理区域、风俗习惯、经济生活、政治法律、宗教信仰、建筑、音乐、服饰等诸多客观特征,这些在现实社会中客观地存在着。这犹如现代社会即使技术先进,但其所创造出的无数大型建筑与精密仪器总是需要相应的原材料,脱离了民族的各种客观特征,只注意民族现代性的各种文化创造方法与各种文化传播途径,对于民族的想象,也会广泛出现马克思和恩格斯指明的"任凭自己的思辨之马自由奔驰",由此误入马克思和恩格斯所批判的"幻想、玄想和曲解"的歧路。

这举例来说,本尼迪克特·安德森提出了民族是一个"想象的共同体"的论断之后,重点论述了"印刷资本主义"对于民族成为一个"想象的共同体"的重要作用。在近现代以来的人类历史发展过程中,印刷技术的发展导致了书籍与报刊的广泛普及,书籍与报刊中的无数内容,共同汇聚了民族共同的想象。可是在无数书籍与报刊汇聚民族想象之前,还存在着人们客观现实生活中的亲身感受与切身经历。人们在现实社会生活中,随时随地都可能亲身地认知民族的诸多客观特征,由此才产能形成民族成员彼此之间共同的民族想象或者共同的民族意识。民族意识尽管是民族诸多主观心灵活动的起点,可是民族意识的形成,则来源于人们对民族的诸多客观特征的认知。

与之相应,在民族意识的背后,还存在人们对于民族诸多客观特征的认知,由此形成关于民族共同体诸多方面的知识建构。例如,具有共同的民族地理区域,乃是民族的客观特征,地理学中的人文地理,也蕴含着大量关于民族地理区域及其风土人情的知识系统。同样,语言文学中也蕴含着大量民族语言及其运用的知识系统。在当代民族主义研究中,对于语言文学叙述与民族建构之间的关系,有着广泛的论述。

不仅如此,民族共同体具有自己的历史起源、具体的历史发展过程等,历史学中也蕴含着大量关于民族历史的知识系统。在当代历史学的研究中,诸如英

---

❶ 中共中央马克思恩格斯列宁斯大林著作编译局.马克思恩格斯选集(第一卷)[M].北京:人民出版社,2012:182.

国的霍布斯鲍姆与印裔美国籍的杜赞奇等历史学家，对于历史叙述与民族建构之间的关系，也进行了广泛的论述。在民族主义的研究中，当代英国人类学家安东尼·史密斯倡导的族裔象征主义，也特别注重民族的历史与民族之间的密切关系。除此之外，关于民族的风俗习惯、经济生活、政治法律、宗教信仰、建筑、音乐、服饰等客观特征，也存在相关学科的知识建构。

各种学科建构的关于民族客观特征的知识，通过文字语言与声音语言、各种形式的图像及其他文化象征符号，作为文化传播工具；通过书籍和报纸等印刷物，以及现代社会的电视、电影、网络等，作为文化传播手段；通过在现代社会中越来越普及的文化传播方式，逐步汇集到人们的内心世界之中。无数民族成员尽管生活在一方天地之中，没有太多感受民族客观特征的亲身经历，但通过人类社会中异常广泛的知识建构内容与文化传播方式，也能够形成关于民族客观特征的各种认知。

人们诸多的亲身经历、人类社会中异常广泛的知识建构，以及文化传播方式，共同形成了人们对于民族的认知，由此建构了人们主观内心之中的民族意识。除此之外，诸多学科通过建构与传播民族各方面的知识，在塑造人们民族意识的基础上，广泛地塑造着人们的民族情感与民族伦理价值观念。例如，历史学通过叙述民族的起源与发展过程，形成了人们关于民族乃从历史深处一路走来的认知。同时，叙述民族以往历史的发展成就，能够激发人们的民族自豪感；叙述民族以往历史的患难岁月，能够激发人们知耻而后勇；叙述民族以往历史中的英雄人物及其事迹，能够成为指导人们的行为价值典范；民族历史的知识建构，能够广泛地激发人们的民族情感与民族伦理道德价值观念。

在一个由民族及民族国家构成的现代社会，还存在着本尼迪克特·安德森所说的人口调查、地图制作、创建博物馆，以及霍布斯鲍姆所说的举办体育竞赛等诸多社会活动方式，广泛地塑造着人们的民族意识、民族情感与民族伦理价值观念。例如，针对现代社会中的体育竞赛对人们民族情感的塑造作用，霍布斯鲍姆论述道：

为何体育竞赛可以转变成激发民族情感的重要媒介？至少对很多男人来说确是如此。因为它很容易让人产生光荣的民族感，即使是平时对政治或公共事务均漠不关心的人们，尤其当他们亲眼看到年轻而优异的国家运动员，表现出梦寐以

求的绝佳成绩时，民族优越感自会油然升起。❶

在当代国外学界的民族主义研究中，诸如盖尔纳、霍布斯鲍姆、本尼迪克特·安德森等人，往往将民族视为现代社会之物，其相关的民族主义理论，也被当代英国民族主义理论家安东尼·史密斯归纳为现代主义。民族之所以被一些学人视为具有现代性的特征，也具体表现在现代社会中，塑造人们民族意识、民族情感及民族道德观念的文化知识建构方式异常广泛。通过现代社会中异常广泛的文化建构方式，共同的民族意识、民族情感、民族伦理道德价值观念，由此广泛地占据着现代社会中人们的心灵。

三、认知民族同一性的社会凝聚功能与民族成为命运共同体

认知民族同一性，不仅能够演化成为一种民族成员内心世界的心理凝聚机制，将民族演变成为一个无数民族成员具有共同的民族意识、民族情感、民族伦理道德价值观念等万众一心的"心灵共同体"，同时认知民族同一性还能够演化出一种现实社会中民族成员的社会凝聚机制，能够构建出无数民族成员之间的社会团结与社会凝聚，并将民族演变成为一个民族成员之间休戚相关、命运与共的命运共同体。在认知民族同一性的心理凝聚与社会凝聚两者之间，认知民族同一性形成的心理凝聚，乃认知民族同一性形成的社会凝聚的心理基础。近现代以来人们运用诸多的文化建构方式与文化传播方式，将民族演变成一个无数民族成员具有共同的民族意识、民族情感、民族伦理道德价值观念等万众一心的"心灵共同体"，也是力图将民族内心世界中的心理凝聚，转化为现实社会中的社会凝聚与社会团结。

在属于同一民族的无数民族成员之间，存在着相互团结与彼此凝聚的现实社会关系。这表现在学界对于民族主义的研究中，尽管从民族在人们主观内心世界的反映等民族主观性认识途径，诸多学者广泛论述了在意识、情感、伦理道德价值观念等范畴，民族能够将人们的意识、情感、伦理道德观念集聚为一，使彼此之间心心相连，但诸多学者也广泛地从人们的现实社会表现出发，论述了认知民族同一性，能够形成现实社会中无数民族成员的社会凝聚与社会团结。

厄内斯特·盖尔纳强调："当且仅当两个人相互承认对方属于同一个民族，

---

❶ 埃里克·霍布斯鲍姆.民族与民族主义［M］.李金梅，译.上海：上海人民出版社，2000：171.

则他们同属于一个民族,换言之,民族创造了人;民族是人的信念、忠诚和团结的产物。"❶ 盖尔纳所说的"当两个人相互承认对方属于同一个民族,则他们同属于一个民族",实际上是论述民族认同的内涵;盖尔纳所说的"民族创造了人;民族是人的信念、忠诚和团结的产物",则论述了民族认同的心理凝聚功能与社会凝聚功能。就心理凝聚而言,民族认同将人们的信念和忠诚集聚在一起;而就社会凝聚而言,民族认同则表现为民族成员之间的社会团结关系。

为了呈现民族认同能够将人们的"信念、忠诚和团结"凝聚在一起,盖尔纳的民族与民族主义理论,从论述古代社会等级制度的社会分层、论述农业社会中多数人都不识字、人们使用形形色色的地方方言等作为出发点,认为"农业社会往往不以文化来界定政治单位;换而言之,它们不习惯搞民族主义"❷。紧接着论述工业社会中的社会分工越来越复杂,社会流动性越来越增强,与之相应,"向工业主义过渡的时期也必然是一个民族主义的时期,这是一个狂暴调整的时期"❸。盖尔纳对于民族认同也指出:"民族主义并没有把同质性强加于人,而是反映了对同质性的客观需要。"❹ 按照盖尔纳的民族主义理论,近现代以来人们运用诸多的文化建构方式与文化传播方式建构民族认同,实则是在社会分工越来越复杂、社会流动性越来越强的现代社会中,人们需要共同的民族文化能够彼此连接与相互团结。

受盖尔纳相关民族主义理论的影响,"当代很多关于民族主义的解释都试图在农业社会向工业社会的变迁中寻找根源,它们把其视为一种因应于资本主义体质下非均衡发展的模式或者满足某种社会黏合剂需求而出现的一种意识形态"❺。在当代学界的民族与民族主义研究中,针对认知民族同一性能够形成现实社会中无数民族成员的社会凝聚与社会团结,除了盖尔纳的相关论述之外,其他诸多学者也进行了广泛的论述。例如,当代美国学者哈罗德·伊罗生强调:"民族是把人变成为社会动物最有效的方法,也是最能把人团结起来的终极手段。"❻ 同样,有学者也论述道:"民族形成了一个来自不同社会阶层和职业的个人组成的社会、

---

❶ 厄内斯特·盖尔纳.民族与民族主义[M].韩红,译.北京:中央编译出版社,2002:9.
❷ 厄内斯特·盖尔纳.民族与民族主义[M].韩红,译.北京:中央编译出版社,2002:100.
❸ 厄内斯特·盖尔纳.民族与民族主义[M].韩红,译.北京:中央编译出版社,2002:53.
❹ 厄内斯特·盖尔纳.民族与民族主义[M].韩红,译.北京:中央编译出版社,2002:60.
❺ 詹姆斯·梅奥尔.民族主义与国际社会[M].王光忠,译.北京:中央编译出版社,2009:83.
❻ 哈罗德·伊罗生.群氓之族,群体认同与政治变迁[M].邓伯宸,译.桂林:广西师范大学出版社,2008:220.

经济和政治联合。其成员由比较紧密的社会交往圈团结在一起……这种联系不会因为沟通和交换的原因而突然中断，也不会为任何其他联系所取代。"❶

从上述当代学界民族与民族主义研究中的相关论述可以看出，倘若认知民族同一性演化出的心理凝聚，构成民族主观内心世界的内在生命力，那么认知民族同一性演化出的社会凝聚，则构成了民族在现实社会的内在生命力。近现代以来民族主义思想勃兴，人们广泛地认知民族的诸多客观特征，并通过诸多的文化建构方式与文化传播方式，构建无数民族成员主观内心之中共同的民族意识、民族情感、民族伦理道德价值观念等，也是百川归大海，直接汇聚为现实社会中民族成员之间社会凝聚与社会团结。构建民族的团结与凝聚，既是民族认同的根本目标，同时也是民族共同体赖以存在的生命之根。

正如盖尔纳针对民族认同所指出："民族主义并没有把同质性强加于人，而是反映了对同质性的客观需要。"❷ 民族认同搭建出的社会凝聚与社会团结，具体表现在人们的现实社会生活之中，直接表现在影响着人们社会生产与社会生活的经济行为之中。从古代农业社会向现代工业社会的巨大社会转型中，迫切需要民族认同的建构，根植于从古代农业社会进入现代工业社会的社会经济发展需要。近现代以来民族主义思想勃兴，人类社会经济快速发展，民族建构与现代经济发展两者之间，也有着密切的内在联系。对此，盖尔纳就强调："在现代世界里，民族主义造成的'横向疆界'的政治体制，包含着更深一层的经济合理性。"❸

同时，正如盖尔纳指出："不断发展的生产力，要求这种分工不仅复杂，还不断地、有时是迅速地取得变化。"❹ 社会分工中某一行业一旦取得迅速变化，会波及其他无数的社会职业，迅速变化的社会分工发展不仅会锻造出现代工业社会中你离不开我、我也离不开你的密切经济联系，还会锻造出现代工业社会中你影响我、我也影响你的相互作用。因此，具体到人们社会生产与社会生活的经济领域，民族也表现为无数民族在社会生产与社会生活中同舟共济、命运与共的社会经济关系。民族不仅仅是一个"心灵共同体"及"想象的共同体"，同时还切实地表现为人们生产生活中的一个命运共同体。犹如盖尔纳所说："一切都是由工

---

❶ 迈克尔·赫克特.遏制民族主义[M].韩召赢,等译.北京：中国人民大学出版社,2012：118.
❷ 厄内斯特·盖尔纳.民族与民族主义[M].韩红,译.北京：中央编译出版社,2002：60.
❸ 厄内斯特·盖尔纳.民族与民族主义[M].韩红,译.北京：中央编译出版社,2002：148.
❹ 厄内斯特·盖尔纳.民族与民族主义[M].韩红,译.北京：中央编译出版社,2002：33.

业社会的本质所决定的。"❶ 民族认同中的同一性建构，也是根源于现代社会的社会经济发展状况。

盖尔纳的民族与民族主义理论，将现代社会的民族同一性建构，既追溯到人类社会在近现代以来出现的从农业社会到工业社会的重要社会转型，也追溯到现代工业社会中越来越复杂的劳动分工与社会经济变迁，这在当代民族与民族主义研究中，其他诸多学者也进行了类似论述。例如，作为英国著名的马克思主义历史学家，霍布斯鲍姆强调："马克思主义者口中的'民族问题'，实则是一牵涉政治、科技与社会转型的大问题。"❷ 霍布斯鲍姆也认为："'民族'及相应的民族活动，都应该纳入国家体制、行政官僚、科技发展、经济状况、历史情境与社会背景下进行讨论。"❸

对于近现代以来民族与民族国家之间的关系，霍布斯鲍姆则特别注重民族国家与现代社会经济发展之间的密切关系，对此强调："我们怎么有可能全然否定民族国家所扮演的经济角色，甚至否定它所带来的经济利益？……将人类根据民族为单位划分为不同的国家，是相当有效用的，因为民族国家能产生出强大的经济利益。"❹ 盖尔纳在其民族主义理论中也强调："民族主义国家不仅仅是一种文化的保护人，而且是一种新兴的、在初期往往很脆弱的经济保护人。"❺ 霍布斯鲍姆与盖尔纳的民族主义理论，既注重近现代民族主义思想的勃兴与现代民族国家创建的关系，也注重现代民族国家在工业社会的现代经济发展中扮演的重要角色。

霍布斯鲍姆与盖尔纳的民族主义理论，都将民族主义与民族认同的根源追溯到亚当·斯密的《国富论》。亚当·斯密的《国富论》中的汉语翻译全称是《国民财富的性质和原因的研究》，英文标题是 *An Inquiry into the Nature and Causes of the Wealth of Nations*，其中的"nation"，指全体国民构成的国家，也指民族。近现代以来民族概念演化与民族主义思想发展中的民族认同，谋求的是对于民族与国家富强的认同。在当代学界的民族主义研究中，盖尔纳、本尼迪克特·安德森等人都强调的以民族语言为突出标志的民族文化建构，既是为了适应社会分工与社会流动高度发展中民族成员的联系与交流的需要，也是为了适应快速变化的

---

❶ 厄内斯特·盖尔纳.民族与民族主义[M].韩红,译.北京：中央编译出版社，2002：150.
❷ 埃里克·霍布斯鲍姆.民族与民族主义[M].李金梅,译.上海：上海人民出版社，2000：10.
❸ 埃里克·霍布斯鲍姆.民族与民族主义[M].李金梅,译.上海：上海人民出版社，2000：11.
❹ 埃里克·霍布斯鲍姆.民族与民族主义[M].李金梅,译.上海：上海人民出版社，2000：30.
❺ 厄内斯特·盖尔纳.民族与民族主义[M].韩红,译.北京：中央编译出版社，2002：148.

生产技术普及。民族认同的建构，也最终关系着人们的社会生产与社会生活，民族作为无数民族成员同舟共济、命运与共的一个命运共同体，具体表现在无数民族成员的生产生活之中。因此，倘若说民族成员之间的社会团结与社会凝聚，构成了民族的生命之根，那么民族成员之间的社会团结与社会凝聚，则共同指向了民族与民族国家的富强。

倘若霍布斯鲍姆与盖尔纳的民族主义理论将近现代民族主义兴起的根源追溯到近现代以来的社会分工与社会流动，里亚·格林菲尔德则沿着马克斯·韦伯所说的"新教伦理与资本主义精神"的思路，重点强调了近现代民族主义兴起本身，就是近现代社会经济发展的推动力量。在近现代人类文化思想的发展过程中，德国著名社会学家马克斯·韦伯所说的"新教伦理与资本主义精神"，揭示了西方宗教改革后的新教伦理乃一种推动现代经济发展的资本主义精神。里亚·格林菲尔德沿着马克斯·韦伯的思路认为："民族主义提供了一套新的伦理理念和社会观念，赋予经济增长以正面价值并将自然分散的社会能量集中于经济增长。"❶按照格林菲尔德的这一论述，民族主义作为支配人们心灵意识的一种文化思想，其中也蕴含着推动现代经济发展的相应的伦理道德价值观念。

这表现在具体的历史发展进程中，里亚·格林菲尔德认为，近代英国的经济发展，其中的重要根源则是其率先形成的一系列民族主义的文化思想与伦理观念。按照一些西方民族主义理论家的说法，民族乃上帝对于人类的划分，英国率先形成的一系列民族主义的社会思想与伦理观念，也被格林菲尔德称为"上帝的长子"。对于民族主义与近现代英国社会经济发展之间的内在关系，里亚·格林菲尔德就强调："英国民族主义为英国，然后为全世界，带来了'经济奇迹'的能力。"❷

由于注重民族主义中的经济伦理，里亚·格林菲尔德的民族主义思想与霍布斯鲍姆的民族主义思想有所差异。例如，霍布斯鲍姆认为，追溯近现代民族主义的重要思想根源，需要从亚当·斯密的《国富论》着手。里亚·格林菲尔德的民族主义思想则再进一步，认为不仅需要从亚当·斯密的《国富论》着手，还需要追溯亚当·斯密在出版《国富论》之前17年就已经出版的《道德情操论》。里

---

❶ 里亚·格林菲尔德.资本主义精神——民族主义与经济增长[M].张京生，刘新义，译.上海：上海人民出版社，2004：31.
❷ 里亚·格林菲尔德.资本主义精神——民族主义与经济增长[M].张京生，刘新义，译.上海：上海人民出版社，2004：30.

亚·格林菲尔德指出："《道德情操论》和《国富论》的论证反映出18世纪的英国的民族意识。"❶

亚当·斯密在其《道德情操论》中，论述了人心之中存在同情他者与对他者友善等道德情操，但在《国富论》中却论证了人心之中还广泛存在着追逐自我利益的个体私欲，两者之间，似乎存在着悖论。但亚当·斯密却在其《国富论》中通过首先论证劳动分工，再论证在劳动分工基础上的交换关系，由此呈现了追逐自我利益的社会功用。亚当·斯密举例指出："我们不能借着向肉贩、啤酒商，或面包师傅诉诸兄弟之情而获得免费的晚餐，相反地我们必须诉诸他们自身的利益。我们填饱肚子的方式，并非诉诸他们的慈善之心，而是诉诸他们的自私。我们不会向他们诉诸我们的处境为何，相反地我们会诉诸他们的获利。"

在亚当·斯密看来，肉贩、啤酒商或面包师傅尽管在追逐自我利益，但却能够产生让他者填饱肚子的社会效应，自我利益与群体利益由此合二为一。亚当·斯密在其《国富论》中，首先论证劳动分工需要越来越精密细致，这需要的是个体成员在其各自的社会分工领域积极创造。但个体成员在其各自的社会分工领域积极创造，通过商品交换中越来越密切的经济联系，能够形成作用于他者的社会后果。与传统农耕社会中自给自足的社会生产方式不同，现代工业社会既注重生产技术与生产效率的不断创新，也注重生产技术与生产效率不断创新产生的社会效应。对此，当代美国学者詹姆斯·梅奥尔就强调："也许值得争辩的是，使那些在传统社会里可能存在的礼仪道德特性遭到破坏的是技术的残酷进步，而非民族主义意识形态的兴起。"❷

因此，民族认同的建构，还蕴含着从传统农业社会过渡到现代工业社会深厚的经济根源。近现代以来民族主义思想勃兴，人们通过诸多的文化建构方式与文化传播方式广泛地认知民族的地理区域、语言、民族国家等诸多客观特征，这不仅仅是构建无数民族成员主观内心之中共同的民族意识、民族情感、民族伦理道德价值观念等的需要，还是为了发展共同的民族经济的需要。现代工业社会中劳动分工越来越细致，彼此的经济联系越来越密切，这既需要共同的民族地理区域作为原料产地与销售市场的地域空间，也需要共同的民族语言作为技术传播与经

---

❶ 里亚·格林菲尔德.资本主义精神——民族主义与经济增长[M].张京生，刘新义，译.上海：上海人民出版社，2004：31.
❷ 詹姆斯·梅奥尔.民族主义与国际社会[M].王光忠，译.北京：中央编译出版社，2009：39.

济交流的语言交流工具，还需要共同的民族国家为推动经济发展提供制度保障。

这也正如盖尔纳追溯民族主义的根源，将其追溯到现代工业社会中的劳分工与技术传播所说："为了理解这种角色，用马克思的一句话来说，我们不仅要考虑现代社会的生产方式，更重要的是必须考虑它的再生产的方式。"❶ 追溯民族认同的经济根源，不仅如盖尔纳、霍布斯鲍姆及格林菲尔德等人所强调，需要追溯到亚当·斯密的《国富论》，而且需要进一步追溯到马克思和恩格斯对现代工业社会的深刻分析与经典论述。认识民族认同，也需如马克思和恩格斯阐述其唯物史观时所强调：

我们首先应当确定一切人类生存的第一前提，也就是一切历史的第一个前提，这个前提是：人们为了能够"创造历史"，必须能够生活。但是为了生活，首先就需要吃喝住穿以及其他一些东西。因此第一个历史活动就是生产满足这些需要的资料，即生产物质生活本身，而且，这是人们从几千年前直到今天单是为了维持生活就必须每日每时从事的历史活动，是一切历史的基本条件。❷

按照马克思和恩格斯的唯物史观，认识民族认同，不能只追溯到民族认同乃人们的民族身份自我意识，这按照马克思和恩格斯对于黑格尔唯心史观的批判，则是"最终消失于'自我意识'之中"❸。认识民族认同，还需认识人们的衣、食、住、行等社会生活状况及为此提供资料的社会生产方式，并且也需认识人们社会生活方式与社会生产方式在现代社会发生的急遽变化。人们社会生活状况与社会生产方式的发展变化，不仅"是一切历史的基本条件"，同时也是民族认同建构的基本条件。

这具体运用于认识民族认同，现代工业社会中生产方式变化，表现为劳动分工越来越细致，并通过越来越密切、越来越广泛的经济联系与社会影响，广泛地引发人们社会生活方式的变化，民族认同的建构道路，由此"道成之，德畜之，物形之，势成之"。民族成员在现代社会越来越细致的劳动分工中的诸多创造，通过越来越密切与越来越广泛的经济联系，将民族凝聚成了一个同舟共济、命运与共的命运共同体。

---

❶ 厄内斯特·盖尔纳.民族与民族主义[M].韩红，译.北京：中央编译出版社，2002：39.
❷ 中共中央马克思恩格斯列宁斯大林著作编译局.马克思恩格斯选集（第一卷）[M].北京：人民出版社，2012：158.
❸ 中共中央马克思恩格斯列宁斯大林著作编译局.马克思恩格斯选集（第一卷）[M].北京：人民出版社，2012：174.

在当代学界对于身份认同的研究中,美国国际政治理论家亚历山大·温特也指出:"只有当共同命运是客观条件的时候,才能够成为集体身份形成的原因,因为'同舟共济'的主观意识是集体身份的建构因素。"[1] 亚历山大·温特所说的同舟共济、命运与共的主观意识,不仅是集体认同建构的因素,而且同舟共济、命运与共的主观意识,还根源于现实社会中"你离不开我、我也离不开你"的社会生产关系与社会生活关系。具体到民族认同来说,民族成员社会生产与社会生活中无数的彼此关联与相互影响,犹如人体的无数毛细血管,其互联互通、交织成网,将民族凝聚成了其所属成员的同舟共济、命运与共的一个共同体。民族成员在生产生活中的团结关系与凝聚关系,也成为民族认同建构的根基。

在以往历史发展过程及现实社会之中,民族作为其所属成员构成的一个命运共同体,也广泛地通过人们具体的社会生产状况与社会面貌表现出来。一方面,倘若民族的生产状况表现为生产技术停滞不前,并缺乏创新,各地之间也缺乏互联互通的相互联系,民族共同体则内忧外患,危巢之下,安有完卵?民族成员的社会生活状况,则颠沛流离、命运多舛。另一方面,由民族成员在无数社会分工中的积极创造,并通过彼此之间的互通有无、交相辉映,共同汇聚而成的民族兴旺强盛,民族成员的社会生产状况与社会生活状况,则安居乐业、物阜民安。民族作为一个心灵共同体与一个命运共同体之间的关系,由此相生相成。

第三节 认知民族之间差异性的蜕变

一、认知民族之间的差异性与民族之间的心灵差异

认知民族同一性,能够演化出一种心灵凝聚机制,能够将民族成员内心世界中的意识、情感、伦理道德、价值观念等凝聚为一,并将民族演化成为无数民族成员万众一心、众志成城的心灵共同体。可是认知民族的同一性,仅仅是民族认同二元对立认知这枚硬币的一个侧面,认知民族同一性的另一面,则是认知民族之间的差异性。正如中国古人所说:"非我族类,其心必异。"民族认同建构中认

---

[1] 亚历山大·温特.国际政治的社会理论[M].秦亚青,译.上海:上海人民出版社,2000:437.

知民族之间的差异性,能够蜕变成为一种人心相隔的心灵隔离机制,形成以民族和民族国家为单位的人心各异的内心世界状况。

认知民族的同一性形成的无数民族成员万众一心、众志成城的心灵共同体,能够表现在民族意识、民族情感、民族伦理道德观念等具体领域。同样,认知民族之间的差异性,形成以民族和民族国家为单位的人心各异的内心世界状况,也能够表现在民族意识、民族情感、民族道德价值观念等具体领域,以现实社会中诸多的民族及民族国家为对象,彼此之间,人心各有所向。现实世界由诸多的民族及民族国家所构成,与此相应,在黑格尔注重的"纯粹的精神领域"中,也存在着诸多人心彼此相隔的"心灵共同体"。

首先,认知民族之间的差异性,形成了民族之间的心灵世界差异,具体表现为主观人心世界中,存在着民族意识的差异。在现实社会中,各个民族彼此之间,在诸如地域、语言、历史、宗教、风俗习惯、社会生活、民族国家等方面,存在着诸多客观差异。人们对此进行认知,形成了人们内心世界中的民族意识差异。

现实社会中人们诸多的亲身经历、无数学科的知识建构、无数的文化传播方式等,建构着人们的民族同一性认知。同样,通过人们社会生活中诸多的亲身经历、无数学科的知识建构、无数的文化传播方式等,民族之间彼此存在着差异的认知,也广泛地浸入到人们内心世界之中,并在人们的意识深处,根深蒂固地存在着。民族意识的差异,也会成为民族诸多心理活动差异的心灵起点,并继续演变出民族情感领域与民族伦理道德价值观念等领域的诸多心灵差异。

其次,认知民族之间的差异性,形成了民族之间的心理差异,具体表现为民族意识的差异,这会发展成为人们主观内心世界中的民族情感差异。人类社会中存在着民族及民族国家之间的差异,民族情感的差异,也具体表现为民族及民族国家作为人们情感寄托的对象,彼此之间存在的差异。

正如亚当·斯密论述人们的道德情操时指出:"由于我们没有直接体验他人的感觉,我们不可能知道他们有什么样的感受。"❶ 具体到民族认同中情感范畴表现来说,民族成员生活在共同的一块地域之内,运用着共同的语言,具有历史文化传统与生活方式等,人们对此体验与认知,感同身受,能够形成情感的共鸣与聚集,由此形成民族认同中的"理解之同情"。可是民族及民族国家之间社会生活方式的差

---

❶ 亚当·斯密.道德情操论[M].谢宗林,译.北京:中央编译出版社,2013:2.

异，人们也缺乏相应的经历与体验，实在难以知道他者民族成员的内心感受。

亚当·斯密对于情感世界进一步论述道："无论同情感的原因是什么，或同情感是怎样被引发的，最让我们觉得愉快的事，显然莫过于发现他人的感觉和我们自己心里头全部的情绪相一致；而且最让我们震惊的，也莫过于发现他人和我们完全没有同感。"❶ 彼此感同身受，情感升华，身心愉悦，可是"发现他人和我们完全没有同感"，则是彼此之间处于不同的情感世界之中。认知民族之间的差异性，不仅表现为民族及民族国家之间，人们寄托喜怒忧乐的情感对象存在着差异，还表现为彼此之间的情感世界存在着差异。

二、认知民族之间的差异性与民族认同的心灵蜕变

正如形形色色的二元对立认知中两元之间不仅两两相对，还彼此作用，二元对立的认知机制由此蜕变为一种心理对立机制与心理排斥机制。认知民族之间的差异性，形成了人们的民族意识、民族情感、民族伦理道德观念，各有所向。不同的民族意识共同体、民族情感共同体，民族伦理道德观念之间的彼此相对，也会蜕变为一种心理对立机制与心理排斥机制，并在民族意识、民族情感、民族伦理道德观念等领域，形成诸多心理蜕变。

首先，在民族意识这一层次，人们民族自我身份意识的形成，需要认知到自身所在民族在语言、生活的地理区域、社会生活方式及历史文化等方面的共同之处，但认知民族的诸多同一性，还需认知到自身民族与他者民族之间在语言、生活的地理区域、社会生活方式及历史文化等方面的差异之处，民族自我意识的形成，需要具有差异性的他者作为参照。因此，民族自我身份意识的形成，尽管会以此为基础形成民族情感与民族伦理价值观念等，并共同组成民族的主观心灵世界，但民族的主观心灵世界是以民族自我意识为前提和基础，并会蜕变成一个民族自我中心主义的心灵世界。

因此，犹如男人与女人身份认同的二元对立认知，往往会误入性别关系中的男性自我中心主义歧路，东方人与西方人身份认同的二元对立认知，会误入东方西方关系中的西方中心主义歧路。同样，认知民族之间的差异性，也会误入民族自我中心主义的歧路。这也犹如波伏娃在其女性主义研究中谈道：

---

❶ 亚当·斯密.道德情操论[M].谢宗林，译.北京：中央编译出版社，2013：8.

任何一组概念若不同时树立相对者的他者，就根本不可能成为此者。如果火车上有三个旅客碰巧占了一个包厢，其他旅客会因此成为怀有敌意的他者。在小镇上，所有不属于当地人的都被当作"陌生人"，他们都是可疑的。对于本国人，所有别国的人都是"外国人"。犹太人对于反犹主义者是"他人"，黑人对于种族主义者是"劣等人"，土著人对于殖民主义者是"土人"，无产者对于特权者则是下层。❶

上述波伏娃所列举的形形色色的二元对立认知，是为了在其女性主义研究中，揭示出存在着男女性别的二元对立认知，但在男女性别的二元对立认知中，还广泛存在着男性自我中心主义。以往人类社会中诸多男女性别之间的文化观念建构与现实社会安排，实则是以男性作为中心建构出来，波伏娃由此推导出"女人是男性的他者"的命题。上述波伏娃所列举的形形色色的二元对立认知中，已经包含民族认同的二元对立认知。在民族认同的二元对立认知中，也蕴藏着民族自我中心主义。

更进一步追溯，民族中心主义的根源，在于人们内心世界的深处蕴藏着民族自我意识。在人们内心世界的意识深处，以自我意识为根源的民族中心主义，广泛地把其他民族视为外族人、外国人及陌生人等。民族认同二元对立认知形成的诸般的主观心灵世界中，往往是以自我意识为起点。在一个以民族及民族国家构成的现代社会中，人们的思想观念领域，也广泛存在于以民族自我意识为源头形成的民族自我中心主义。对此，德国著名历史学家约恩·吕森指出："民族中心主义是普遍的，这正好符合历史的经验。"❷约恩·吕森的论述，指明了民族自我中心主义在以往的历史中广泛存在。同样，德国著名社会学家埃利亚斯在第二次世界大战之后反思近现代以来的欧洲文明，诸多的论述也直指欧洲文明中广泛存在着的自我中心主义。例如，埃利亚斯就指出：

他们的自我意识便成了天经地义，成了一种永久地处于状态中的人类的特征，成了所有人通常的、自然的共同经验。个人是一个封闭的人，一个自成一体的小世界，一个完全独立于大千世界之外的小世界，个人完全是由这种观念来确定的。每一个他人同样也是一个封闭的人，他的本质、他的天性和他的自身同样也存在于他的内心。一堵看不见的墙把他的内心与一切外部的东西以及其他的人隔绝开来。❸

---

❶ 西蒙娜·德·波伏娃.第二性[M].陶铁柱,译.北京：中国书籍出版社,2004：5.
❷ 约恩·吕森.历史思考的新途径[M].綦甲福,来炯,译.上海：上海人民出版社,2005：126.
❸ 诺贝特·埃利亚斯.文明的进程——文明的社会发生和心理发生的研究[M].王佩莉,袁志英,译.上海：上海译文出版社,2013：27.

将埃利亚斯的上述论述，具体运用于认识依靠民族认同二元对立认知形成的民族自我意识，其自觉地意识到已经自成一体，并把其他民族及民族国家的人们视为外族人、外国人及陌生人等，按照埃利亚斯的说法，这尽管天经地义，并且"成了一种永久地处于状态中的人类的特征，成了所有人通常的、自然的共同经验"，但其中存在着的问题，却是自我封闭与自我隔绝。各个民族在语言、生活的地理区域、社会生活方式及历史文化等方面的客观差异，也延伸到人们内心世界中，在民族自我意识为基础生长出的主观心灵世界中，形成一堵堵看不见的墙，"与一切外部的东西以及其他的人隔绝开来"。认知民族之间的差异性形成的民族自我意识，也依靠一堵堵看不见的墙，蜕变成为对于"外人"和"他者"的抵触意识与排斥意识。

其次，在以民族自我意识为基础生长出的主观心灵世界中，不仅依靠一堵堵看不见的墙自我封闭与自我隔绝，而且还会在人们主观内心中的情感世界，滋生出对待"外人"和"他者"的相应情感表现。以民族自我意识为根基形成的对于"外人"和"他者"的抵触意识与排斥意识，也进一步生长出诸多民族情感蜕变。在学界对于民族认同及民族主义的相关研究中，诸多学者对于民族主义负面影响与消极作用的论述，也集中于论述民族情感所发生的诸多蜕变。例如，美国学者查尔斯·蒂利针对民族情感指出："这种集体情感通过排斥的过程而出现，直接反对那些威胁一个民族和／或对那个民族没有价值的人。"[1]

可以看出，查尔斯·蒂利对于民族情感的论述，主要是指明了民族情感中存在着一种排斥机制，而其他诸多学者的论述，则集中于论述民族情感中存在着的排斥机制的具体表现。美国学者哈罗德·伊罗生论述道：

"他们"——那些威胁族群整合的非我族类——的概念，在许多文化中，多少都有抹之不去的不洁意味。不洁的人，是要在营地外用石头砸的。在其他地方，例如信奉印度教的印度人与某些别的文化，不洁的人是受到诅咒的贱民，永世不得翻身。在某些比较不那么严厉的地方，例如美国社会与其他文化，这种族群之间的偏见照样触目皆是：他们是"肮脏的"——肮脏的黑鬼、肮脏的犹太人、肮脏的外国佬、下流的杂种——不一而足，他们都有股难闻的异味。几乎跟这种

---

[1] 查尔斯·蒂利.身份、边界与社会联系[M].谢岳，译.上海：上海人民出版社，2008：190.

偏见一样平常的是，是一种充满嫉妒和畏惧的想法。❶

倘若意识深藏于人们内心世界之中的隐秘幽深之处，人们内心世界之中的诸般情感活动，则会随着诸般身体行为与社会活动流露出来。哈罗德·伊罗生对于民族情感相关表现的论述，也来自其足迹遍及世界的新闻采访经历中，亲眼目睹无数热点事件中的民族情感流露。认知民族之间的差异性滋生民族情感蜕变，也远不止罗德·伊罗生所列举的歧视、鄙夷、不屑等情感表现，还表现为冷漠、恐惧、猜疑、怨恨等无数心灵情结。在认知民族之间差异性形成的情感世界中，往往是处处存隔阂、猜忌时时生。民族情感蜕变的相应表现，也随着他者民族的发展变化而变化，当他者民族处于危难之中，充斥着的则是鄙夷不屑、幸灾乐祸等心灵情感，当他者民族崛起发展，则会呈现由羡慕到嫉妒再到怨恨等情感变化历程。民族情感蜕变中的五味杂陈，共同汇聚成了民族认同中的一方情感沼泽。

除了哈罗德·伊罗生之外，本尼迪克特·安德森把民族概括为一个"想象的共同体"，也特别强调："它如同'神经衰弱'之于个人一样的不可避免；它既带有与神经衰弱极类似的本质上的暧昧性，也同样有着退化成为痴呆症的内在可能性——这个退化可能性可能乃是根源于世界上大多数地区所共同面临的无助的两难困境之中，并且，在多数情况是无药可医的。"❷本尼迪克特·安德森将民族主义比喻为"神经衰弱"的病症，这在民族认同认知差异形成情感领域的各种蜕变中，也表现得非常典型与明显。民族作为一个"想象的共同体"，与其发展到"神经衰弱"的诸般病变，两者之间也存在着内在关联。

本尼迪克特·安德森所说的"世界上大多数地区所共同面临的无助的两难困境"，也进一步追溯到民族认同的二元对立认知建构。正如马克思和恩格斯批判黑格尔唯心史观所强调："意识的一切形式和产物不是可以通过精神的批判来消灭的，不是可以通过把它们消融在'自我意识'中或化为'怪影''幽灵''怪想'等等来消灭的。"❸走出本尼迪克特·安德森所说的民族主义"神经衰弱"病变中"无药可医"的困境，也需深入认识民族认同二元对立认知形成民族自我意

---

❶ 哈罗德·伊罗生.群氓之族：群体认同与政治变迁[M].邓伯宸，译.桂林：广西师范大学出版社，2008：77.
❷ 本尼迪克特·安德森.想象的共同体：民族主义的起源与散布[M].吴叡人，译.上海：上海人民出版社，2003：5.
❸ 中共中央马克思恩格斯列宁斯大林著作编译局.马克思恩格斯选集（第一卷）[M].北京：人民出版社，2012：172.

识等关键环节引发的相关症结。

最后，以民族自我意识为基础生长出的主观心灵世界，具体表现在道德价值观念领域，也会形成以民族自我中心主义为前提的道德价值观念蜕变。具体来说，在民族认同中认知民族同一性与认知民族之间差异性的二元相对认知中，人们对于民族自身所属的及民族国家的伦理道德价值观念，需要人们积极创造、乐于奉献、有所担当，但这仅仅限于对自身所属的民族及民族国家。可是对于其他民族及民族国家，则没有相应的责任与义务。因此，正如诺贝特·埃利亚斯在论述民族自我中心主义所说："他们在传统的民族自我意识和共同的理想中总是习惯于把本民族的文明和文化视为全人类的最高价值。"❶ 民族同一性与认知民族之间差异性的二元相对认知，决定了人们的价值奉献对象存在着相应的边界局限。

倘若说以民族自我中心主义为前提的道德价值观念，仅仅囿于自我界限之内，并未延及他者，也难以蜕变出民族主义思想观念中诸多的平庸之恶，可是以民族自我意识为根源的民族自我中心主义之所以滋生，却需要他者作为参照物，民族认同以身份自我意识为基础，在对待自我与他者之间，首先形成了一种自我与对待他者两两相对、截然相反的道德价值观念评价。对此享廷顿强调："群体的自我中心主义会让人有理由证明自己比别人强，需要证明自己群体的优越性。"❷ 这具体到民族自我中心主义中的伦理道德价值观念表现，当代德国著名历史学家约恩·吕森在论述民族自我中心主义的过程中详细论述道：

> 我把民族中心主义理解为一种广为传播的文化传播策略，即通过自己的群体和其他群体的差异获得群体的认同。……这一差异带有价值的评价，即把自我的东西确定为正面的，而他者的不同则是负面的。民族中心主义把这个世界划分为"熟悉"和"陌生的"，"人类的"和"非人类——野蛮人的""文明的"和"野蛮的""光明的"和"阴暗的"等，或者诸如此类的二分法的对立面。❸

可以看出，约恩·吕森对于民族自我中心主义的论述，主要是针对民族认同的伦理道德价值观念范畴。他论述民族自我中心主义在伦理道德价值观念范畴的诸多二分法具体表现，则是基于民族认同中认知自我与认知他者之间的二元对立

---

❶ 诺贝特·埃利亚斯.文明的进程——文明的社会发生和心理发生的研究[M].王佩莉，袁志英，译.上海：上海译文出版社，2013：18.

❷ 塞缪尔·亨廷顿.我们是谁？——美国国家特性面临的挑战[M].程克雄，译.北京：新华出版社，2005：24.

❸ 约恩·吕森.历史思考的新途径[M].綦甲福，来炯，译.上海：上海人民出版社，2005：126.

认知。认知自我与认知他者两元之间，形成了伦理道德价值观念评价，也发展为"把自我的东西确定为正面的，而他者的不同则是负面的"等具体表现。

对于民族自我中心主义的伦理道德价值观念评价，约恩·吕森进一步论述道：

民族中心主义通过区分自我与他人来定义自己的认同：差异处于自己的生活方式的界限之外，在自己的和所熟悉的圈子内决定社会集团分类的价值体系与用来评价他者和与他者打交道的价值体系是完全不同的。按照民族中心主义的思考，褒义的价值是用于自己的，而他人的不同则是贬义的。❶

约恩·吕森所说"褒义的价值是用于自己的，而他人的不同则是贬义的"，同样是民族认同二元对立认知在伦理道德价值观念评价的具体表现。其中的根源，在于依靠民族认同认知自我与认知他者的二元对立认知形成的民族身份自我意识，其是心怀自我意识，并以自我为前提评判他者，在戴着有色眼镜评判与自身存在着差异性的他者的过程中，在有色眼镜的背后，始终隐藏着一个内在的自我。其所看到的世界，不仅将自己不熟悉的他者视为"陌生人"，而且还视"陌生人"为"野蛮"与"阴暗"等。民族认同建构形成的自我意识，由此发展到伦理道德价值观念评判的具体领域，在认知具有差异性的他者这一环节，已经发展为诋毁他者、丑化他者等伦理道德价值观念评判的蜕变。

三、认知民族之间的差异性与民族认同的现实社会困境

民族认同的二元对立认知在民族自我意识这一层次，广泛地意识到他者是"外人"与"陌生人"，由此继续繁衍滋生，在民族情感领域，有可能滋生出对他者的歧视、鄙夷、恐惧、猜疑、怨恨等诸般情感蜕变，在民族的伦理道德价值观念领域，继续滋生出诋毁他者、丑化他者等伦理道德价值观念评判的蜕变。民族认同的二元对立认知引发的诸般心理蜕变，共同组成了民族认同二元对立认知中以心理对立与心理排斥作为共同特征的心灵世界。

正如亨廷顿在解读美国国家文化认同的过程中所说："20世纪后期的社会生物学、个性理论、社会特性理论和归因理论都支持一条结论，即仇恨、敌对、需要敌人、个人和群体暴力以及战争，其根源都必不可免地在于人的心理状态和所

---

❶ 约恩·吕森. 历史思考的新途径[M]. 綦甲福，来炯，译. 上海：上海人民出版社，2005：126.

处环境。"❶民族认同二元对立认知中以心理对立与心理排斥为共性的无数心理状态,不仅在人们内心世界中广泛存在,并得到了20世纪后期的社会生物学、个性理论、社会特性理论和归因理论等的支持,而且还应该特别注意到,其会不满足于局限于主观内心世界,相应的意识还会化为现实社会行为,由此形成民族认同二元对立认知的现实社会困境。

在民族认同二元的对立认知中,认知民族同一性能够将无数民族成员的意识、情感、伦理道德、价值观念等凝聚为一,形成无数民族成员万众一心、众志成城的心灵共同体,但认知民族之间差异性,却背道而驰,在意识、情感、伦理道德、价值观念等蜕变出无数排斥他者、丑化他者的诸般心灵表现,民族认同二元对立认知的心灵蜕变,主要发生在认知民族差异性这一环节。同样,在民族认同二元的对立认知中,认知民族同一性适应了近现代以来各行各业劳动分工越来越细致、各行各业彼此之间的联系越来越密切的现实社会发展需要,认知民族同一性中,蕴藏着无数人们必需的社会凝聚与社会团结。但在认知民族之间差异性这一环节,却会反其道而行之,民族认同二元对立认知中的心理对立与心理排斥,会成为现实社会中社会排斥与战争冲突的心理根源。认知民族之间差异性的现实社会作用发生的诸多蜕变,也制造出了民族认同中无数的现实社会困境。

第一,尽管人类社会个体之间彼此交往与相互联系日益深化,且成为人类历史发展过程的主要趋势,但在此发展过程中,始终面临着山川河流之阻、湖海荒漠之隔。各地的人们也在其独特的地理环境中,发展出了语言、生产生活方式及政治制度的差异。民族之间在语言、生活的地理区域、社会生活方式及历史文化等方面的差异,依靠人们对此的认知形成的民族认同差异,不仅会形成人们无数的心灵隔阂,同时,民族之间在语言、生活的地理区域、社会生活方式及历史文化等方面的差异,还在现实社会中客观地存在着,成为制约人们社会交往与社会流动的边界与壁垒,广泛地制约着民族及民族国家之间的互联互通。

民族及民族国家之间,具有明确的地理边界,意味着近现代以来的人类社会发展,涌现了民族及民族国家之间经济联系与社会交流越来越密切的发展趋势,但建构民族及民族国家之间的互联互通,也面临着相应的制约。这也如胡安·诺格所说:"人类被如此严格地分开和锁定在被我们称为边界的这一边和那一边,人

---

❶ 塞缪尔·亨廷顿.我们是谁?——美国国家特性面临的挑战[M].程克雄,译.北京:新华出版社,2005:24.

们现在比任何时候都更加意识到了这一点，20世纪是这样的一个时代：在人类和世界历史上，我们所有人（包括古老的部落）都第一次生活在一张地图中，生活在一块被精确划定、被严格规定和彼此承认的领土上。"❶

民族除了具有共同的地理区域之外，民族成员还使用着共同的民族语言，在近现代以来民族主义思想的发展过程中，语言也被广泛地视为界定民族的重要客观标准。可是民族语言之间的客观差异形成的言语不通，也犹如一道道鸿沟，广泛地制约着人们的社会交往与社会联系。在对于民族与民族主义的研究中，诸多学者阐述民族语言之间的差异，也广泛运用《圣经》中巴别塔的故事，以此阐释语言之间的差异对人们社会交流与社会合作的制约。例如，美国学者哈罗德·伊罗生论述语言与民族主义之间的关系，就首先转述了《圣经》中巴别塔的故事：

> 他们说："来吧！我们要建一座城和一座塔，塔顶通天……"
> 耶和华说："他们成为一样的人民，都是一样的言语，
> 如今既做起这事来，以后他们所要做的事就没有不成就的了。
> 我们下去，在那里变乱他们的口音，使他们的言语彼此不通。"
> 于是，耶和华使他们从那里分散在全地上……
> 因为耶和华在那里变乱天下人的言语，使众人分散在全地上，
> 所以那城名叫巴别。❷

《圣经》中巴别塔的故事，说明了语言差异形成的鸿沟，让人们难以齐心协力，由此阻止人类修建通天之塔。除了民族的地域、语言等客观因素的差异之外，民族之间社会生活方式、政治法律、宗教信仰等诸多客观特征，同样犹如一道道壁垒与鸿沟，让人们难以逾越，广泛地制约着人们的社会交往与社会联系。认知民族之间的差异性，也从制约民族与民族国家之间心灵沟通的心理隔离与心理排斥，演变成了制约民族与民族国家之间社会交往的社会隔离与社会排斥。

第二，认知民族之间的差异性，会从制约民族与民族国家之间社会交往的社会隔离与社会排斥进一步发展，蜕变成为一种民族与民族国家之间的对立机制。民族认同认知建构中的两两相对，也蜕变成为近现代以来民族主义思想广泛发展过程中无数的种族屠杀与战争冲突。

---

❶ 胡安·诺格.民族主义与领土[M].徐鹤林，朱伦，译.北京：中央民族大学出版社，2009：32.
❷ 哈罗德·伊罗生.群氓之族：群体认同与政治变迁[M].邓伯宸，译.桂林：广西师范大学出版社，2008：126.

对此，霍布斯鲍姆在论述民族语言与民族主义之间的关系时，针对《圣经》中巴别塔的故事谈道："每一位读过《圣经》的读者都知道'巴别塔'的故事，他们也知道对方是如何能正确发出'示播列'这个音，来判断此人是敌是友。希腊人便是通过这个办法来界定自己的民族，尤其是和所谓'野蛮民族'的不同。"❶霍布斯鲍姆的这一论述，不仅指明了民族语言之间的差异，会制约着人们的交流与合作，并由语言差异蜕变成为民族歧视，同时语言之间的差异，还会用于判断敌友，成为构建现实社会中敌我之间关系的认知根源。

但认知民族之间差异性的蜕变，也不仅仅局限于此。对于依靠无数认知民族之间差异性形成的民族认同，进一步发展成近代以来人类历史上无数的种族屠杀与战争冲突这一过程，美国学者哈罗德·伊罗生就详细论述道：

长期观察基本群体认同的本质与功能，将不难发现，人我之分的情结根本就是与生俱来。族群意识不仅区分人我，而且切割人我。它为人我之别的感情因素提供价值基础，并在与别人接触的过程中形成相当程度的冷酷与暴力。在族群的特许或强制下，伴随着权力的支配——亦即谁支配谁，以及如何支配——敌对意识也就表露无遗。族群之间，只要在关联与血缘上有足够的区隔性，猜忌、恐惧、敌意与暴力便很难避免，而暴力的程度则视彼此的政治关系与利益互动而定，从漠不关心到剥削、轻视、压榨甚至屠杀，不一而足。❷

除了哈罗德·伊罗生的上述详细论述之外，霍布斯鲍姆在其民族与民族主义研究中，开篇既强调了认识最近两百年的人类历史，当从民族及民族所延伸的词汇着手，同时也强调："民族这个概念，反映着困惑着人们的万般人事，但究竟民族对人类有何意义？这个问题就是解释人类毁灭的秘密。"❸

同样，被霍布斯鲍姆认为是现代民族主义思想研究重要创始人之一的美国历史学家海斯，考察了近现代民族主义思想的发展过程后特别强调："民族主义的许多学说和实际行动，在现代历史上无疑地具有良好的影响。不幸它的趋势是产生一种非常偏狭而好战的民族主义。"❹而本尼迪克特·安德森在论述民族是一个"想象的共同体"后，对于其中的矛盾现象也论述道："民族被设想为一种深

---

❶ 埃里克·霍布斯鲍姆.民族与民族主义[M].李金梅，译.上海：上海人民出版社，2000：64.
❷ 哈罗德·伊罗生.群氓之族：群体认同与政治变迁[M].邓伯宸，译.桂林：广西师范大学出版社，2008：267.
❸ 埃里克·霍布斯鲍姆.民族与民族主义[M].李金梅，译.上海：上海人民出版社，2001：1.
❹ 海斯.现代民族主义演进史[M].帕米尔，等，译.上海：华东师范大学出版社，2005：251.

刻的、平等的同志爱。最终,正是这种友爱关系在过去的两个世纪中,驱使数以百万计的人们甘愿为民族——这个有限的想象——去屠杀或从容赴死。"❶

四、民族认同二元对立认知的悖论

从海斯与本尼迪克特·安德森的论述可以看出,近现代以来对于民族主义思想的发展,一方面,既"在现代历史上无疑地具有良好的影响",同时也被设想为一种深刻的、平等的"同志爱";另一方面,既"产生一种非常褊狭而好战的民族主义",也"驱使数以百万计的人们甘愿为民族—这个有限的想象—去屠杀或从容赴死"。民族主义思想实则是一柄双刃剑。在对于民族主义思想的研究过程中,除了海斯与本尼迪克特·安德森的相关论述之外,其他的诸多学者,也广泛地描述民族主义思想的双刃剑特征,例如,有学者指出,民族主义"既是一种积极的但又是一种消极的,既是革命的但又是保守的,既是可激发英雄主义又可导致野蛮行为的现象"❷。民族主义思想的双刃剑特征,与民族认同建构的二元对立认知存在着密切关联。

更为重要的是,认同中认知同一与认知差异的二元对立认知悖论,在民族认同建构中,同样存在着明显的表现。人们越是能够清晰地认知到民族同一性,则越是需要凸显民族之间的差异性,民族认同中认知同一与认知差异的两元之间,不仅相互对立,而且彼此作用。民族认同凝聚功能与排斥功能的二元相对,也具体表现为越是需要依靠认知民族同一性的人心凝聚与社会凝聚,则越是需要凸显民族之间差异性的认知的相互排斥与彼此敌对,其既是歧路,也是泥潭,并导致在相互排斥、彼此敌对的歧路中越走越远,在相互排斥、彼此敌对的泥潭中越陷越深。民族认同二元对立认知,不仅锻造人心世界与人们社会状况的冰火两重天,同时双重天地之间的相互作用,还悖论重重。

---

❶ 本尼迪克特·安德森.想象的共同体:民族主义的起源与散布[M].吴叡人,译.上海:上海人民出版社,2003:7.
❷ 胡安·诺格.民族主义与领土[M].徐鹤林,朱伦,译.北京:中央民族大学出版社,2009:11.

第四节　民族认同的多元共存认知

一、尊重与深入认知民族之间差异的民族认同

既然认知民族的同一与认知民族之间的差异性,犹如一枚硬币的两个面,共同构成了民族认同中的二元对立认知建构,并锻造出了民族主义这柄双刃剑。因此,深入认识无数学者论述的民族主义思想的双刃剑特征,也需将民族认同中认知民族的同一与认知民族之间的差异性一分为二,需要对认知民族同一性与民族之间的差异性这两个不同的侧面分别进行深入认识。

一方面,就民族认同中认知民族同一性这面来说,能够生长出一种心灵凝聚机制与社会凝聚机制,能够将民族及民族国家的人们,凝聚成为一个万众一心的心灵共同体与现实社会中人们命运相连的命运共同体,由此形成近现代以来创建共同的民族国家、发展共同的民族经济、发展共同的民族文化等历史发展趋势,并带动近现代人类历史中政治、经济、文化领域的巨大变革。因此,认知民族同一性形成的心灵凝聚与社会凝聚,始终是现代世界中无数民族以及民族国家必须注重的根基。

在学界对于民族主义思想的研究中,诸多学者对于民族主义思想的论述,也表现为注重认知民族同一性形成心灵凝聚与社会凝聚的重要功能。德国学者乌尔里希·维勒指出:"民族主义赢得追捧的原因更多是其能够超越所有社会、宗教和地域的非凡能力,这种能力最初是在欧洲,之后更在是世界各地充分呈现。"❶乌尔里希·维勒所说的民族主义"超越所有社会、宗教和地域的非凡能力",也表现为认知民族共同的语言、地理区域、民族国家、经济生活、社会制度、宗教信仰、风俗习惯、民族的历史、文学、服饰、法律、音乐、绘画、娱乐、建筑风格、服饰等,能够形成无数民族成员心理凝聚功能与社会凝聚的非凡功能。

因此,走出民族认同二元对立认知的困境,也存在着一个根本前提,首先需

---

❶ 汉斯-乌尔里希·维勒.民族与民族主义:历史、形式、后果[M].赵宏,译.北京:中国法制出版社,2013:57.

要人们深入认知语言、地理区域、民族国家、经济生活、社会制度、宗教信仰、风俗习惯、民族的历史、文学、服饰、法律、音乐、绘画、娱乐、建筑风格、服饰等民族的共同性，需要继承与发展民族认同建构中认知民族同一性形成的心理凝聚功能与社会凝聚功能。对此，从事民族研究的英国学者休·希顿－沃森强调："漠视民族遗产，拒绝捍卫民族，是衰败而非进步的表现，是一国病入膏肓而非健康的征兆。"❶ 认知民族同一性形成的心理凝聚与社会凝聚，成为民族及民族国家进步与发展的基本前提。

另一方面，认知民族之间的差异性，能够蜕变出一种心灵排斥机制与社会排斥机制，并滋生出民族及民族国家之间人们无数的心灵隔阂与对立冲突，滋生出近现代人类历史中民族及民族国家之间无数的战争灾难，认知民族之间的差异性，当属民族认同二元认知建构这枚硬币的反面。近现代民族主义思想，之所以滋生出近现代人类历史中民族及民族国家之间无数的战争灾难，主要是因为在认知民族之间差异性这一环节误入了歧路。

换而言之，近现代以来人类历史发展中的民族主义思想勃兴，尽管广泛依靠民族认同的建构，将传统社会中已经存在着的地域认同、家族认同、语言认同等霍布斯鲍姆所说的"民族主义的原型"❷，以及本尼迪克特·安德森所说的"宗教共同体"与"王朝"这两个前现代社会的文化体系，发展成为现代社会的民族主义思想观念，并建构出无数民族成员的心理凝聚与社会凝聚。但认知民族之间的差异性，犹如横亘在民族主义思想观念面前的一座大山，依然难以翻越。诸多学者所论述的双刃剑特征，并非民族主义文化思想在认知民族同一性这一环节出了问题，而是在认知民族之间的差异性这个环节，误入彼此之间的排斥、歧视、猜忌、遏制等歧路。其内在根源究竟是什么？

对此问题进行回答，首先正如亨廷顿所说："这种认识模式固定下来，将对立面妖魔化，使对方变成敌人。"❸ 这具体表现在认知民族之间差异性这一环节，近现代以来人类历史滋生出了民族及民族国家之间无数的对立及战争冲突，其在认知过程中将对立面妖魔化。但再进一步追溯，民族认同在情感领域与伦理道德

---

❶ 休·希顿－沃森.民族与国家——对民族起源与民族主义政治的探讨［M］.吴红英，黄群，译.北京：中央民族大学出版社，2009：630.
❷ 埃里克·霍布斯鲍姆.民族与民族主义［M］.李金梅，译.上海：上海人民出版社，2000：54.
❸ 塞缪尔·亨廷顿.我们是谁？——美国国家特性面临的挑战［M］.程克雄，译.北京：新华出版社，2005：24.

观念领域的一系列蜕变，深藏着的则是依靠认知自我与他者之间关系形成的自我意识。

因此，正如诺贝特·埃利亚斯在第二次世界大战后反思欧洲文明进程所强调："在人们对自身的认识中，以地球为中心的世界观仍然保留在以自我为中心的观念中。"❶ 民族认同具体表现在亨廷顿所说"将对立面妖魔化，使对方变成敌人"的诸般内心世界蜕变与现实社会蜕变，始终存在着一个民族及民族国家的自我意识在跳动。对此，埃利亚斯论述自我中心主义对于人类文化思想的影响，也以民族自我意识为例谈道："组成英国、德国、法国、美国和所有其他民族的人的意识是不朽的。他们的'本质'总是相同的，不管是在10世纪还是20世纪。"❷

埃利亚斯此言的论述重点，乃强调"英国、德国、法国、美国和所有其他民族"的民族自我意识的广泛影响，但进一步追溯，民族自我意识尽管影响广泛，可是人类历史发展进程中的民族意识觉醒，却是依靠无数文化建构方式与文化传播方才能够形成，并作为构建民族无数成员心理凝聚与社会凝聚的心理源泉。而民族意识觉醒，需要认知民族之间的差异性作为参照，并在认知民族之间的差异性这一环节误入彼此之间的排斥、歧视、猜忌、遏制等歧路。

既然如此，走出民族认同二元对立认知的困境，在认知民族之间差异性这个环节，还得更上一层楼。对于民族之间差异性的认知，需要化二元为多元，化对立为共存，需要在认知民族之间差异性这一环节，能够从彼此之间的排斥、歧视、猜忌、遏制等，上升到彼此之间的相互承认、彼此尊重。换而言之，民族认同二元对立的认知模式与思维结构，也需上升到民族认同多元共存的认知模式与思维结构。

民族认同多元共存的认知模式与思维结构，首先表现为承认与尊重民族之间的差异性客观地存在着，并赋予一个由民族及民族国家构成的世界的多元化特征。这更为具体地说，因为民族之间在生活的地理区域、语言、社会生产方式与生活方式、文化思想等方面之间的差异，既根源于各民族所处自然环境的千差万别，也根源于各民族长期历史发展的积累。对于民族之间存在着的客观差异，需

---

❶ 诺贝特·埃利亚斯.文明的进程——文明的社会发生和心理发生的研究[M].王佩莉，袁志英，译.上海：上海译文出版社，2013：29.

❷ 诺贝特·埃利亚斯.文明的进程——文明的社会发生和心理发生的研究[M].王佩莉，袁志英，译.上海：上海译文出版社，2013：17.

要承认与尊重，这首先呈现出的是一种尊重客观现实的认知模式与思维结构。

在当代世界，承认与尊重民族及民族之间差异性客观存在形成的多元化，已经被联合国教科文组织等国际组织广泛倡导。联合国教科文组织强调："多元化的原则对于处理国与国之间，一国内部，以及不同民族之间的关系十分重要。"❶可以看出，承认与尊重民族及民族国家之间客观差异形成的多元化，已经被联合国教科文组织视为建设民族及民族国家之间关系的基本原则。具体到民族认同，联合国教科文组织也强调："民族认同是对全球化压力的正常的、健康的积极反应。只有在受到煽动和操纵时，民族分野才会产生暴力冲突。"❷民族及民族之间的客观差异，误入彼此之间的排斥、歧视、猜忌、遏制等，并形成暴力冲突，也被联合国教科文组织等国际组织认为是"受到煽动和操纵"的结果。

同时，承认与尊重民族及民族之间差异性客观存在形成的多元化，也广泛地见之于一些学者的民族及民族主义研究之中。例如，美国学者哈罗德·伊罗生在论述了民族的诸多特征及当代世界诸多民族冲突之后，其收官之论反问道："既然难免差异，人类难道只能像以前那样互相残杀地共处下去？"❸哈罗德·伊罗生认为，要解决这一难题，只能求助于其所说的"新多元主义"。哈罗德·伊罗生对此强调："选择还是有的，方向也是敞开的，新的结果尚待发现。人类彼此都能满意的生活形态，仍然可能在新多元主义的权力体系中实现。"❹

除了哈罗德·伊罗生之外，霍布斯鲍姆在论述民族主义文化思想引发了近现代以来人类历史中无数的对立、冲突及战争之后，最终强调："以当今的情形观之，大国对文化自由及多元主义的保护，绝对胜于以追求族裔、语言和文化同质性为目标的小国，因为大国人民深知他们生活在一个多民族、多文化的国度内，因此必须包容。"❺

但也要注意到，承认与尊重民族之间客观差异形成的多元化，仅仅是走出民族认同二元对立认知困境的基本前提。在此基础上，还要不断深入认知民族之间

---

❶ 联合国教科文组织.文化多样性与人类全面发展——世界文化与发展委员会报告［M］.张玉国，译.广州：广东人民出版社，2006：17.

❷ 联合国教科文组织.文化多样性与人类全面发展——世界文化与发展委员会报告［M］.张玉国，译.广州：广东人民出版社，2006：34.

❸ 哈罗德·伊罗生.群氓之族：群体认同与政治变迁［M］.邓伯宸，译.桂林：广西师范大学出版社，2008：268.

❹ 哈罗德·伊罗生.群氓之族：群体认同与政治变迁［M］.邓伯宸，译.桂林：广西师范大学出版社，2008：269.

❺ 埃里克·霍布斯鲍姆.民族与民族主义［M］.李金梅，译.上海：上海人民出版社，2000：217.

的客观差异。其中根源，则是因为民族认同建构过程中在认知民族之间的差异性这一环节，之所以误入彼此之间的排斥、歧视、猜忌、遏制等歧路，是由于对民族之间的客观差异还缺乏深入认知。尽管近现代以来民族思想发展，广泛地通过认知民族及民族国家生活的地理区域、语言、社会生产方式与生活方式、文化思想等，不仅建构了民族认同中的自我身份意识，同时还是人们的认知范围不断扩展的过程中，但在此扩展过程中，却还是存在着局限。

对此，本尼迪克特·安德森特别强调了民族想象的局限性。他论述道："民族是一种想象的共同体——并且，它是被想象为本质上有限的共同体。"❶他所说的想象的有限性，更为具体地说，则是一种认知的局限性。更为重要的是，这种认知局限性，还会将民族之间差异性的认知发展，误入惧怕、丑化、仇恨及敌对等认知歧路。哈罗德·伊罗生直接指出："因差异而造成的冲突，其实都是起源于迷信和无知。"❷当代加拿大学者叶里庭也认为：

"民族主义者是高度感性的。……这种感性的潜在目的，是暗示人受到一种爱的控制，它的伟大超过理性、强大胜过意志，是一种与命运和定数紧密相关的爱。这样一种爱使人们相信，是命运而不是悲剧紧密相关的爱。这样一种爱使人们相信，是命运而不是悲剧迫使你杀戮。"❸

从上述学者的论述可以看出，民族认同在认知差异性这一环节之所以发生诸多蜕变，其根源于没有看到在自我意识的前方，还存在着诸多的客观现实需要深入认知，而是从差异性滋生民族自我意识出发，广泛地直接进入情感范畴，形成惧怕、仇恨等诸般情感表现。承认与尊重民族之间客观差异，需要人们能够认知到客观现实世界之中，还存在着无知之境，民族认同的建构，也需要不断深入认知客观差异的理性认知。

二、在互联互通中构建多元共存的民族认同

民族认同的建构之路，需要承认与尊重民族之间的差异性的客观存在，需要不断深入认知民族之间的客观差异，同时还需认识到民族之间差异性的客观存在

---

❶ 本尼迪克特·安德森.想象的共同体：民族主义的起源与散布[M].吴叡人，译.上海：上海人民出版社，2003：5.
❷ 哈罗德·伊罗生.群氓之族：群体认同与政治变迁[M].邓伯宸，译.桂林：广西师范大学出版社，2008：266.
❸ 叶礼庭.血缘与归属——探寻新民族主义之旅[M].成起宏，译.北京：中央编译出版社，2017：9.

蕴藏着丰富的文化资源。不断深入认知民族之间的客观差异，由此成了一个呈现各民族丰富的文明创造与文化资源的过程。

具体地说，现实世界中各民族之间的地理区域、语言、社会生产方式与生活方式、文化思想等方面，彼此之间存在各种客观差异，各民族在所处的不同自然环境之中，不断地发展创造，既发展出了丰富的文明成就，也发展出了丰富的文化财富。因此，"这种多元乃是人类的资产，过去的遗产是强化生命、艺术与美并提升人类精神的主要资源"❶。民族之间差异性的客观存在，蕴含着各民族在不同历史时期及地域空间中的智慧与创造，其不仅将人类社会发展成为蕴含着多样智慧的百花园，同时还成了需要广泛吸取的丰富文化资源。

更为重要的是，各民族在不同历史时期及地域空间中的智慧与创造，还广泛地通过"你来我去、你去我来"的社会流动与社会交往，由此越来越密切地彼此联系与相互影响，逐步将人类社会从各地区、各国家、各民族之间，由彼此隔绝、相互封闭，转为化彼此影响、相互联系越来越密切的世界历史。对此马克思和恩格斯就强调："按照我们的观点，一切历史冲突都根源于生产力和交往形式之间的矛盾。"❷按照马克思和恩格斯的唯物史观，认识民族认同建构的发展过程，不仅需要深入认知各民族社会生产与社会生活之间的历史发展，还需要深入认知各民族之间社会交往的历史发展。

也正是在社会交往与社会流动高度发展的世界历史发展浪潮中，人们广泛遭遇他者，由此激发民族认同二元对立认知中的民族自觉意识觉醒。在此过程中，民族自觉意识觉醒，一方面能够形成民族的凝聚与团结，另一方面在认知民族之间差异性的过程中，还滋生出无数的心理排斥与社会排斥。民族之间的客观差异，也构成了现实社会中制约民族及民族国家之间社会交往与社会流动的边界与壁垒。在民族与民族主义的研究中，诸多学者的论述，也广泛强调了民族之间差异性形成的边界与壁垒等的重要性。

制约民族及民族国家之间社会交往与社会流动的边界与壁垒，也会移入到人们的内心世界之中。本尼迪克特·安德森在论述民族作为一个"想象共同体"的有限性时强调："民族被想象为有限的，因为即使是最大的民族，就算他们或许

---

❶ 哈罗德·伊罗生.群氓之族：群体认同与政治变迁［M］.邓伯宸，译.桂林：广西师范大学出版社，2008：266.

❷ 中共中央马克思恩格斯列宁斯大林著作编译局.马克思恩格斯选集（第一卷）［M］.北京：人民出版社，2012：196.

涵盖了十亿个活生生的人，他们的边界，纵然是可变的，也还是有限的。没有任何一个民族会把自己等同于全人类。"❶本尼迪克特·安德森所说的民族想象的有限性，是存在于人们的内心世界之中，也说明民族之间社会交往，还难以走出各种心理阻隔，想象的有限性化为现实，会转化为社会交往的有限性。

但民族认同的建构，不能局限于只认识到因差异性滋生的各种物理边界及想象的有限性，还得看到彼此之间因社会交往不断深化而形成广泛的互动与联系的历史发展趋势。尽管制约着民族之间相互交往的边界众多、壁垒重重，可是古往今来，人类始终在历经艰辛，翻越着诸多高山大河之阻与海洋沙漠之隔，由此历经艰辛、费尽智识，搭建世界各地区、国家、民族之间的互联互通。同时人们还费尽智识，千方百计克服言语不通的困难及各种社会生活习惯差异，通过形形色色的互联互通，历史不仅演化成了马克思和恩格斯指明的世界历史发展潮流，同时人类社会也演变成了"你离不开我，我也离不开你"的地球村。

因此，各地区、国家、民族之间社会交往的发展，尽管会遭受因认知民族差异性之间滋生的社会排斥与心理排斥，但各地区、国家、民族之间社会交往形成的"你离不开我，我也离不开你"的密切联系与相互影响，是历史发展的必然之势。认知民族之间的差异性，不能局限于只认识到因差异性滋生的各种物理边界及想象的有限性，还得看到彼此之间因社会交往不断深化发展而形成的广泛的互动与联系。

在学界的相关研究中，美国人类学家埃里克·沃尔夫就对此谈到："我们对民族史看得越多，就越发明白，'他们的'历史和'他们的'历史都是作为同一历史的一部分而出现的。因此，如果没有'白人史'，也就没有'黑人史'，它们都是作为共同历史的组成部分。"❷尽管民族之间存在着语言、生活的地理区域、社会生活方式及历史文化等方面的客观差异，可是历史长河中各民族之间的人们，却广泛地存在着"你来我去、你去我来"的社会交往，各民族的历史发展，也发展成为相互联系与彼此影响越来越密切的共同历史。

正如中国古人所言："天下熙熙、皆为利来，天下攘攘、皆为利往。"各民族之间广泛的"你来我去、你去我来"的社会交往，根源于人们社会生产的分工与

---

❶ 本尼迪克特·安德森.想象的共同体：民族主义的起源与散布[M].吴叡人，译.上海：上海人民出版社，2003：6-7.
❷ 埃里克·沃尔夫.欧洲与没有历史的人民[M].赵柄祥，等，译.上海：上海人民出版社，2006：26-27.

社会生活的需要。这也如社会学家费孝通强调:"尽管历史记载着连续不断的所谓劫掠和战争。这些固然是事实,但不见于记载的经济性相互依存的交流和交易却是更重要的一面。"❶ 认知民族之间的差异性,不能只看到差异性形成的对立与冲突,还得看"你来我去、你去我来"的社会交往中广泛的经济性相互依存,这才是民族历史发展过程中"更为重要的一面"。

也正是通过注重民族及民族国家之间交流、联系、合作的互联互通,民族差异性中各民族多种多样的文明创造与文化智慧,才能通过民族及民族国家之间的相互交往、彼此交流,转化为推进人类社会发展的动力。民族及民族国家之间交流、联系、合作的互联互通状况与互联互通水平,也体现着民族及民族国家的社会生产发展状况与社会生产发展水平。马克思和恩格斯特别强调:

各民族之间的相互关系取决于每一个民族的生产力、分工和内部交往的发展程度。这个原理是公认的。然而不仅一个民族与其他民族的关系,而且这个民族本身的整个内部结构也取决于自己的生产以及自己内部和外部的交往的发展程度。❷

民族之间相互交往与彼此交流的发展程度,影响着民族社会生产的发展状况,马克思和恩格斯将其视为公认的原理,并揭示出民族之间相互交往与彼此交流对于民族社会生产发展的重要性。对此,在后来的民族与历史研究中,诸多学者同样也进行了类似的论述。例如,20 世纪下半期,美国历史学家斯塔夫里阿诺斯倡导全球史观,注重人类历史从彼此隔绝走向全球一体的发展过程,斯塔里夫阿诺斯在运用全球史观编撰的《全球通史——1500 年以后的世界》一书的序言中,论证世界历史中各地区、各民族之间彼此联系、相互影响,乃世界历史的根本性质。他就引用了美国人类学家弗兰兹·博厄斯的观点:

人类发展水平的关键是易接近的程度,那些最有机会与其他民族相互影响的民族是最有可能出于领先地位的。的确,他们是被迫这样做的,因为这样既选择了机会,也选择了压力,如果机会没有抓住,这种接近则包含着不断被同化或被消灭的威胁。❸

斯塔夫里阿诺斯注重的全球范围内的社会交往,被当代全球史观的代表人

---

❶ 费孝通.文化与文化自觉[M].北京:群言出版社,2010:61.
❷ 中共中央马克思恩格斯列宁斯大林著作编译局.马克思恩格斯选集(第一卷)[M].北京:人民出版社,2012:147.
❸ 斯塔夫里阿诺斯.全球通史——1500 年以后的世界[M].吴象樱,梁赤民,译.上海:上海社会科学院出版社,1999:54.

物麦克尼尔父子视为推动历史发展古今之变的根本动力。麦克尼尔父子也认为："假如没有那种巨大的交往，没有那些食物、能源、技术、货物等流通和交换所构成的现代世界性网络，我们人类便不可能达到60亿之巨的数量。"❶麦克尼尔父子考察了人类历史进程中交流与合作的发展过程，强调："人类历史的普遍趋势是在现实中各种各样竞争的驱动下——无论是自愿的还是被迫的——朝着越来越大的合作方向发展。"❷

既然在一个由民族及民族国家构成的当代世界中，各地区、国家、民族之间社会交往形成的"你离不开我，我也离不开你"的密切联系与相互影响，已经成为浩浩荡荡的世界历史发展潮流，并且还会不断向纵深发展，那么，民族认同建构的认知发展方向，也犹如当代法国学者阿兰·图海纳在考察了民族之间的差异性后所强调：

对于"民族"的界说，我们再也不能说它的目的是创造一个不论社会和文化背景如何大家都统一以公民身份居住的空间，恰恰相反，我们应当说它的目的是寻求不同文化之间的交流和社会内部的凝聚，即：建立一个和睦的社会，缩短人与人之间的距离，减少人与人之间的隔阂，并在文化上彼此进行对话。❸

民族认同建构的认知发展方向，需要注重相互交往与彼此交流，积极建设民族及民族国家之间各种形式的互联互通，在互联互通中实现互利合作、合作共赢，这才是民族认同进一步发展的广阔天地。在互联互通中实现互利合作、合作共赢的发展道路，民族认同的建构才能够化对立为共存，民族认同才能够从二元对立共存认知模式，发展为民族认同的多元共存认知模式。

---

❶ 约翰·R.麦克尼尔，威廉·H.麦克尼尔.麦克尼尔全球史——从史前到21世纪的人类网络［M］.王晋新，等，译.北京：北京大学出版社，2018：8.

❷ 约翰·R.麦克尼尔，威廉·H.麦克尼尔.麦克尼尔全球史——从史前到21世纪的人类网络［M］.王晋新，宋保军，等，译.北京：北京大学出版社，2017：5.

❸ 阿兰·图海纳.我们能否共同生存——既彼此平等又互有差异［M］.狄玉明，李平沤，译.北京：商务印书馆，2003：314.

第三章 欧洲认知民族同一性的民族认同建构

第一节 欧洲近现代以前的民族认同状况

一、欧洲认知民族同一性的古典根源

在学界对于民族主义的研究中,欧洲往往被诸多学者视为近现代民族主义思想的重要发源地,民族主义思想对欧洲历史发展的影响非常广泛,近现代以来欧洲纷繁复杂的诸多历史变化,始终以民族主义作为重要的思想动力。民族认同建构从二元对立认知到多元共存的认知演变,在欧洲历史发展进程中,存在着广泛的具体表现。认识民族认同建构从二元对立认知到多元共存认知的演变,欧洲的历史发展既为此提供了具体案例,也为此提供了丰富的历史经验与历史教训。

古代希腊与罗马时代,往往被欧洲诸多学者视为欧洲文明的古典根源。近现代以来欧洲文明发展呈现出来的诸多特征,在古代的希腊与罗马时期,往往有根可循。近现代以来欧洲兴起的诸多文化思想变化,也被视为古代的希腊文明与罗马文明在近现代以来的复兴。古代的希腊文明与罗马文明,为后世欧洲文明的发展提供了典范,因此,也被称为欧洲文明的古典时代。

这具体表现为,在欧洲民族主义思想的发展过程中,近现代以来欧洲民族主义思想勃然兴起,广泛地影响着近现代以来欧洲民族国家的创建、民族经济的发展及民族文化的形成等政治、经济、文化等领域的巨大变化。在近现代以来欧洲

从二元对立困境到多元共存出路——欧洲民族认同建构中的认知模式变化

民族主义勃兴的过程中，人们广泛地将具有共同地域、语言、宗教及社会生活方式等特征，视为界定民族的标准，由此建构出民族同一性认知，并形成近现代欧洲民族认同建构中二元对立认知的一个侧面。追根溯源，早在古代希腊时期，希腊人就已经认识到，希腊人之所以成为一个民族，在于他们生活在共同的地理区域、说着共同的希腊语、信仰着奥林匹斯山诸神的共同宗教信仰、具有共同的生活方式等。

古代希腊人通过认知民族共同的地域、语言、宗教及生活方式等，建构出人们对于共同的希腊人的民族同一性认知，具体表现在古希腊人流传后世的著述之中。例如，"为了保存人类过去的所作所为，使之不至于随时光流逝而被人淡忘，为了使希腊人和异族人的那些值得赞叹的丰功伟绩不致失去应有的光彩"❶，古希腊历史学家希罗多德撰写了《历史》一书，希罗多德也被后世称为"西方历史学之父"。既然如此，那么希腊人何以成为一个民族？

首先，在近现代以来的民族主义思想中，往往以人们生活的一块共同地理区域作为界定民族身份的重要客观标准，人们的民族认同与地域认同密切相连。对此，古代希腊人早就有了相关的认识。希罗多德在《历史》一书中的相关论述，说明了古代希腊人已经认识到如何界定民族，即依靠地域作为标准。

希罗多德的《历史》以希腊和波斯之间的希波战争作为叙述主线，其叙述范围，囊括了古代地中海周边世界诸多民族的相关历史。在《历史》叙述的古代地中海周边世界中，存在着众多的民族，希罗多德也以此作为叙述历史的基本单位。既然如此，古代地中海周边世界诸多民族，其形成的标准究竟是什么？希罗多德在《历史》中谈道："说说我个人对这些问题的看法。我认为，埃及是埃及人所居住的全部国土，正如基利基亚是基利基亚人所居住的地方一样，亚述是亚述人所居住的地方一样。"❷

可以看出，按照希罗多德的"看法"，人们生活的一块共同地理地域，成为民族构成的重要标准。人们对于民族共同特征的认知，来源于人们对民族生活共同地理区域的认知。古希腊人认知到埃及人、基利基亚人、亚述人等是一个民族，最先来源于其认知到这些民族生活在埃及、基利基亚、亚述等共同的地理区域。

---

❶ 希罗多德.历史[M].徐松岩，译.上海：上海三联书店，2008：1.
❷ 希罗多德.历史[M].徐松岩，译.上海：上海三联书店，2008：86.

因此，对于希腊人何以成为一个民族这一问题，古代希腊人已经认知到依靠认知共同的地理区域，这不仅可以运用于界定埃及人、基利基亚人、亚述人等民族认同建构，也运用于希腊人自身的民族认同建构。希腊人之所以成为一个民族，在于存在着希腊这一地理区域，其地域范围主要包括希腊半岛、小亚细亚西岸及爱琴海域的各岛屿；在于其居住在希腊这一共同的地理区域之内。希腊人的民族认同建构，也源于"因地名族"。在古代的希腊时代，人们的民族认同已经和人们的地域认同结合在一起。古希腊人民族认同建构中的认知过程，通过认知地域，以此认知生活在共同地理区域内的民族，人们的地理认知和民族认知彼此结合。希腊人民族认同建构过程作为一个民族的认知，来源于人们对于希腊作为一块地域的地理认知。

共同的地理地域，成为民族构成的重要标准。希罗多德在《历史》一书中，将此称为"神谕"，以此解决古代地中海周边世界的民族归属问题。希罗多德叙述了马列亚和阿皮斯两个城市，其所在的地域位置，位于埃及与邻近利比亚的交界之处。这两个城市的人们，认为自己既不住在尼罗河的三角洲地带，也不讲埃及语，与埃及人没有什么共同的地方，因此认为自己是利比亚人而不是埃及人。为了解决自己的民族归属问题，他们派人到阿蒙神庙请求"神谕"，结果"神谕"答复他们说："埃及是尼罗河泛滥和灌溉的这一整块土地，而埃及人就是居住在埃列凡提涅以下，并且饮用尼罗河水的那个民族。"[1]因此"神谕"认为他们是埃及人。

其次，生活在共同地理区域中的人们，往往说着共同的语言。在古代希腊人的民族认同中，不仅知道可以依靠人们所在的一块共同地理地域作为界定民族的重要标准，还知道可以依靠人们所说的共同语言作为界定民族的重要标准。在《历史》一书中，古代的希腊人之所以成为一个民族，不仅表现为其生活在希腊这一共同的地理区域之内，还表现为其说着共同的希腊语。希罗多德谈道："希腊民族自从他们出现以来，就从来没有改变过他们所使用的语言，至少在我看来这一点非常明显。"[2]

最后，生活在共同地理区域的人们，说着共同的语言，还具有共同的宗教信仰与社会生活方式。希罗多德在《历史》一书中，也以共同的宗教信仰与社会生

---

[1] 希罗多德.历史[M].徐松岩，译.上海：上海三联书店，2008：87.
[2] 希罗多德.历史[M].徐松岩，译.上海：上海三联书店，2008：20.

活方式作为建构民族认同的标准。例如,希罗多德叙述埃及的历史,不仅大量叙述埃及的宗教信仰,同时还叙述科尔基斯人与埃及人乃同一民族;不仅考证了其存在割礼的共同风俗习惯,同时还谈道:"关于科尔基斯人与埃及人是同族的事,我还要补充一下更有力的证据。这两个民族纺织亚麻的方法完全是一样的,世界所有其他民族对这种纺织的方法则全然不知;这两个民族在整个生活方式上,他们在语言上都是彼此相似的。"❶

除了埃及人存在着共同的宗教信仰与社会生活方式之外,希腊人之所以成为一个民族,除了其居住在共同的希腊地理区域、使用共同的希腊语之外,也存在着诸多共同的社会生活方式与起源神话等。就起源神话来说,古代希腊神话广泛影响着古代希腊人的思想信仰与文化生活,希腊人认为自身是一个民族,也在于古代希腊神话中希腊人信仰的祖先起源神话。希腊人之所以是一个民族,乃因为其自认为是希腊神的后代。古代希腊人共同的起源神话,成了将希腊人凝聚成为一个民族的重要标准。就共同的社会生活方式来说,古代的希腊人为了庆祝共同的希腊宗教节日,定期聚集在一起并进行体育集会,其中公元前766年举行了第一次奥林匹克运动会。举办奥林匹克运动会,成了将希腊凝聚成为一个民族的共同社会生活方式。位于希腊东北部的马其顿人,尽管说着马其顿语,但因为参加古代希腊的奥林匹克运动会,也被认为属于希腊文明。

因此,古代希腊人已经认知到可以通过认知民族的地域、语言、宗教及生活方式建构出人们的民族同一性认知,并形成希腊人作为一个共同民族的心理意识,这在古代希腊时代诸如希罗多德认知历史与认知世界的语言叙述中,已经广泛流露出来。认知诸多民族同一性,能够将民族凝聚起来,这为后世欧洲民族主义思想的发展提供了典范。

在漫长的原始社会,人们生存在氏族与部落之中,氏族与部落成为人类社会的基本社会组织。将原始社会中的人们凝聚成为氏族的社会组织,是人们彼此之间的血缘关系。共同的血缘关系,成了搭建原始社会人们社会联系与社会凝聚的纽带。古代的希腊人,依靠认知共同的地域、语言、生活方式及起源等民族的同一性,走出了人类社会的氏族与部落时代,将生活在希腊这一块地理区域的伊奥利亚人、多利安人、皮拉斯基人等诸多部族,凝聚成了希腊人的民族共同体。民

---

❶ 希罗多德.历史[M].徐松岩,译.上海:上海三联书店,2008:116.

族是由众多的部族融合凝聚而成,对此,希罗多德指出:"希腊人是皮拉斯基人的一支,在他们起初从皮拉斯基人主体上分离出去的时候,它们人数不多,势力弱小;然而,他们起初却逐步扩大和成长成为一个多民族的集合体,这主要是由于许许多多的非希腊语部族主动加入到他们行列当中的缘故。"❶ 希腊人成为一个民族,意味着人们社会联系与社会凝聚的纽带,从单一的血缘关系,扩展到了共同的地域、语言、社会生活方式、起源神话等。

公元前8世纪到前6世纪,既是希腊民族的形成时期,也是希腊城邦国家的形成时期。在希腊这一地理区域所包括的希腊半岛、小亚细亚西岸及爱琴海域的各岛屿内,形成了雅典、斯巴达、科林斯等城邦国家。古希腊的众多城邦国家,也被人们比喻为一潭池塘中的群蛙。古代希腊的城邦国家领土面积狭小,其中最大的斯巴达国家,地域范围也只有8000多平方千米,而经济与文化非常繁荣的雅典也只有2000多平方千米,一些城邦国家仅有100多平方千米。古代希腊的政治形态,也是小国林立、政治分散。

尽管如此,古代的希腊人依靠共同地域、语言、社会生活方式、文化思想等构建出的民族意识,将小国林立、政治分散的诸多希腊城邦国家凝聚起来。认知民族同一性形成的社会凝聚,在古代希腊的历史发展进程中发挥了重要作用。希罗多德在《历史》一书中,不仅论述了民族形成的认识方式,也论述了民族凝聚的重要作用。

二、中世纪的基督教文明与模糊的民族认同

古代希腊尽管小国林立、政治分散,但古代希腊人依靠认知共同的地域、语言、宗教以及生活方式等,建构出了希腊人的民族认同,并形成了希腊人的民族共同体。而在欧洲此后兴起的罗马文明中,却是另一番模样。兴起于罗马城的拉丁民族不断向外扩张,领土范围不断扩展,无论是罗马共和国时期,抑或是之后的罗马帝国,在其幅员广阔的领土范围内,生活着语言、地理区域及生活方式、文化思想互异的诸多民族,是一个由诸多民族构成的政治共同体。

古典的希腊文明与罗马文明,两相比较,古代希腊人已经凝聚成一个民族,可是在政治上却分散为诸多的城邦国家。古代的罗马人建立了庞大的共和国与帝

---

❶ 希罗多德.历史[M].徐松岩,译.上海:上海三联书店,2008:20.

国的政治共同体，可是境内却分散着诸多的民族。公元4世纪，罗马帝国分裂为西罗马帝国与东罗马帝国，日耳曼人也如潮水一般入侵罗马帝国。公元476年，西罗马帝国被日耳曼人攻破，欧洲进入中世纪。

中世纪欧洲，人们的民族认同状况极为模糊，人们不太注重通过所属的民族界定自身的身份。美国历史学家斯塔夫里阿诺斯认为："在欧洲中世纪，大多数人认为自己首先是基督教徒，其次是某一地区如勃艮第或康沃尔的居民，最后，只是最后，如果要实在说的话——才是法兰西人或英吉利人。"❶ 历史学家钱乘旦先生同样指出："在欧洲，认同和效忠的对象已经有过许多，它们是氏族，是部落，是家庭，是封主，是领地，是教会，是宗教，但始终不是民族。"❷

欧洲中世纪人们的民族认同极为模糊，除了表现为不太注重通过所属的民族界定自身的身份之外，还表现为民族这个概念并不为人们广泛使用。英国学者德里克·希特认为："在中世纪，民族一词并没有广泛使用。"❸ 这导致民族主义的思想，在中世纪欧洲的影响也不广泛，民族主义并不是支配中世纪欧洲人们头脑的重要思想意识。对此，斯塔夫里阿诺斯谈道："民族主义是近代欧洲历史上的一种现象，它并没有以可辨认的形式存在于中世纪。"❹

民族主义不是支配欧洲中世纪人们头脑的重要思想意识，其中的一个重要根源，是因为欧洲中世纪文明是一种基督教文明，中世纪的欧洲是一个基督教的欧洲。

早在罗马帝国晚期，基督教已经发展成为罗马帝国的官方宗教。自公元4世纪到6世纪的"蛮族"入侵后，西罗马帝国解体，欧洲历史进入中世纪。在中世纪早期，日耳曼"蛮族"的国王与贵族为了摆脱"蛮族"的外在文化形象，为了建构自身世俗统治的正统与神圣，需要基督教教会提供文化思想意识的支持，因此纷纷皈依基督。同时，在欧洲中世纪早期的战乱动荡中，基督教教会为了生存与发展，也托庇于日耳曼"蛮族"的政治与军事力量。基督教教会势力与日耳曼"蛮族"世俗力量两相结合，中世纪前期历史发展中的克洛维皈依基督教、丕平

---

❶ 斯塔夫里阿诺斯.全球通史——1500年以后的世界［M］.吴象婴，梁赤民，译.上海：上海社会科学院出版社，1999：354-355.
❷ 钱乘旦.欧洲文明：民族的融合与冲突［M］.贵阳：贵州人民出版社，1999：10.
❸ 德里克·希特.何谓公民身份［M］.郭忠华，译.长春：吉林出版集团有限责任公司，2007：99.
❹ 斯塔夫里阿诺斯.全球通史——1500年以后的世界［M］.吴象婴，梁赤民，译.上海：上海社会科学院出版社，1999：354.

献土、查理曼加冕等重要历史事件，也呈现了两者之间彼此结合的发展趋势，并共同发展出了基督教与封建世俗政治的二元社会结构。

在中世纪基督教与封建世俗政治的二元社会结构中，基督教的宗教信仰广泛地支配着人们的思想意识。在文化思想中，经院哲学长期处于垄断地位，文化艺术也充斥宗教题材内容；在文化教育中，中世纪的学校教育，主要表现为教会主办的各种学校教育。中世纪的基督教，不仅广泛控制着文化思想与文化教育，而且通过散布于各地的各级教会组织，举行各种日常宗教仪式，广泛地影响着人们社会生活。基督教的影响，既渗透到了中世纪欧洲人们的思想意识深处，也广泛渗透到中世纪欧洲人们日常生活的方方面面。

因此，与古希腊历史学家希罗多德《历史》一书中已经呈现出来的古希腊人广泛地通过关注民族的地理区域、语言、宗教信仰、生活方式来界定自身民族身份有所不同，中世纪的欧洲则关注基督徒的身份认同。人们的身份认同，广泛地影响着人们的所思所想。古希腊人民族认同建构中，关注的地理区域、语言、宗教信仰、生活方式等，毕竟是尘世中的诸般现实表现，而基督徒的身份认同，才是中世纪欧洲人们重要的身份认同。

三、中世纪的封建割据与模糊的民族概念

中世纪的欧洲，形成了基督教与封建世俗政治共同支撑的一种二元社会结构，人们的民族认同极为模糊，民族主义的影响也不广泛。其中的社会根源，除了中世纪的欧洲是一个基督教的欧洲之外，还在于中世纪的欧洲是一个封建制度的欧洲。中世纪欧洲的封建制度，导致中世纪的欧洲社会呈现出高度社会分散的总体社会特征。

对于欧洲中世纪封建社会高度社会分散的总体社会特征，研究欧洲封建社会享有盛誉的法国著名历史学家马克·布洛赫指出："欧洲封建主义诞生在一个联系非常松散的社会里。"❶ 欧洲中世纪封建社会的高度社会分散，表现为中世纪的欧洲，实则是一个政治上分裂割据的欧洲。自从西罗马帝国崩溃后，入侵西罗马帝国的日耳曼各民族，逐步创建出了一个封建割据的欧洲。中世纪欧洲的政治版图，犹如一件百衲衣，充斥着成千上万的公国、候国、伯国、骑士领地、自由

---

❶ 马克·布洛赫.封建社会［M］.张绪山，译.北京：商务印书馆，2004：139.

城市国家和主教领地，中世纪的欧洲国家，也不是统一且完整的政治单位，而是一些或多或少独立的领地，松散的政治组合体。中世纪欧洲的封建割据，最为典型的当属德意志，迟至19世纪初，德意志地区仍存在1700多个独立的政治主权单位。

中世纪欧洲封建社会的高度社会分散，还表现为"你来我去、你去我来"的社会交往并不密切，人们的社会生活与经济联系彼此分散、相互隔绝。"在中世纪欧洲，确切说来有数千个小型的、孤立的分享生存经验的共同体，它们是地区性的，很少延伸到最邻近的山脉或河谷之外。"❶ 除此之外，与中世纪欧洲的封建割据相适应，在欧洲中世纪形形色色的封建诸侯国与封建领地之中，各级封建贵族与封建领主还创建了诸多的封建庄园，封建庄园的社会经济状态往往自给自足。

对此，布洛赫也指出："在这些错落稀疏的人群中，彼此间的交流存在着许多障碍。"❷ 在中世纪欧洲封建割据与彼此隔绝的高度社会分散中，民族主义也没有太多用武之地，这一时期民族认同极为模糊，根植于高度社会分散的总体社会特征。在民族主义研究中，诸多学者追溯欧洲"民族"概念的运用过程。"natio"（民族）一词，在中世纪欧洲偶尔被运用，尽管其极为模糊，并在不同的地方、不同时期、具有不同的含义，与近现代以来欧洲广泛运用的民族概念内涵也有诸多差异，但却是欧洲民族形成的原初形态。

正如古代希腊人的民族认同建构，与古代希腊人生活在希腊的共同地理区域的地理认知密切相连，中世纪欧洲偶尔运用的"natio"（民族）一词，内涵最初侧重于表示来自一定地域的人们。例如，诸多学者研究中世纪欧洲运用的民族概念内涵时经常提到的一个具体案例，即在中世纪欧洲的大学中，把学生划分为不同的民族。对此，美国学者里亚·格林菲尔德论述道：

在欧洲中世纪，民族一词被用于指来自地理上或语言上有特殊联系的地区。比如，在神学重镇巴黎大学就有四个民族："光荣的法兰西民族""忠诚的庇卡底民族""可敬的诺曼底民族""忠贞的德意志民族"。要特别注意的是，这些学生在只在他们作为学生时才有民族认同，一俟其完成学业，返回故乡，他们的这种

---

❶ 杰里米·里夫金.欧洲梦——21世纪人类发展的新梦想[M].杨治宜，译.重庆：重庆出版社，2006：153.
❷ 马克·布洛赫.封建社会[M].张绪山，译.北京：商务印书馆，2004：124.

身份立马消失。❶

从格林菲尔德的这一论述可以看出，中世纪欧洲大学中运用的表达学生来源的民族概念，表示的是学生来自的地理区域。其依靠地理区域界定的"民族身份"，犹如人们依靠籍贯界定人们的身份。诸如对于"光荣的法兰西民族""忠诚的庇卡底民族""可敬的诺曼底民族""忠贞的德意志民族"的民族形象描述，也表现为对于生活在某一地域中的人们的群体形象描述。

因此，中世纪欧洲人们偶尔运用的民族概念蕴含的民族认知，是人们的地域认知状况，作为人们认知自身的民族认同，与人们所生活的地域认同相互叠合在一起。对此，德国著名哲学家哈贝马斯在论述中世纪欧洲民族概念时强调："在欧洲中世纪的大学里，人们根据不同的祖籍把学生分为诸多的'nations'，中世纪民族概念主要是用来表明共同的起源与同乡关系。"❷

哈贝马斯所说的中世纪大学中运用的民族概念，不仅表达同乡关系，还表达共同的起源关系，这意味着中世纪民族概念内涵，除了表达来自共同地域的人们之外，还与表达具有共同血缘起源关系的人们交织在一起，人们的地域认知与人们的起源认知，也叠合在一起。当代欧洲诸多学者追溯欧洲中世纪的民族概念内涵，并对欧洲近现代之前的民族概念指涉人们共同的起源关系进行了广泛论述。

例如，当代英国著名历史学家彼得·伯克在考察欧洲中世纪民族概念内涵时就认为，在中世纪，拉丁语的"natio"一词用法上与"gens"或"populus"的意思很相似，换句话说，都是指"民族"（the people）。❸ 从彼得·伯克的这一论述也可以看出，欧洲中世纪民族概念，其也指涉具有共同的血缘起源关系（gens）的人们（the people）。除了彼得·伯克之外，霍布斯鲍姆追溯欧洲的民族概念起源，也举例谈道："在中古时代的法国，'民族'意指血缘相连的亲属团体。"❹

欧洲中世纪的民族概念内涵既指来自共同地域的人们，也指具有共同血缘起源关系的人们，两者之间的相互连接，根源于古代社会中人们聚族而居的社会特

---

❶ 里亚·格林菲尔德.民族主义：走向现代的五条道路［M］.王春华，等，译.上海：上海三联书店，2010：3.
❷ 尤尔根·哈贝马斯.包容他者［M］.曹卫东，译.上海：上海人民出版社，2002：130-131.
❸ 彼得·伯克.语言的文化史——近代早期欧洲的语言和共同体［M］.李霄翔，等，译.北京：北京大学出版社，2007：232.
❹ 埃里克·霍布斯鲍姆.民族与民族主义［M］.李金梅，译.上海：上海人民出版社，2000：19.

征。在古代社会中，生活在同一个地方的人们，彼此之间不仅是同乡，而且往往"本是同根生"。古代社会居住在同一地理区域的人们，不仅具有同乡关系，还具有共同的血缘起源关系。欧洲中世纪极为模糊的民族认同，其中既夹杂着地域认同，也夹杂着对于共同血缘起源关系的认同。

生活在同一地域的人们，不仅同乡同宗，并且还说着共同的语言。因此，欧洲中世纪的民族概念，不仅指涉生活在共同地域的人们，还延伸为指涉说着共同语言的人们。对此，美国人类学家里亚·格林菲尔德在考察欧洲中世纪广泛使用的拉丁语的民族概念内涵时指出："在拉丁语的《圣经》中，natio 始终被用于指语言和亲属共同体。"❶ 同样，彼得·伯克对此谈道："在中世纪晚期，无论是拉丁语中的'lingua'，法语中的'langue'，德语中的'Zung'，还是捷克语中的'jazyk'，都可译作'语言'，但同样是这个词，既可以指语言，但往往也可以用来指说某种语言的人群。"❷

与之相应，欧洲中世纪的民族概念，既指生活在同一地域的人们，也指具有共同血缘起源关系的人们，还指说着共同语言的人们。所有这些内涵之间，彼此交织在一起，构成了后世欧洲民族概念内涵发展演变的原初模型。

尽管如此，欧洲中世纪，各地的地方民众，彼此使用的都是地方方言，各地的地方方言差异极大，各地民众之间，也是言语不通。例如，直到19世纪，许多"法国人"使用的语言和方言，连他们本国人也听不懂，巴黎与外省之间，存在着非常明显的语言差异。同样，尽管都是德语，但德国南部山区与德国北部人们所说的德语，却差异巨大。

不仅各地语言差异巨大，而且欧洲中世纪的封建社会还存在严格的封建等级制度。在欧洲中世纪大多数的欧洲国家，国内的统治阶级，往往是外地来的征服者，由此形成欧洲中世纪等级分明的封建等级制度。欧洲中世纪诸多封建国家的上层统治阶级，往往是使用其他语言的外来征服者，他们与国内被征服民众使用的语言，也是有所不同，各个社会阶层之间，也是言语不通、各说各话。举例来说，"直到14世纪，英国上层社会说的是法语，因此他们和说英语的本国老百姓

---

❶ 里亚·格林菲尔德.民族主义：走向现代的五条道路[M].王春华，等，译.上海：上海三联书店，2010：36.

❷ 彼得·伯克.语言的文化史——近代早期欧洲的语言和共同体[M].李霄翔，等，译.北京：北京大学出版社，2007：232.

都很难沟通。挪威上层社会说丹麦语的时间更长"❶。欧洲中世纪言语不通的状况与欧洲中世纪的封建制度割据分散的社会状态相适应,共同呈现了人们社会联系松散与社会流动落后的总体社会特征。

因此,欧洲中世纪形形色色的地方方言,具有自发形成的特征,而近现代欧洲人普遍注重的民族语言,则具有人为建构的特征,其需要标准化,以此满足更大范围的沟通与交流。从欧洲中世纪人们普遍使用地方方言,发展到近现代欧洲人普遍使用民族语言,其既需此后欧洲长期历史发展中诸多的文化创造,也需要诸多的文化传播。

四、中世纪的封建等级制度与民族认同状况

欧洲中世纪的语言状况,与中世纪人们的社会等级密切相关。自从西罗马帝国崩溃后,入侵西罗马帝国的日耳曼各民族,不仅创建出了一个封建割据的欧洲,还创造出了一个封建等级分明的欧洲。在欧洲中世纪,封建帝国皇帝及封建国王为最高的封君,国王之下为封臣,封臣之下,存在着更小的封建领主,封建领主之下,还有众多的农奴。围绕着土地的逐级分封,形成了以国王或皇帝为首,贵族依公爵、伯爵、子爵、男爵、骑士之次序互为主从的封建等级制度。在欧洲中世纪的封建等级制度中,等级越高,人数越少,等级越低,人数越多,层层分封、等级分明。

因此中世纪的欧洲社会,不仅犹如一件百衲衣,还犹如一座金字塔,整个社会既呈现出了封建割据横向分散的状态,也呈现出了等级分明纵向分层的状态。有欧洲历史学家所认为,"欧洲的政治版图是通过战争的铁砧而锤出来的"❷,日耳曼各民族征服西罗马帝国的战争冲突,不仅锤炼出了欧洲中世纪犹如一件百衲衣的封建割据政治版图,而且还锤炼出了欧洲中世纪犹如一座金字塔的封建等级制度。

诸如法兰克人等原始日耳曼民族,在入侵西罗马帝国及彼此之间的战争冲突中,不断取得胜利,并建立了相应的封建国家与封建等级制度。在战争冲突中不断取得胜利的民族,演化成了欧洲封建等级制度的少数上层;在战争冲突中被征服的民族,则演化为欧洲封建等级制度的多数社会底层。欧洲中世纪异常广泛的

---

❶ 彼得·李伯庚.欧洲文化史[M].赵复三,译.上海:上海社会科学院出版社,2004:272.
❷ 迈克尔·霍华德.欧洲历史上的战争[M].褚律元,译.沈阳:辽宁教育出版社,1998:1.

战争，不仅因为贵族阶层的军功大小与血缘关系密切，演化出了欧洲中世纪封建贵族的层层分级，而且由于战争冲突中的征服者与被征服者之间的相互关系，演化出了欧洲中世纪封建贵族与底层民众的社会分化。

欧洲近现代以前民族概念，表达着具有共同的出生等血缘起源关系的人们，这与欧洲中世纪的封建等级制度密切相关。在欧洲封建等级制度的形成过程中，那些在战争冲突中不断取得胜利的民族，不仅成为欧洲封建等级制度的少数上层贵族，而且具有共同的出生等血缘、起源关系。与之相反，那些在战争冲突中被征服的民族，不仅多数处于欧洲封建等级制度的底层，同时也具有共同的出生等血缘、起源关系。

因此，出生的血缘起源关系之间的差异，成为欧洲封建等级制度的社会分层标识。"贵族的立足之本是显赫的祖先和纯正的血统，所以在很大程度上贵族是家族性的，贵族的身份大多来自他的血统，而且他有责任为自己的后代保住这份遗传。"❶ 与之相应，在欧洲中世纪，具有强烈的民族意识且特意宣扬民族概念的往往是欧洲封建社会的贵族阶层。霍布斯鲍姆举例谈道："在中古时代的下日耳曼境内，源自于拉丁文的民族（natie）一词，几乎只在文人贵族等上层社会使用。"❷ 可以看出，欧洲中世纪贵族阶层宣扬的民族概念内涵，主要是宣扬自己高贵的出身与血缘关系，并用来维持自身在封建等级制度中的特权等级地位。欧洲中世纪的民族概念内涵，也与欧洲中世纪封建等级的社会分层紧密联系在一起。

霍布斯鲍姆在经过一番考证之后认为，在近现代之前的欧洲，民族概念的一个重要内涵，就是表示人们的血缘起源，并且与人们的出生与身份连接在一起。霍布斯鲍姆认为："根据语言学的发现，'民族'最原初的意义指的是血统来源：根据一部古法语词典所载，naissance（出生、起源），extraction（出身），rang（身份、地位）等，都是同义字。"❸

至于战争冲突中被征服的人们，沦为了欧洲中世纪封建等级制度的社会底层，其尽管具有共同的出生与血缘关系，但却没有被囊括到贵族阶层所说的民族共同体中。对此，霍布斯鲍姆以中世纪十字军东征时期法国贵族的表现为例谈道：

---

❶ 乔纳森·德瓦尔德.欧洲贵族：1400—1800[M].姜德福,译.北京：商务印书馆，2008：192.
❷ 埃里克·霍布斯鲍姆.民族与民族主义[M].李金梅,译.上海：上海人民出版社，2000：19.
❸ 埃里克·霍布斯鲍姆.民族与民族主义[M].李金梅,译.上海：上海人民出版社，2000：18.

法国贵族高喊：十字军东征乃"每一个法国人的骄傲"这句话时，他们根本不认为这场胜利和居住在法兰西境内的全体居民有任何关联，甚至不认为它和11世纪末才逐渐成形的六角形法国国土上的任何一地居民有关。因为那些自视为法兰克（Franks）后裔的贵族，根本就把他们统治下的人民，看作是遭法兰克人征服的人民后代。❶

可以看出，十字军东征时期法国贵族大力宣扬他们所说的"法兰西人"，仅仅是征服了罗马帝国高卢地区的法兰克人的后代。至于被法兰克人征服的罗马帝国高卢地区的人们的后代，直到中世纪十字军东征时期，仍然没有被囊括到"法兰西人"的民族共同体之中。

中世纪贵族阶层宣扬的民族概念内涵，主要是宣扬自身高贵的出身与血缘关系，民族认同也表现为对于欧洲中世纪封建等级制度中的身份与地位的认同。欧洲中世纪的民族认同，由欧洲中世纪高度社会分层的封建等级制度所滋生。

认同以指涉人们的身份为基础，还延伸到关系着人们的社会归属。近现代以来人们的民族认同，表现为人们通过自身所在的民族与民族国家这个社会共同体来界定自身的社会归属。在欧洲中世纪的封建等级制度中，强调人们的社会归属，即是强调人与人之间的人身依附关系。对此，马克·布洛赫强调：

> 在关于封建主义的词汇中，任何词汇都不会比从属与他人之"人"这个词的使用范围更广、意义更泛。在罗曼语系和日耳曼语系的各种语言中，它都被用来表示人身依附关系，而且被应用于所有社会等级的个人身上，而不管这种关系的准确的法律性质如何。如同农奴是庄园主的"人"一样，伯爵是国王的"人"。……各社会等级之间虽存在着一条鸿沟，但所强调的是根本的共同因素：即一个人对另一个人的从属。❷

在欧洲中世纪的封建等级制度中，关于人们的社会存在状况，马克·布洛赫称之为"从属于他人之人"❸。人们的身份认同不仅关系着人们的社会归属，同时也影响着人们的文化思想观念。近现代以来人们的民族认同，蕴含着人们对于自身所在的民族与民族国家相应的民族情感与民族伦理道德价值观念。近现代以

---

❶ 埃里克·霍布斯鲍姆.民族与民族主义［M］.李金梅，译.上海：上海人民出版社，2000：83-84.
❷ 马克·布洛赫.封建社会［M］.张绪山，译.北京：商务印书馆，2004：249.
❸ 马克·布洛赫.封建社会［M］.张绪山，译.北京：商务印书馆，2004：249.

来人们民族认同中注重的忠诚与奉献，乃注重对于民族与民族国家这个共同体的忠诚与奉献。可是，在欧洲中世纪的封建等级制度中，由采邑和分封形成的人与人之间的人身依附关系与社会分层关系，其衍生出的注重人们的忠诚与奉献等社会伦理价值观念，却是注重对于封君与领主等人与人之间的忠诚与奉献。与之相应，"臣服礼"与"效忠礼"等社会生活礼仪，在欧洲中世纪封建等级社会中也极为重要。

尽管如此，在历史长河中，欧洲中世纪封建等级制度也在不断发展变化。由于欧洲社会流动与商品经济的发展，"从12世纪以后，采邑的出卖或转让几乎没有任何限制，效忠行为已变成一种交易品"❶。欧洲由采邑和分封形成的整个封建等级制度与极为注重"臣服"与"效忠"等，到了欧洲中世纪晚期，变成马克·布洛赫所说的"出售效忠"❷，界定人们社会归属与忠诚及奉献的对象，也由日耳曼蛮族入侵形成的欧洲等级制度逐渐转向正在破茧重生的民族与民族国家。

第二节 发展共同的民族文化与欧洲民族认同建构

一、基督教文明的变化与建构共同的民族文化

在欧洲中世纪基督教文明中，人们的身份认同，注重自身作为一名基督教教徒的身份，人们的民族认同却极为模糊。可是，到了欧洲中世纪晚期，欧洲的基督教文明正在发生变化。人们的身份认同，由注重作为一名基督教徒的身份，愈来愈演化为注重依靠所属的民族界定自身的身份，对此斯宾格勒强调：

公元10世纪，浮士德型的心灵突然觉醒了，而且表现成若干种样式。在它们当中，与建筑和装饰一起产生了"民族"的一种具有明显特征的形式。在加洛林帝国的民族样式——撒克逊人、士瓦本人、西哥特人、伦巴底人中，突然产生了德国人、法国人、西班牙人、意大利人。❸

---

❶ 马克·布洛赫.封建社会 [M].张绪山, 译.北京: 商务印书馆, 2004: 341.
❷ 马克·布洛赫.封建社会 [M].张绪山, 译.北京: 商务印书馆, 2004: 339.
❸ 奥斯瓦尔德·斯宾格勒.西方的没落 [M].张兰平, 译.西安: 陕西师范大学出版社, 2008: 114–115.

斯宾格勒所说的欧洲中世纪晚期人们的民族身份意识逐步萌生，首先在于欧洲中世纪晚期基督教文明的发展变化。在欧洲中世纪晚期，基督教内部也在发生分化，英国的威克利夫与捷克的胡斯等，主张革除基督教教会的沉疴积弊。威克利夫与胡斯等，尽管被罗马天主教会称为"异端"，但却是欧洲宗教改革的先驱。通过英国的威克利与捷克的胡斯等"异端"运动，基督教的宗教信仰一统中世纪欧洲人们心灵的文化思想状况，开始露出了分化的缝隙。在欧洲宗教"异端"运动与宗教改革运的缝隙中，人们的民族认同与民族主义的文化思想，也逐步生长了出来。

例如，语言被诸多学者视为文化的试金石，民族语言也广泛被视为民族文化的核心元素。欧洲的宗教"异端"运动与宗教改革运动，孕育着欧洲民族认同与民族主义思想的诞生，最为突出的表现，当属《圣经》被翻译为各种民族语言。《圣经》书写语言的形式变化，体现了广泛地支配人们文化思想的基督教，逐步让位于受民族语言为核心的民族文化。在欧洲中世纪基督教的文明穹顶中，以民族语言为突破口，民族文化也逐步生长了起来。

自从罗马帝国晚期，圣罗姆将《圣经》翻译为拉丁文，在此后长达一千多年的时间，欧洲基督教世界中的人们阅读的《圣经》，主要是拉丁文版的《圣经》。欧洲中世纪早期，基督教神职人员通过研修拉丁文版的《圣经》与相应的宗教文献，成了欧洲中世纪能够识文断字的社会上层。自从"加洛林文艺复兴"后，由"蛮族"转化而来的贵族，不仅成为封建等级制度的社会上层，同时也逐步学会识文断字，逐步摆脱先前目不识丁、好勇斗狠的"蛮族"形象。至于欧洲封建社会广大社会底层民众，其使用的语言，仅仅是尚未文字化的地方方言和民间语言。

因此，在欧洲中世纪，拉丁文成了欧洲中世纪基督教神职人员与封建贵族运用的官方文字语言。同时，能够掌握拉丁文的官方文字语言，尤其是能够阅读拉丁文版的《圣经》，也成了跻身于欧洲中世纪上层社会的文化象征。能否读书识字，在欧洲中世纪早期也表现为能否阅读拉丁文版的《圣经》，并成为制造欧洲中世纪封建等级制度中社会分层的壁垒与鸿沟。

到了欧洲中世纪晚期，欧洲诸多尚未文字化的地方语言，却正在向文字化的民族语言发展。"逐渐变成标准的法语、德语、西班牙语、意大利语和英语的语言某种程度上也是被发明的。它们通常是某个地区多种方言的因素相结合，并把语言标准化的结果。"❶ 其中最为典型的,则是英语发展成为民族语言的形成过程。

在"蛮族"入侵浪潮中,古日耳曼人中的盎格鲁-撒克逊人进入英国,成为英格兰人的重要民族起源,与之相应,"英国的本国语源于古代日耳曼语"❷。欧洲中世纪中期,来自北欧的诺曼人征服英国,"在其后的一个半世纪中,所有皇室文书基本上都是用拉丁文写成的。1200—1350年,这个国家拉丁文被诺曼人的法语所取代"❸。英国社会的贵族上层广泛运用法语,"普通人使用得最多的基本词汇仍然是早期盎格鲁-撒克逊语的词汇"。

尽管如此,社会上层与普通人之间的语言,却在相互融合。人们使用语言的变化,正在从将能否掌握拉丁语作为上层社会区别于社会底层的标志,发展为向普罗大众使用的语言靠拢,而普罗大众运用的形形色色的地方方言,也依靠其影响程度,正在形成一种影响范围越来越广泛的民族语言。这具体表现在英语的发展过程中,到了公元14世纪后期,伦敦已经成为英国人口最稠密、商业最繁华的地区,在伦敦各地的方言中,其东北城区的方言,逐渐在所有方言中占据上风,并逐步成为伦敦地区广泛运用的语言。以伦敦地区广泛运用的语言为基础,不断吸收外来语言特别是法语,逐步发展成为英语。

在欧洲中世纪英语发展成为民族语言的过程中,威克利夫领导的宗教"异端"运动,发挥了重要作用。"威克利夫同追随者一起首次将《圣经》翻译成英语,尽管教会坚持认为拉丁语《圣经》是唯一权威的圣经版本。"1382年,威克利夫将拉丁文版的《圣经》翻译成英语版的《圣经》,尽管被教会称为"异端"运动,但却在欧洲中世纪人人都是基督教徒的时代,人们通过阅读英语版的《圣经》,既逐步突破欧洲中世纪以能否读书识字形成的社会分层壁垒,也推进了英语发展成为民族语言的过程。到了1538年,英语版的《圣经》在英国正式出版发行。

除了英国威克利夫领导的宗教"异端"运动之外,捷克的胡斯倡导的宗教活动,同样被罗马教会视为"异端"。可是胡斯的宗教"异端"活动,对于捷克语发展成为一种民族语言,同样发挥了重要作用。"1405年后,胡斯不再用拉丁文

---

❶ 杰里米·里夫金.欧洲梦——21世纪人类发展的新梦想[M].杨治宜,译.重庆:重庆出版社,2006:152.
❷ 罗宾·W.温克,L.P.汪德尔.牛津欧洲史(第一卷)[M].吴舒屏,张良福,译.长春:吉林出版集团有限责任公司,2009:107.
❸ 本尼迪克特·安德森.想象的共同体:民族主义的起源与散布[M].吴叡人,译.上海:上海人民出版社,2003:50.

而改用捷克文写作，他为弥撒礼撰写了捷克文颂诗。大约1406年，他又开始了另一项有深远意义的工作，即修订捷克文的拼音语法。他还写了大量小册子和书信，号召下层神职人员和人民大众精神觉醒过来，这些文字甚至对捷克语文的发展都有重要贡献。"❶

除了被罗马教廷视为异端的威克利夫与胡斯，将拉丁文版的《圣经》各自翻译为英语和捷克语，在整个欧洲中世纪晚期，"用地方语言翻译拉丁文著作也成了一股潮流，至公元1400年，《圣经》已经有了法文、荷兰文、英文以及其他大多数欧洲语言的版本"❷。欧洲中世纪诸多民族语言版本《圣经》的出现，意味着基督教尽管仍然是欧洲人们普遍的宗教信仰，可是在欧洲的基督教文明中，以民族语言作为载体的民族文化却正在崛起。将拉丁文版的《圣经》翻译为各自民族语言，这也意味着欧洲中世纪基督教一统人们思想意识的世界，正在分化为一个具有各自民族语言的世界。

在欧洲中世纪晚期，德意志仅仅是一个地理概念。在德意志这块地理区域内，存在着形形色色的诸侯邦国与封建领地，欧洲中世纪封建社会割据分散的社会面貌，在德意志地区特别明显。与之相应，德意志地区人们的语言状况，也是各地人们之间言语不通。"德意志北部和南部（例如，汉堡和慕尼黑）之间或东部和西部（例如莱比锡和科隆）之间的方言差别很大，为地区之间的书面和口头的交流造成了极大的障碍。"❸德意志地区不仅在政治上各种邦国林立，各地之间也存在着形形色色的地方方言，严重阻碍人们的交流沟通。对此马丁·路德谈道："德意志有如此多的方言，以至于居住在30英里以外的人无法听懂对方说的话。"❹

尽管如此，人们也在努力突破言语不通的交流壁垒。在中世纪晚期，德语也正在德意志地区人们生产生活越来越密切的融会贯通中，逐步发展成为规范化的文字语言。例如，在13世纪，"德国的游吟诗人使用中高地的德语，即现代文用

---

❶ 弗兰德里希·希尔.欧洲思想史［M］.赵复三，译.桂林：广西师范大学出版社，2007：197.
❷ 朱迪斯·M.本内特,C.沃伦·霍利斯特.欧洲中世纪史［M］.杨宁，李韵，译.上海：上海社会科学院出版社，2007：406.
❸ 彼得·伯克.语言的文化史——近代早期欧洲的语言和共同体［M］.李霄翔，等，译.北京：北京大学出版社，2007：142.
❹ 彼得·伯克.语言的文化史——近代早期欧洲的语言和共同体［M］.李霄翔，等，译.北京：北京大学出版社，2007：143.

德语的前身，来编辑诗歌"❶。在马丁·路德的宗教改革运动中，马丁·路德花费了十年工夫，将拉丁语的《圣经》翻译成为德语。"当年，马丁·路德为了使德国老百姓能够直接读懂《圣经》，从各种方言出发，也发挥了自己的想象力，别出心裁地创造出一种共同的德国语言。"❷马丁·路德将拉丁语《圣经》翻译成为德语，推动了德语作为文字语言的规范化。通过将《圣经》翻译为德语，马丁·路德也被人们视为"德语之父"。

马丁·路德在其宗教改革倡导活动中，宣扬《圣经》权威，人们不必接受基督教教神职人员的圣传与基督教会的各种烦琐的宗教仪式，只需阅读《圣经》，就可以得到救赎。马丁·路德的宗教改革活动，还推动了德语的普及化。马丁·路德翻译的德语版《圣经》，转瞬之间销售了十万册。针对马丁·路德的贡献，德国著名诗人海涅评价道："路德的语言在不多几年内便普及到全德意志，并被提升为共同的书面语言，这种书面语言至今仍通行于德国，并赋予这个政治上宗教上四分五裂的国家以一种语言上的统一。"❸

因此，尽管德意志地区的政治分裂，还将长期延续，但马丁·路德将拉丁语《圣经》翻译成为德语，却率先通过德语的规范化与普及化，为后世德意志的统一大业提供了根基。"在德国，通向建立民族特性的道路，并不是通过领土的统一，而是通过语言的统一。"❹欧洲中世纪晚期与近代初期破土重生的民族认同，首先表现在对于共同民族语言的认同。欧洲中世纪晚期与近现代，共同民族语言的兴起，既是为了满足在人人都是基督教徒的世界中人们阅读《圣经》的需要，也在逐步突破依靠读书识字彰显人们社会身份的封建等级壁垒，逐步回归语言在人们沟通交流中的本来作用。依靠解读《圣经》向普通民众传播上帝旨意的基督教神职人员，在人们的语言运用能力发展为越来越能够阅读《圣经》的发展潮流中，其沟通普通民众与上帝旨意之间的社会身份的神圣光环，也在一步步褪色。

二、封建世俗政治崛起与建构共同的民族文化

马丁·路德的宗教改革，揭开了欧洲宗教改革的序幕，瑞士的加尔文宗教改

---

❶ 罗宾·W.温克,L.P.汪德尔.牛津欧洲史（第一卷）[M].吴舒屏,张良福,译.长春：吉林出版集团有限责任公司，2009：107.
❷ 雅克·勃莱尔，等.欧洲书简[M].郭安定，译.北京：生活·读书·新知三联书店，2004：109.
❸ 杜美.德国文化史[M].北京：北京大学出版社，1990：20.
❹ 雅克·勃莱尔，等.欧洲书简[M].郭安定，译.北京：生活·读书·新知三联书店，2004：109.

革与英国亨利八世的宗教改革，也与之交相辉映，共同汇聚成了16世纪欧洲宗教改革的大潮。在欧洲中世纪，基督教教会与封建世俗政治的二元社会结构中，欧洲的基督教不仅面临对诸多宗教改革势力的崛起，内部开始分化为诸多的教派，同时以封建国王为代表的封建世俗政治势力，还以宗教改革为名，坐收封建世俗政治力量崛起之实。其中比较典型的案例，则是英国亨利八世的宗教改革。

英国亨利八世早期，也视欧洲的宗教改革运动为洪水猛兽。亨利八世因无子与凯瑟琳王后离婚，向罗马教廷申请被拒绝。亨利八世的离婚案，将亨利八世推向了欧洲宗教改革运动的浪潮中。1529年，亨利八世拒绝承认罗马教会与教皇的至高无上地位，宣布英国国王是英国教会的最高首脑，拥有处理英国一切教会事务的权力。亨利八世的宗教改革，典型地呈现了欧洲中世纪二元社会结构中教权与王权之间的矛盾冲突。

亨利八世的宗教改革，不仅呈现了以亨利八世为代表的王权世俗政治势力的崛起，也带来了人们的身份认同变化。在英国亨利八世的宗教改革之前，人们最重要的身份认同，当是作为一名基督教教徒的身份认同，其次才是作为一名英格兰人的身份认同。可是在英国亨利八世宣布宗教改革之后，人们最重要的身份认同，首先当是英格兰人的身份认同，其次才是基督教教徒的身份认同。

尽管亨利八世的宗教改革，意味着人们身份认同的变化，正在经历着从强调作为一名基督教徒的身份认同重要性，逐步转化为强调作为一名英国人的身份认同重要性，可是在亨利八世的时代，诸如《乌托邦》的作者托马斯·莫尔等，其身份认同中认知方式以及相应的思维观念，却难以适应变化。托马斯·莫尔依然在捍卫基督教徒的身份认同，比其作为英国人的身份认同更为重要，由此铸就了托马斯·莫尔的命运悲剧。对此，当代美国学者里亚·格林菲尔德分析道：

> 托马斯·莫尔爵士是一名基督徒，这就是他的认同，他所有不是源自这一认同（例如，身为英格兰国王的臣民必须要有）的角色、职责和担当与之相比都是次要的。对他来说，认为"一个王国"便是真理的渊薮，便能声称拥有绝对主权，这样的观点荒唐透顶。从根本上说，基督教世界是不可分割的统一体，其中"王国"的划分不过是人为的、次要的而已。……莫尔的观点是前民族主义时代的观点。
>
> ……四百多年过后，对莫尔的审判深刻地表现出一种象征性。这里有两种根本的世界观，即前民族主义与民族主义世界观的针锋相对。这两种世界观界定了人们的认同，所以二者没有回旋的余地；在此处就有了一条认知上的鸿沟，一处

从二元对立困境到多元共存出路——欧洲民族认同建构中的认知模式变化

明显的断裂。❶

将作为一名英国人的身份认同，置于作为一名基督教徒的身份认同之上，这在托马斯·莫尔看来，简直是难以理喻、荒唐透顶。托马斯·莫尔以"叛国罪"被判死刑，意味着欧洲基督教世界正在分化为一个由民族以及国家所构成的世界。托马斯·莫尔被判死刑的人生悲剧，也在于一个民族现代性建构与民族国家创建，正在成为欧洲历史发展的大潮之中，托马斯·莫尔依然在坚守作为一名基督教徒的身份认同。托马斯·莫尔身份认同中的思维方式与认知方式，没有跟上一个民族认同与民族主义思想重要性已经莅临的时代。

正如里亚·格林菲尔德所说："在中世纪后期，身为法兰西人，就意味着是特别好的基督徒。"❷ 欧洲中世纪法国封建势力与罗马天主教会的密切结合，锻造了作为一名法兰西人与作为一名基督教徒的密切结合，但即使在天主教势力浓厚的法国，以封建国王为代表的封建世俗政治力量，正在突破罗马教会一统欧洲基督教世界的宗教屋顶，人们的身份认同，正在发展为更加注重法国人的身份认同。到了欧洲中世纪晚期，以封建国王为代表的封建世俗政治力量崛起，成了欧洲中世纪晚期与近现代的重要历史发展趋势，在此发展潮流中，人们的身份认同，也首先在英国、法国，发展为对归属于世俗国家的身份认同。

欧洲中世纪晚期与近现代初，基督教教会与封建世俗政治此消彼长，不仅影响着人们的身份认同，同时也推动了欧洲民族语言的兴起。在欧洲中世纪晚期与近现代之初，欧洲一些影响广泛的地方方言的文化地位，逐步从方言俗语，向上提升为标准化、普及化的民族语言。这不仅得益于诸如威克利夫、胡斯、马丁·路德等领导的宗教"异端"运动与宗教改革活动，将拉丁语版的《圣经》翻译为民族语言书写的《圣经》，还得益于封建世俗王权势力的扶持。"西欧诸国的本地语是逐步出现的，它最初是人们的口语，而后成为流行的写作工具，并最终得到官方的承认。"❸ 世俗王权势力的承认、扶持以及在各种公文中的广泛运用，也成为欧洲中世纪晚期与近现代初民族语言崛起的重要因素。

---

❶ 里亚·格林菲尔德.民族主义：走向现代的五条道路[M].王春华，等译.上海：上海三联书店，2010：2-3.

❷ 里亚·格林菲尔德.民族主义：走向现代的五条道路[M].王春华，等译.上海：上海三联书店，2010：93.

❸ 罗宾·W.温克，L.P.汪德尔.牛津欧洲史（第一卷）[M].吴舒屏，张良福，译.长春：吉林出版集团有限责任公司，2009：106.

例如，就英语作为一种民族语言的形成发展来说，在1382年威克利夫将《圣经》翻译成英语之前，英国社会上层运用的法语与被征服的底层民众运用的盎格鲁—撒克逊语相互融合，形成了早期英语。早期英语也广泛吸收法语词汇。"这个新的语言得以在1362年后继之而起，成为宫廷——以及国会开会——所使用的语言。"❶ 其中最为突出的，则是"公元1362年，是一个具有重大标志性意义的年份：正是此年，英语在法院取代了挪威式法语，议会也开始第一次使用英语"❷。英国法院与英国议会等世俗政治力量，运用正在形成的英语，推动了英语向民族语言的发展。

16世纪，英国亨利八世发起的宗教改革，推动了近代英国的民族以及民族国家建构，英语作为英国的民族语言地位，在英国的宗教改革中，得到了英国官方的正式确认。英国在宗教改革后中，改用英语为正式语言，代替英国教会长期使用的拉丁文。1611年，英国在原有英文版《圣经》的基础上，出版了英国国王詹姆斯一世钦定本的英语版《圣经》，明确规定在英国教会内使用。英语逐步发展成为民族语言，也离不开英国逐步脱离罗马天主教会控制过程中世俗王权势力的承认与扶持。英国世俗王权势力摆脱罗马天主教会的宗教改革，不仅助推了英格兰民族与英国民族国家的形成，也催生了英语作为英国民族语言的地位。正如里亚·格林菲尔德所说："英格兰民族与新教有着共同利益。有一段时间，英格兰的宗教与民族性就这样合而为一。"❸

在欧洲中世纪晚期与近现代的世纪之交，除了英语正在上升为英国的官方语言之外，欧洲诸多的地方方言，也正在发展成为各自的官方语言。"许多地方语言——西班牙语、葡萄牙语、意大利语和法语——都是从拉丁语中发展过来的，它们过去都是罗曼语（罗马人的语言）。卡斯提尔语，现代文学中使用的西班牙语的核心，在13世纪赢得了官方语言的地位，当时卡斯提尔国王命令使用该语言做官方记录。"❹

---

❶ 本尼迪克特·安德森.想象的共同体：民族主义的起源与散布[M].吴叡人，译.上海：上海人民出版社，2003：50.
❷ 休·希顿-沃森.民族与国家——对民族起源与民族主义政治的探讨[M].吴洪英，黄群，译.北京：中央民族大学出版社，2009：38.
❸ 里亚·格林菲尔德.民族主义：走向现代的五条道路[M].王春华，等，译.上海：上海三联书店，2010：49.
❹ 罗宾·W.温克，L.P.汪德尔.牛津欧洲史（第一卷）[M].吴舒屏，张良福，译.长春：吉林出版集团有限责任公司，2009：106-107.

同样，16世纪尼德兰革命之后，荷兰脱离西班牙成为独立国家，荷兰语也成为其官方语言。"在荷兰，1637年也规定了荷兰语的'国定本'《圣经》，在荷兰共和国内推进了语言标准化以及荷兰语的普遍应用。"❶在法国，各地存在着不同的语言，"国家征税和推行法律常受到阻碍，因为官方和民众不使用同样的语言"❷。到了"1539年，法国国王法兰西斯一世发布敕令，规定从此以后，巴黎使用的法语成为王国的正式语言，一切官方文件，如法律、规章条例，都使用统一的语言"❸。在欧洲中世纪晚期，欧洲中世纪基督教与封建制度的二元社会正在解体，在此潮流中，封建世俗政治势力正在崛起，与之相应，欧洲各国的民族语言也随之不断成长。

三、欧洲近现代民族文化建构中知识分子的作用

欧洲从中世纪晚期直到近现代初期，以民族语言为核心的民族文化兴起，不仅欧洲诸如英国的宗教改革与各国封建世俗政治力量，对此发挥了重要作用，同时，欧洲社会的知识分子阶层，通过其文化创造活动与文化传播活动，也发挥了重要作用。欧洲从中世纪末期到民族近现代初期的历史发展，在民族的现代性建构与民族国家创建的道路中行进，与之相应，欧洲各民族以及民族国家的知识分子，正在取代欧洲基督教的神职人员，纷纷为建构民族文化奉献自身力量。

其中最为突出的，则是在欧洲中世纪末近现代初的文艺复兴运动中，欧洲诸多知识分子将地方方言提炼为民族语言，书写各种文学作品，既推动了欧洲诸多民族语言的形成，也通过用民族语言书写的文学作品的传播，推动了诸多欧洲民族语言的广泛普及。欧洲的文艺复兴不仅是欧洲中世纪晚期与近现代两个时代的转折点，同时也是欧洲民族文化兴起的重要时期。

欧洲的文艺复兴，首先发轫于南欧的意大利。中世纪晚期，意大利扼东西方商业贸易的要冲，商品经济高度发展，涌现出了聚集诸多财富的城市共和国，并孕育出了意大利极富人文精神与世俗精神的文艺复兴运动。在意大利文艺复兴之前，意大利本地语言很少用来书写文学作品，意大利本地语言中，也存在着流行较广的托斯卡纳方言与罗马方言等。

---

❶ 彼得·李伯庚.欧洲文化史 [M].赵复三，译.上海：上海社会科学院出版社，2004：272.
❷ 彼得·李伯庚.欧洲文化史 [M].赵复三，译.上海：上海社会科学院出版社，2004：278.
❸ 彼得·李伯庚.欧洲文化史 [M].赵复三，译.上海：上海社会科学院出版社，2004：278.

在意大利文艺复兴运动中，作为意大利文艺复兴"文学三杰"之一的但丁，是恩格斯所说的"中世纪的最后一位诗人，同时又是新时代的最初一位诗人"。但丁的名著《神曲》，用意大利的托斯坎纳语书写而成，但丁也成为意大利语的重要创始人。同样，在意大利文艺复兴中，作为意大利文艺复兴"文学三杰"之一的彼得拉克，也用意大利语书写其歌颂世俗爱情幸福的文学名著《歌集》。到了16世纪早期，托斯坎纳意大利语也战胜了罗马方言的竞争，发展成为意大利语的民族语言。

在欧洲中世纪晚期与近现代初期，意大利作为罗马教廷所在地，基督教的宗教改革，对于意大利影响甚微。同时，意大利犹如德意志一样，仅仅是一个地理名词，分裂割据特别突出。欧洲宗教改革与世俗政治力量对于民族语言兴起的推动作用，在意大利缺乏相应的客观历史条件，可是意大利的文艺复兴，通过但丁、彼得拉克等的文学创作，推动了意大利的民族语言形成。

发轫于意大利的文艺复兴运动，也向意大利北部的法国、西班牙、英国等地扩展，后世人们也称为"北方文艺复兴"。在"北方文艺复兴"中，诸多知识分子广泛运用民族语言书写各种文学作品。例如，在英国，被誉为"英国诗歌之父"的乔叟，就运用英语的伦敦方言书写其文学作品，将英语变为文学语言。同样，英国著名戏剧家莎士比亚，也运用英语书写其戏剧作品。在中世纪晚期与近现代初期，英语发展成为一种民族语言，既有英国一系列宗教改革活动的助推，也有英国世俗政治力量的扶持，同时还汇聚了英国诸多知识分子的文化创造，诸多合力汇聚，加剧了英语发展成为一种民族语言的发展进程。

更为重要的是，犹如本尼迪克特·安德森将民族描述为一个"想象共同体"，特别看重文学作品的想象功能，对于形成民族"想象共同体"的重要作用，在16~17世纪，英国诸多知识分子通过用英语书写文学作品，不仅加速了文字化、标准化的英语在民众中的传播，广泛地塑造着人们英格兰的民族意识，而且还广泛地塑造着英格兰的民族情感。通过文学作品的想象功能，加速推进了英格兰民族的"想象共同体"的形成过程。

到了16~17世纪，在英格兰民族的"想象共同体"中，人们对于英格兰民族的热爱之情，也广泛地表现为对于运用英语写作的作家的热爱之情。在16~17世纪之交的英国，对于运用英语写作的作家，广泛洋溢着溢美之词。英国诗人斯宾塞被称为"我们著名的英格兰诗人斯宾塞""非凡的大师斯宾塞、智慧的奇迹"，莎士比亚被称为"语言像蜜一般甜美的莎士比亚"❶。

对于运用英语写作的作家洋溢着的热爱之情，蕴含着的则是对于英语的热爱之情。16~17世纪之交的英国，"英语本身也是人们挚爱的对象，它被作为'我们的母语'来热爱，但人们也将它磨砺成'我们无上的荣光'，以对英格兰民族地位有所助益。'我们的英语是如此丰富、流畅'，没有什么是它无法传达和表现的"❷。对于英语的热爱之情，更为具体地说，蕴含着的则是使用英语的民族共同体的民族情感。用民族语言书写的文学作品，不仅建构了一个容纳人们喜怒哀乐的"情感共同体"，同时也广泛地塑造着人们对于民族共同体寄托无限喜怒哀乐等民族情感。

运用民族语言书写文学作品，也不仅局限于欧洲中世纪晚期与近现代初期的意大利与英国。在封建割据的德意志，马丁·路德在其宗教改革运动中，将拉丁语《圣经》翻译成为德语，为德语发展成为一种民族语言奠定了根基。此后诸如歌德等近代德国一代代文豪，运用德语书写其文学作品，进一步推动了对于德语的规范化与普及化。

欧洲进入近现代之后，运用民族语言书写文学作品，则蔚然成风。欧洲中世纪的贵族文学、骑士文学、民间文学等，正在让位于塑造人们民族情感的民族文学。欧洲近现代以来知识分子创造的民族文学作品，表现方法也是多种多样，其不仅书写着民族共同体人们的生活方式与性格特征，同时还讴歌着支撑民族共同体的民族生活地理区域。

例如，近代德国的斯莱格尔通过其文学创作，就把莱茵河的自然地理景观与日耳曼民族联系了起来。莱茵河的自然地理景观，也转化成了日耳曼民族的象征。"斯莱格尔对关于土地的普遍信仰与土地和民族合并的信仰贡献很大，例如，他努力使莱茵河成为一种象征，不但成为两岸居民的象征，也成为整个日耳曼民族的象征，他在他的诗中把莱茵河通俗化起来，使它成为民族主义文学的题材。"❸斯莱格尔通过把民族生活地理区域内的山川河流等自然地理景观，与民族这一共同体联系起来，使之成为民族这一共同体的象征，并进一步通过讴歌民族

---

❶ 里亚·格林菲尔德.民族主义：走向现代的五条道路[M].王春华，等译.上海：上海三联书店，2010：60.

❷ 里亚·格林菲尔德.民族主义：走向现代的五条道路[M].王春华，等译.上海：上海三联书店，2010：61.

❸ 海斯.现代民族主义演进史[M].帕米尔，译.上海：华东师范大学出版社，2005：84-85.

生活地理区域内的山川河流等自然景观，培养人们对于民族以及民族国家的热爱之情。

不仅诸如莱茵河等山川河流被斯莱格尔演化成为民族共同体的象征，同时生长在民族生活地理区域中的动植物，也被描绘为民族共同体的象征。例如，"19世纪初，丹麦在拿破仑战争中败北，丢失了大部分领土，财政陷入困难境地，它比任何时候都需要重振爱国主义，复兴民族精神。正是在这个时候。一直远离日德兰半岛农村的哥本哈根的有文化的资产阶级，'发现'了欧时南生长地。并开展了一场把它们变成种植地的民族运动。丹麦政界和知识界的知名人士，把复原和改变欧石南生产地变成了一项民族事业。"❶ 欧石南这种植物，生长在寒冷荒僻之地，并具有较强的自我再生能力，成了丹麦在拿破仑战争中败北后复兴民族精神的文化象征。

民族文学除了广泛激发人们的民族情感之外，也演化为描绘民族共同体的民族精神与民族灵魂，并激发人们为民族积极奉献的民族伦理道德价值观念。例如，"托尔斯泰的史诗体小说《战争与和平》就是以俄国战胜拿破仑的战争为背景，在其中刻画俄国的特性与命运，以树立俄国的巨大形象。托尔斯泰借小说里纯朴的农民战士普拉通·卡拉塔耶夫塑造了俄罗斯人未被玷污的纯净灵魂"❷。近现代的俄国，远离资本主义经济高度发展的西欧，生活在广阔乡村中的人们未被玷污的纯净灵魂，也被托尔斯泰刻画为"俄国的特性与命运"。

近现代欧洲的知识分子阶层，建构共同的民族文化，除了运用民族语言书写民族文学著作，以此建构人们民族认同中的民族意识、民族情感与民族伦理价值观念之外，还广泛运用民族语言书写民族历史著作。对于民族认同的建构，历史学与地理学等诸多的学科知识，同样也发挥着重要作用。"在民族认同的建立过程中，地理学和历史学发挥着基础作用。同时又受这个过程的影响。"❸

另外，欧洲近现代以来的音乐、建筑、博物馆等知识建构与文化创造，也被广泛地用于塑造人们的民族意识、民族情感与民族伦理价值观念。例如，"在意大利半岛处于分裂状态时，作曲家丘塞佩·浮尔第（1813—1901年）的名字被用来团结追求民族团结、反对封建和教权分裂的意大利民众，终于在新国王维多

---

❶ 胡安·诺格.民族主义与领土[M].徐鹤林，朱伦，译.北京：中央民族大学出版社，2009：53.
❷ 彼得·李伯庚.欧洲文化史[M].赵复三，译.上海：上海社会科学院出版社，2004：458.
❸ 胡安·诺格.民族主义与领土[M].徐鹤林，朱伦，译.北京：中央民族大学出版社，2009：90.

利奥·伊曼尼欧领导下成立统一的多民族国家。在德国,瓦格纳的歌剧《尼布龙根之歌》激起对日耳曼民族过去历史的回忆,推动了德国人追求民族的复兴"❶。同时,在19世纪的欧洲,也广泛修建纪念碑、博物馆等建筑物,通过纪念欧洲各民族以往历史中的民族英雄等,塑造人们的民族认同。

正如当代法国思想家埃德加·莫兰所说:"知识分子负有不可取代的对有关文化、国事,尤其伦理问题进行公开讨论的责任,他们在历史上,如在德国、意大利,以及在19世纪和20世纪间的所有崛起的中欧和东欧国家中,正是起到了催化民族意识的作用。"❷欧洲近现代诸多的知识分子及其相应文化创造,犹如涓涓之水共聚江河,汇聚成了共同的民族语言、民族文学、民族历史、民族艺术等共同的民族文化大厦,为欧洲近现代民族的现代性建构与民族国家创建,提供了坚实广泛的文化基础。

欧洲近现代民族意识觉醒、民族情感及民族伦理价值观念萌生的民族认同形成过程,也是欧洲民族文化蓬勃发展的过程。欧洲近现代人们的民族认同,也广泛地表现为对于共同的民族语言、民族文学、民族历史、民族艺术等民族文化的认同。欧洲近现代的民族认同,也经历了从民族的知识分子阶层向普通民众的扩展过程,其率先在诸多的知识分子阶层中萌生,并通过知识分子的文化创造,逐步推广到广大的普通民众之中。

四、欧洲近现代的文化传播条件与民族文化建构

欧洲从中世纪晚期到近现代,欧洲诸多知识分子以民族语言作为工具,发展共同的民族语言、民族文学、民族历史、民族艺术等民族文化,以此广泛地塑造民众的民族认同。可是,民族语言的书写,还需要书写民族语言的纸张,各种民族文化著作的传播,也需要传播各种民族文化著作的印刷技术。欧洲近现代民族认同的建构,也要依靠造纸技术与印刷技术的发展形成的文化传播条件。欧洲近现代造纸术与印技术的发展,成了欧洲建构共同民族文化的重要文化传播条件,欧洲近现代民族认同的建构,也离不开近现代欧洲文化传播中的"印刷技术革命"。

本尼迪克特·安德森在将民族归结为一个"想象共同体"的过程中,认为:

---

❶ 彼得·李伯庚.欧洲文化史[M].赵复三,译.上海:上海社会科学院出版社,2004:459.
❷ 埃德加·莫兰.反思欧洲[M].康征,齐小曼,译.北京:生活·读书·新知三联书店,2005:114.

第三章 欧洲认知民族同一性的民族认同建构

"那些口操种类繁多的各式法语、英语或者西班牙语，原本可能难以或者根本无法彼此交谈的人们，通过印刷体和纸张的中介，变得能够相互理解了。在这个过程中，他们逐渐感觉到那些在他们的特殊语言领域里数以十万计，甚至百万计的人的存在。"❶ 人们阅读印刷的书籍，不仅让人们感觉到民族共同体的存在，同时印刷的书籍"不拘时空地无限复制"的永恒形态，还赋予了民族语言以及民族共同体想象的"固定性"。近现代以来印刷资本主义的高度发展，也被本尼迪克特·安德森视为形成民族"想象共同体"的重要社会根源。

欧洲中世纪晚期，为书籍提供纸张的造纸技术，已经传播到了欧洲。"造纸术是在 12 世纪从中国经阿拉伯西传欧洲，而一直到了 14 世纪晚期。纸张才在欧洲广泛运用，也就是说，如果当时没有纸张的催生。只怕印刷技术也发明不出来。"❷ 从中世纪晚期开始，欧洲各地不断涌现了大量的纸厂，到了 18 世纪，欧洲各国已经拥有自己的造纸业。造纸业的发展推动了欧洲印刷技术的发展，特别是 1453 年古登堡的印刷技术革新，使印刷技术在欧洲迅速发展开来。"随着印刷技术快速席卷西欧，15 世纪以降，德国、意大利、法国、低地诸国的重要城镇，几乎一概建立起自己的印刷事业。此后稍晚，葡萄牙、西班牙、波兰等国情况亦然。"❸

16~17 世纪的欧洲，开始大量出版各种书籍。德国的法兰克福逐步发展成为欧洲最大的书籍市场。同时，16~17 世纪欧洲书籍的出版，也与欧洲民族语言崛起的历史发展趋势相适应，由出版拉丁文书籍为主，逐步转向为主要出版各种民族语言书写的书籍。

例如，"在公元 1500 年之前印成的书本，即所谓的摇篮本，拉丁文书籍的比例甚高，约 77%。其余意大利文约占 7%，德文 4%~6%，法文 4%~5%，法兰德斯文只占 1% 多一点。"❹ 可是，此后民族语言书籍显著增加，例如在 16 世纪西欧的商业重镇安特卫普，"1500—1540 年，安特卫普出版的 2254 种书籍里，法兰德斯语有 787 种、法文 148 种、英文 88 种，至于丹麦文、西班牙文与意大利

---

❶ 本尼迪克特·安德森.想象的共同体：民族主义的起源与散布[M].吴叡人，译.上海：上海人民出版社，2003：52.

❷ 费夫贺，马尔坦.印刷书的诞生[M].李鸿志，译.桂林：广西师范大学出版社，2006：2.

❸ 费夫贺，马尔坦.印刷书的诞生[M].李鸿志，译.桂林：广西师范大学出版社，2006：189.

❹ 费夫贺，马尔坦.印刷书的诞生[M].李鸿志，译.桂林：广西师范大学出版社，2006：249.

文加起来也大约有20种，几乎达到总数的一半"❶。同样，"1549年里，巴黎一共印出332种书，其中法文70种；而在1575年，法文书的数量亦然过半，在445种中占去245种"❷。各种民族语言书籍的大量涌现，欧洲中世纪拉丁文一统欧洲文字语言的拉丁文文化，也分化为欧洲诸多民族语言各自林立的民族文化。印刷技术的进步与印刷物的发展，加速推进了欧洲近现代的民族建构。

欧洲印刷技术的发展，不仅推进了用欧洲诸多民族语言书写的书籍流通，同时还推动了期刊的流通。从1660年以后，欧洲的出版商开始出版定期刊物，在几年之内，政治、文学、哲学、科学的期刊，如雨后春笋般兴起，这些期刊有广大的读者群，读者并不限于专家学者，而是受过教育的知识阶层。这些刊物同样运用欧洲各民族的文字语言，加速了运用民族语言塑造民众民族认同的发展过程。

到了法国大革命前，不仅各种书籍在法国大量流通，同时各种刊物也大量流通。例如，"法国大革命爆发前夕的1787年，法国约有报刊60种；法国大革命爆发的1789年，法国有报刊250种，在1789—1799年那段政治激荡的时期，共有1350种报刊出版。"❸法国大革命往往被后世诸多学者视为欧洲近现代民族主义思想发展的关键时期，大量书籍刊物的流通，也成为孕育法国大革命中民族主义思想的重要文化传播工具。到了19世纪，不仅机器大工业的出现，更进一步推进了欧洲印刷技术的发展，同时运用各种民族文字语言印刷书籍报刊等，也成了欧洲各国的常态。

欧洲近现代广泛地运用印刷技术的发展，出版各种民族文字语言印刷书籍，也推动了欧洲从中世纪晚期以来学校教育的发展。欧洲中世纪，基督教会垄断欧洲的文化思想，基督教教会也兴办了各种教会学校。12~13世纪，欧洲兴起了大学教育，最初也主要运用拉丁文。

正如霍布斯鲍姆指出："在电视流行以前，没有任何媒体和世俗宣传可以和教师相提并论。"❹15世纪后，欧洲印刷技术发展，与之相应，学校教育也蓬勃发展。"在15~17世纪间，学校的数目大量增加，成为欧洲的一项'文化基本结

---

❶ 费夫贺，马尔坦.印刷书的诞生［M］.李鸿志，译.桂林：广西师范大学出版社，2006：327.
❷ 费夫贺，马尔坦.印刷书的诞生［M］.李鸿志，译.桂林：广西师范大学出版社，2006：327.
❸ 张咏华，等.西欧主要传媒国家的传媒政策及转型［M］.上海：上海人民出版社，2010：81.
❹ 艾锐克·霍布斯鲍姆.帝国的年代［M］.贾士蘅，译.北京：中信出版集团，2017：169.

构'。"❶ 欧洲基督教教会学校中，主要由运用拉丁文教育，逐渐发展成为运用民族语言的学校教育，欧洲的学校教育，也成了运用各自民族语言的"文化基本结构"。欧洲中世纪晚期以来人们民族认同的萌生，学校教育发展的文化传播，同样发挥了重要作用。

欧洲中世纪的教会学校教育，不仅运用拉丁文，同时也是针对少数的社会上层，接受学校教育，能够运用拉丁文的文字语言识文断字的文化能力，还成了欧洲中世纪少数的社会上层与目不识丁的社会底层相互区别开来的文化象征。可是，"由于有了印刷技术。各种教科书的价格比较低廉，中等人家也能负担得起，才可能有大规模的教育活动"❷。印刷技术的发展，也推动了教育的普及化过程。

15~18世纪中期，欧洲的学校教育由运用拉丁文，逐渐发展成为广泛运用民族语言的学校，也推动了欧洲社会中文盲逐步减少。例如，"英国伊丽莎白时代，1600年时，男子文盲率是80%，女子文盲率是95%，1650年时降低到70%~90%；1700年时降低到55%~75%；1750年时降低到40%~60%。此后出现停滞，一直延续到19世纪"❸。越来越多的人通过接受民族文字语言的学校教育，不仅意味着欧洲社会文盲率逐步降低，同时也意味着民族认同向越来越多的人扩展。

19世纪，欧洲各国普及的基础义务教育，则成了欧洲依靠学校教育的文化传播，塑造人们民族认同的又一个高峰时期。19世纪下半叶，大部分欧洲国家普及了小学义务教育，这种教育有的是由公立学校完成的，有的则是通过私立学校完成的。基础教育的普及，确实是近百年来最重要的社会进步之一，英国的教育法始于1871年，德国在1872年开始了由国家监督教育，法国的义务教育在1881年确立。在意大利，1859年通过了著名的《卡萨帝法》，确立了基础学校的教育。通过基础义务教育的普及，欧洲成年人文盲的百分比大为缩小。

在欧洲19世纪下半期欧洲各国纷纷普及的义务教育中，"为了让每个人都能读、能说这种新的俗语，每个国家都有必要建立全国性的教育系统。因而单一的教育体系便对学习什么、怎样学习制定了稳定可靠的标准。标准化国民教育乃是现代的崭新现象，协助形成了一种国民意识"❹。掌握民族语言的语言运用能力，

---

❶ 彼得·李伯庚.欧洲文化史[M].赵复三,译.上海：上海社会科学院出版社,2004：272.
❷ 彼得·李伯庚.欧洲文化史[M].赵复三,译.上海：上海社会科学院出版社,2004：272.
❸ 彼得·李伯庚.欧洲文化史[M].赵复三,译.上海：上海社会科学院出版社,2004：273.
❹ 胡安·诺格.民族主义与领土[M].徐鹤林,朱伦,译.北京：中央民族大学出版社,2009：82.

具备运用民族语言、民族文学、民族历史等塑造出的民族意识、民族情感与民族伦理道德等，也成了欧洲19世纪下半期各国普及教育的文化目标，学校教育的文化传播，通过塑造民族成员掌握共同的民族文化，广泛地塑造着欧洲人们的民族认同。

总之，从欧洲的中世纪晚期到欧洲近现代，依靠印刷技术与学校教育的发展，依靠知识分子阶层的文化创造，依靠欧洲各国政府的大力扶持，以民族语言为载体的民族文学、民族历史等共同的民族文化蓬勃发展。发展共同的民族文化，在共同的民族文化中塑造人们的民族认同，构成了欧洲中世纪晚期到欧洲近现代的主要历史发展趋势。人们的民族认同，从欧洲中世纪模糊混沌状态，经过长期的历史发展孕育，逐步成为人们重要的身份认同。

第三节 欧洲近现代民族国家建构

一、从封建割据走向政治统一的民族国家

从中世纪晚期到近现代，欧洲不仅广泛地发展共同的民族文化，同时以共同的民族文化作为文化根基，广泛地创建共同的民族国家。创建共同的民族国家，也成了欧洲中世纪晚期洲近现代历史发展的主要趋势。在欧洲创建民族国家的历史浪潮中，人们的民族认同不仅表现为对于共同民族文化的文化认同，还表现为对于共同民族国家的政治认同。

欧洲中世纪诸侯领地林立的封建割据，到了中世纪晚期与近现代初期，正在广泛发展成为封建君主权力强化的集中统一。欧洲的国家形态发展，也从封建割据的封建主义国家，逐步发展为封建君主专制的绝对主义国家。封建君主专制的绝对主义国家，为欧洲建构统一的民族国家提供了雏形。人们民族认同中对于共同民族国家的政治认同，也首先表现为对于政治统一的认同，并首先来源于人们饱经封建割据的切身之痛。

在欧洲中世纪封建割据的社会状态中，封建君主力图控制各地的封建诸侯和封建领主，各地的封建领主和封建诸侯则力图反对封建君主的控制，封建君主与封建诸侯之间的矛盾，构成了欧洲中世纪封建社会的一对重要矛盾。欧洲在饱经

封建割据之痛后，欧洲从中世纪晚期到近现代走向政治统一的历史发展潮流中，封建君主与封建诸侯之间的矛盾，也表现为封建君主不断取得胜利，各地的封建领主和封建诸侯则不断失势。"到中世纪结束之时，多数较小的封建国家已经被并入较大的国家，只有德国和意大利除外，三个结构完善的君主国，西班牙、法国和英国统治了西欧。"❶

在欧洲中世纪早期，英国出现了七个封建王国。在诺曼人入侵英国期间，七个王国中的西萨克斯王国，成了抵抗诺曼人入侵的中坚力量，各地的封建领主，也逐渐听从西萨克斯国王阿尔弗列德大王的指挥，阿尔弗列德大王成了抵抗诺曼人入侵的英雄，其地位也逐步君临了盎格鲁－萨克森的七个君王之上。阿尔弗列德的孙子埃德加，曾经统治了英格兰的大部分地区，在其死后，英格兰短期由丹麦国王克努特所统治。公元1066年，诺曼底公爵征服英格兰之后，"盎格鲁－萨克森人和维京人通婚而融合了。由此兴起一个新的王朝，使英格兰的统治渐趋统一"，英国封建君主制的政治统一趋势也得到了发展。1455—1485年，以红玫瑰为族徽的兰开斯特家族和以白玫瑰为族徽的约克家族为了争夺王位继承权，爆发了红白玫瑰战争，都铎王朝的创立者亨利七世在玫瑰战争后集中了王权。

到了中世纪晚期，不仅英国出现了王权加强的政治统一趋势，法国也出现了王权加强的政治统一趋势。在法兰西的领土上，当时有一批地方的小君王，法兰西国王所能统治的地区实际只是巴黎及其周围地区。但是，此后的法兰西国王通过战争、联姻、继承和外交手腕，逐渐扩大了领土。法兰西西部曾长期处于英格兰国王的统治之下，在英法百年战争晚期，"法兰西国王利用民众反对英格兰统治者的情绪，培植民族意识，鼓动法兰西各地的领主和民众在爱国旗帜和国王领导下团结起来，驱逐英格兰入侵者"❷。

除了英国、法国走向政治统一之外，伊比利亚半岛的西班牙，也正在发展成为一个统一的国家。在中世纪晚期，在伊比利亚半岛的东北部，靠地中海贸易而兴起的巴塞罗那周围，逐渐形成一个强大的阿拉贡王国。阿拉贡王国经过一系列的兼并与联合，到了中世纪晚期，在伊比利亚半岛发展出了强大的西班牙国家。除了英、法、西班牙三国之外，11~12世纪的欧洲，诸如瑞典、丹麦、波兰、匈

---

❶ 罗宾·W.温克,L.P.汪德尔.牛津欧洲史（第一卷）[M].吴舒屏,张良福,译.长春:吉林出版集团有限责任公司,2009:251.

❷ 彼得·李伯庚.欧洲文化史[M].赵复三,译.上海:上海社会科学院出版社,2004:167.

牙利等政治较为统一的国家，也纷纷涌现。

在欧洲从封建割据逐步走向封建君主专制的历史发展中，意大利的马基雅弗利与法国的博丹等欧洲著名的政治思想家，也纷纷著书立说，倡导由君主与国家带来的政治统一。中世纪晚期与近现代初期，欧洲饱经封建割据之痛，对于政治统一的认同，也成了欧洲中世纪晚期与近现代初期的重要政治思想。

尽管在中世纪晚期，欧洲诸多国家已经逐渐走向政治统一，意大利却割据分裂。马基雅弗利的《君主论》，为君主出谋划策，寄希望于君主的强大与能干，摆脱意大利的政治分裂，渴求意大利政治的统一。马基雅弗利的政治思想，不仅切中了意大利封建割据的政治要害，也顺应了从封建割据走向政治统一的历史发展诉求。马基雅弗利的《君主论》面世后，在欧洲各国的封建君主中广泛传阅。"《君主论》却被神圣罗马帝国的查理五世这样的君主视为必备手册，而且是一长串诸如此类著作中最富理性的一本。《君主论》所支持的政治实践，已经在都铎王朝的亨利七世、瓦罗亚家族的路易十一、阿拉贡的费迪南、意大利的斯弗尔查、美第奇和波基亚王朝的统治中有所发现。"❶

法国的政治思想家博丹在其6卷本的《国家论》中，借用家长制作为比喻，认为家庭是国家的基础，国家是拥有最高主权的由若干家庭及其财产组成的合法政府。国家如家庭一样，所有的立法、行政权力只应归属一个中心。这个中心或者是一个君主，或者是一个集团，他们握有至高无上的权力，这便是国家的"主权"。博丹认为，主权是对公民和臣民的不受法律限制的最高权力，它是一种永久性的绝对权力，政府可以更换，主权永远存在，博丹系统地阐述了国家主权的思想理论，马基雅弗利与博丹等人加强君主权力与注重国家主权的政治思想相适应，近现代的欧洲，诸多国家也在政治统一的道路继续前行。特别是在17~18世纪的欧洲大陆，诸多国家及其君主，纷纷强化君主专制。其中君主专制的"绝对主义国家"政治发展趋势最为典型，则是波旁王朝时期的法国，法国波旁王朝时期"绝对主义国家"发展最为突出，当属太阳王路易十四统治时期。"路易十四统治时期无疑是法国绝对君主制的盛世，在他的统治之下，法国第一次成为欧洲政坛上最耀眼的强权。"❷

---

❶ 罗宾·W.温克，L.P.汪德尔.牛津欧洲史（第一卷）[M].吴舒屏，张良福，译.长春：吉林出版集团有限责任公司，2009：91-92.

❷ 布伦达·拉尔夫·刘易斯.君主制的历史[M].荣予，方立维，译.北京：生活·读书·新知三联书店，2007：92.

路易十四尚未亲政之前，饱受国内"投石党运动"引发的国外势力入侵与国内贵族叛乱之苦。路易十四亲政之后，采取了一系列强化王权的措施。在军事上，建立了庞大的军队，与欧洲各国长期从事战争，奠定了法国在欧洲大陆的强国地位，并为后世的拿破仑所效仿。在国内政治中，路易十四对于反叛的外省贵族无情镇压，监禁了不可一世的财政总监福凯，打击敢于对国王敕令提出异议的巴黎高等法院，取消巴黎高等法院对国王路易十四尚未亲政之前的指摘权。建立了监督官制度，拒绝召开三级会议，废除了承认天主教徒和胡格诺教徒宗教自由的《南特敕令》，天主教成了法国的主要宗教。

路易十四还"通过巧妙的宣传来提高自己的威信，所使用的主要工具就是他的宫廷，宫廷成为'权势的舞台'，其中每件事都是为突出君主服务的"❶。路易十四开始修建金碧辉煌的凡尔赛宫，由于工程庞大，修一部分，就用一部分，"1682年，王室正式迁移至凡尔赛宫，中央行政机构亦同时迁往"❷。诸多封建贵族也被迁居到凡尔赛宫，贵族的斗志，也逐步消磨在凡尔赛宫的肉山酒海与宫廷礼仪之中。路易十四则成了凡尔赛宫烦琐的宫廷礼仪的中心，凡尔赛宫的金碧辉煌，也映衬着太阳王路易十四的辉煌与威严。"法国的这个榜样，全欧各国国王都群起效尤。每个帝王都想有一座可以和凡尔赛宫富丽堂皇相媲美的皇宫，借以显示自己的权势。"❸路易十四时代，欧洲"绝对主义国家"的政治统一形态，也发展到了顶峰时期。

二、构建人民、国民、公民等为主体的民族国家

尽管欧洲从封建割据的封建主义国家，逐步走向封建君主专制的绝对主义国家，成为欧洲中世纪晚期到近现代初的重要历史发展趋势，但其仅仅是克服了欧洲中世纪的封建割据，为欧洲近现代民族国家提供了一个统一的国家模型。17~18世纪，欧洲经历了长期历史发展，方才形成的封建君主专制的绝对主义国家，又逐渐变化为由公民、国民、人民享有国家主权的现代民族国家。

在此历史发展过程中，欧洲民族概念的内涵，也从中世纪晚期以来模糊地指涉具有共同生活地理区域、语言文化、社会生活方式等的人们构成的共同体，逐

---

❶ 彼得·李伯庚. 欧洲文化史 [M]. 赵复三，译. 上海：上海社会科学院出版社，2004：348-349.
❷ 彼得·伯克. 制造路易十四 [M]. 郝名玮，译. 北京：商务印书馆，2007：96.
❸ 彼得·李伯庚. 欧洲文化史 [M]. 赵复三，译. 上海：上海社会科学院出版社，2004：350.

渐发展为指涉一国之内全体人民、国民、公民等构成的共同体。在欧洲民族概念向人民、国民、公民的演化过程中，其首先是发展为指涉一国之内的全体人民。对此，当代美国学者格林菲尔德论述道：

> 在"人民"一词被民族化之前，它一般是指一个地区的全体居民，特别用于指下层，它是在"群氓"或"百姓"的意义上被最为频繁地使用着。两个概念的等同意味着民众被提升到精英的地位。作为"民族"—精英—的同义词，"人民"不再有贬义色彩，它现在表示一个特别正面的实体，意指主权的持有者，政治团结的基础和最高的效忠对象。❶

格林菲尔德所说的"人民"一词的民族化过程，也是"民族"一词的人民化过程。欧洲民族概念演化进程中，"人民"与"民族"两个概念，由此出现了相互结合的发展趋势。

在欧洲中世纪，"民族"一词常常为上层贵族所使用，其主要是指拥有高贵出生的贵族阶层，"人民"则往往是在欧洲中世纪战争中，被贵族及其祖先所征服了的地区的居民及其后代。在欧洲中世纪依靠一系列战争建立的封建等级制度中，"人民"一词，也如格林菲尔德所说具有贬义色彩，其具有"群氓"或"百姓"等意义，都是指社会下层民众。"人民"与"民族"两个概念的相互对立，呈现了欧洲中世纪封建等级制度的社会分层。"人民"与"民族"两个概念的相互结合，也意味着欧洲中世纪封建等级制度中的各个社会阶层，开始融合为一个平等的个体人员构成的民族共同体。

按照格林菲尔德的考察，在17世纪英国革命之前的一百多年期间，即16~17世纪中期，英国社会所使用的"人民"一词，贬义色彩逐步消退，并与"民族"概念的相互结合。格林菲尔德强调：

> 在16世纪30年代，这种看法上的根本变化就已经发生了，它表现在将"民族"一词用于人民，它也以多种方式标志着现代的开端。在16世纪这种转变影响了英格兰居民中的很大一部分人，到1600年，在英格兰事实上出现了民族意识与民族认同。因此事实上也就出现了一个新地缘政治实体，即民族。民族被视为由自由平等的个体组成的共同体。❷

---

❶ 里亚·格林菲尔德.民族主义：走向现代的五条道路 [M].王春华，等，译.上海：上海三联书店，2010：5.

❷ 里亚·格林菲尔德.民族主义：走向现代的五条道路 [M].王春华，等，译.上海：上海三联书店，2010：3.

第三章　欧洲认知民族同一性的民族认同建构

17世纪英国革命前，英文的"民族"（nation）与"人民"（people）两个词汇的相互结合，也影响着cuontry、state等英语词汇的内涵变化。cuontry不再局限于指乡村，而是扩展为指涉国家的领土，并进一步发展为指涉具有一定领土的国家。state不再局限于指状况等内涵，而是扩展为指国家。在这些词汇概念变化中，民族共同体也变化为享有国家主权的人民共同体，人们的民族认同，也发展为对于由全体人民所构成的民族国家的认同。

对于17世纪的英国革命，"讨论已经很多，因为英国革命一直是历史学者研究17世纪英格兰时的焦点"❶。但也正如格林菲尔德所说："对民族主义的讨论将英国革命置于多少有点不同的视角之下，事实上也就必须有一种新的诠释。在这视角下，英国革命在本质上看上去确实是宫廷与国家之间的冲突，也就是君王与民族之间的交锋。"❷按照民族主义的视角，尤其是按照英国革命前民族概念内涵已经发展为指一个人民共同体的视角，英国革命中"君王与民族之间的交锋"，也具体表现为英国革命中的王党与一个正在崛起的人民共同体之间的对立。英国革命前期英国社会中的民族观念变化，为英国革命孕育了思想基础。

中世纪晚期以后，加强封建君主权力，成为英国历史发展的重要趋势。但到了斯图亚特王朝时期，情况却发生了变化。斯图亚特王朝加强君主专制的一系列趋势，却面对着作为一个人民集合体的英格兰民族的崛起。对此，格林菲尔德论述道：

詹姆斯和查理的政策，以及他们没能实现作为民族的英格兰的定义的蕴涵，看起来就威胁了英格兰之为英格兰人的存在，威胁了他们相信自身所有的那种本质，并与人民的那种认同相抵触。这些政策干涉了身为英格兰人的自由，妨碍了人们作为民族的成员，因此他们被视为是"英格兰特权"的侵犯。❸

英国革命中，革命一方代表的人民共同体，在英国革命的发展过程中，也是由上而下，范围不断扩展。首先是英国议会中地位高贵的长老会派，其次是议会

---

❶ 里亚·格林菲尔德.民族主义：走向现代的五条道路[M].王春华，等，译.上海：上海三联书店，2010：68.
❷ 里亚·格林菲尔德.民族主义：走向现代的五条道路[M].王春华，等，译.上海：上海三联书店，2010：68.
❸ 里亚·格林菲尔德.民族主义：走向现代的五条道路[M].王春华，等，译.上海：上海三联书店，2010：64.

中以克伦威尔为首的独立派，最后是扩及温斯坦莱代表的底层民众的掘地派。英国革命中的各个革命派别所宣称的目标，克伦威尔宣称为了"英格兰的民族利益"，温斯坦莱则宣称为了"英格兰共有土地上的英格兰人"，所有这一切都指向了由人民所构成的共同的英格兰民族。

特别是英国革命中的掘地派，尽管属于社会底层，但也同样属于英格兰人民构成的共同的英格兰民族。"掘地派体现了民族意识突破进入到了先前未受到这一发展影响的社会最底层，温斯坦莱对诸多参与民族性形成的错综复杂的传统熟稔于心……他简明的看法一下就抓住了民族性的本质。"❶英国革命中的层层推进，处于社会底层的掘地派，也囊括到了英格兰人的民族共同体之中。

英国革命层层推进，英国社会各个阶层也纷纷登场，首先在1649年，建立了一个资产阶级的共和国，"民族观念也即是作为民族的某个政体的人民的概念，它意味着一个政体并不是君主的世袭财产，而是一个共和国，一个共同体，是由许多在根本上平等的人共同参与的一项集体事业"❷。但是新生的共和国的种种措施，既遭受到社会底层的反抗，也面临着封建王党的反攻，并不能够将英国社会的各个阶层融为一个共同体，王党势力也乘机乱中复辟。

英国革命晚期，各社会阶层所认同的共同的英格兰民族，指向了由各社会阶层共同构成的现代英国的国家建构，并最终颁布了《权利法案》与《王位继承法》等，规定了英国国王必须是新教徒，英国国王成了英国全体人民构成的国家实体的象征。英国国王也和英国社会各阶层人民汇聚一体，对于作为一个民族国家的英国，社会各阶层都应心存共同的民族认同。英国革命的后果，是"创造出一个崭新的、与其他所有都相同的集合体和社会结构，还创造出一种在当时独一无二的全新的认同"❸。

17世纪的英国革命延续了半个世纪，几经曲折，以一种渐进的方式，推动着英国在建构现代民族国家的道路上前行。18世纪晚期法国大革命中的现代民族国家建构，则犹如疾风暴雨，法国大革命也被当代诸多学者视为近现代欧洲民

---

❶ 里亚·格林菲尔德.民族主义：走向现代的五条道路[M].王春华，等，译.上海：上海三联书店，2010：70.

❷ 里亚·格林菲尔德.民族主义：走向现代的五条道路[M].王春华，等，译.上海：上海三联书店，2010：43.

❸ 里亚·格林菲尔德.民族主义：走向现代的五条道路[M].王春华，等，译.上海：上海三联书店，2010：56.

族主义思想兴起的标志性事件。

霍布斯鲍姆认为："要了解'民族'在现代史上的新义，我建议可从'革命的年代'着手，那个时期的社会政治，开始有系统地运用这个概念。"❶霍布斯鲍姆所说的"革命的年代"的民族概念变化，并没有涉及17世纪后半期的英国革命，而主要针对18世纪晚期的法国大革命与美国独立战争。霍布斯鲍姆论述道：

> 到了革命时期，"民族"的概念随即被纳入了革命建国的浪场中，以法国为例，"单一而不可分裂"变成为了风行当时的民族口号。在当时，"民族"即是国民的总称，国家乃是由全体国民集合而成，是一主权独立的政治实体，因此，无论民族的组成是什么，公民权、大众的普遍参与选择，都是民族不可或缺的要素。❷

法国大革命作为近现代欧洲民族主义思想兴起的重要标志，"单一而不可分裂"的口号，在法国大革命时期响彻云霄，也说明了谋求民族统一、避免民族分裂，乃是现代民族国家建构的根本需要。从霍布斯鲍姆的这一论述还可以看出，英国革命时期，民族概念与人民概念相互结合，到了法国大革命时期，民族概念则明显地与国民、公民等概念结合在了一起。民族不仅是全体人民的集合体，同时还是全体国民、公民的集合体，并形成了全体国民、公民构成的现代民族国家的政治实体。

法国大革命以一种疾风暴雨的方式，推动着法国的现代民族国家建构，根源则是法国大革命以前的"旧制度危机"。在从欧洲中世纪晚期到近现代初期的历史发展进程中，欧洲经历了封建割据到君主专制的国家形式演化，到了17世纪后期及18世纪初期，法国国王路易十四的一系列文治武功，将欧洲近现代"绝对主义国家"的国家形态推向了顶峰，法国也成了近现代欧洲封建专制制度最为典型的国家。但是，法国的封建君主专制制度，旋即又成了"旧制度"，并且蕴含着巨大的危机。

18世纪晚期，法国"旧制度的危机"最为突出的就是日益恶化的财政危机。法国加强君主专制的一系列措施，法国由此陷入了日益严重的财政危机之中。路易十四死时的1715年，法国的国债已经高达25亿里弗，相当于国库16年的总

---

❶ 埃里克·霍布斯鲍姆.民族与民族主义[M].李金梅，译.上海：上海人民出版社，2000：21.
❷ 埃里克·霍布斯鲍姆.民族与民族主义[M].李金梅，译.上海：上海人民出版社，2000：21.

收入。路易十四在其临终之时,对其继承人说:"我过去太爱战争,这一点你不要学我,也不要像我那样过度挥霍。遇事要多征求意见。要力求了解哪个意见最好,并且照办。"❶ 尽管路易十四临终之时千叮万嘱,可是波旁王朝的财政危机却积重难返,到了法国大革命爆发的1788年,法国的财政收入为5.03里弗,支出却为6.29亿里弗。

随着波旁王朝财政危机日益严重,越来越加重了对金融界和工商界的盘剥和勒索。欧洲近现代初期,新兴资产阶级在法国封建王权的庇护下发展,并形成了与王权的结盟关系,也随之瓦解,新兴资产阶级开始转化为反对封建王权的一股重要社会力量。为了解决日益严峻的财政危机,1789年,路易十六被迫召开三级会议,由此引发了轰轰烈烈的法国大革命。

在18世纪法国的封建君主专制制度遭遇危机之际,法国国内也涌现出了以伏尔泰、孟德斯鸠、卢梭等为代表的启蒙运动。"启蒙思想家经常利用讥讽和讽刺性的幽默,来使他们的读者看到同时代的许多荒谬和无用的实践和制度。"❷ 启蒙运动中的人民主权等思想的发展,不仅成为法国大革命的思想基础,同时也助推了法国大革命中民族概念的内涵变化。

在欧洲中世纪,民族概念的运用,往往局限于具有高贵血缘起源的贵族阶层,法兰西人的民族概念内涵,也主要是指"蛮族入侵"中征服罗马帝国高卢地区的法兰克人的后代,并没有指涉被征服居民的后代。但是,到了17~18世纪,法国人们运用的民族概念,却在悄然发生变化。例如,1690年,费勒蒂埃神父的《通用词典》,就将民族定义为:"一个集体名称,指的是定居在一个特定地域,四周有特定边界,服从同一权威的一群伟大的人民。……同国家和领土相关。"❸ 可以看出,费勒蒂埃神父的《通用词典》中的民族概念内涵,已经发展为指涉法国国内的全体人民。到了1777年的《法兰西学会词典》,对于民族概念所指涉的全体人民,不仅强调其具有共同的民族语言,同时更强调其与国家建构之间的密切关系。对此格林菲尔德指出:"1777年的《法兰西学会词典》在对民族进行定义时,强调国家的建构作用。根据这本词典,这个'集体词语',适

---

❶ 伏尔泰.路易十四时代[M].吴模信,沈怀洁,梁守锵,译.北京:商务印书馆,1982:402.
❷ 罗宾·W.温克,托马斯·E.凯泽.牛津欧洲史(第二卷)[M].赵闻,译.长春:吉林出版集团有限责任公司,2009:151.
❸ 里亚·格林菲尔德.民族主义:走向现代的五条道路[M].王春华,等,译.上海:上海三联书店,2010:187.

用于'同一国家的所有居民,他们服从同样的法律,说着同样的语言'等。"❶

由于强调民族概念与国家建构之间的关系,1789年法国大革命爆发前夕,法国人民运用的民族概念内涵,已经发展为指涉民族国家的全体国民。例如,希耶斯在1789年1月出版的《第三等级是什么》中强调:"到何处去找国民?自然到其所在之处;即四万个教区,它们包括所有国土、所有居民,以及全部向国家纳税者;这无疑是国民之所在。"❷

法国大革命爆发后,即1789年8月26日,颁布了《人权与公民权宣言》,不仅成了法国大革命的纲领性文件,同时更将民族概念中指涉的人民、国民等,通过国家法律的形式,明确地演变为具有平等权利与义务的公民。1790年,法国大革命中的制宪会议宣布:"永久废除世袭贵族,任何人都不得在接受或是授予他人亲王、公爵、伯爵、侯爵、子爵、代理主教、男爵、骑士、老爷、贵人以及一切类似的头衔。"在法国大革命中,"法兰西人"的民族概念内涵,不再仅仅指涉法国的封建贵族,而是扩展到居住在法兰西国土上的"人民""国民""公民"的集合体。

随着民族概念内涵的一系列变化,法国也转变成了一个由"人民""国民""公民"所构成的现代民族国家。法国大革命时期人们的民族认同,也发展为对于由"人民""国民""公民"所构成的现代民族国家的认同。民众与国家之间的关系,由封建等级制度的彼此分隔与路易十四的"朕即国家",发展为彼此结合,相互融为一体。在法国大革命时期,面对国外反法联军的入侵,"祖国在危难中"的号召,也得到了无数民众的响应。1793年,一名年轻的雅各宾派士兵,在给他母亲的信中说道:"我们的生命和才能并不属于我们,所有的一切都属于国家,属于祖国。……就我而论,热爱祖国、热爱自由、热爱共和国的原则不仅铭记在心头,而且已经化入了我心中。"❸战争中士兵家书中的言辞,已经表明了在法国大革命时期,现代民族国家观念正在沁入人心。

18世纪晚期的法国大革命,以一种疾风暴雨方式,推动着从封建君主专制的国家向"国民、公民、人民等"构成的现代民族国家的演化,与之比较,英

---

❶ 里亚·格林菲尔德.民族主义:走向现代的五条道路[M].王春华,等,译.上海:上海三联书店,2010:187.
❷ 希耶斯.论特权、第三等级是什么?[M].冯棠,译.北京:商务印书馆,2004:64.
❸ 斯塔夫里阿诺斯.全球通史——1500年以后的世界[M].吴象婴,梁赤民,译.上海:上海社会科学院出版社,1999:356.

国却是另一番发展模样。17世纪英国的"光荣革命"之后，尽管建立了君主立宪制度的现代民族国家形式，可是在相当长的一短时期内，享有选举权的公民身份，具有严格的财产限制，同时，占社会人口半数的妇女也不具备公民身份。

1832年和1867年，英国经历两次大规模的政治改革，逐步取消了"公民"身份的财产限制。同时，通过19世纪下半期开始的英国妇女争取公民权的长期斗争，到了20世纪初，英国妇女也逐步获得了公民的政治身份。公民身份的扩展，成为近代英国一系列政治改革的重要目标。英国也以一种渐进的方式，一步步向现代民族国家的方向发展。

三、依靠共同的民族文化建构共同的民族精神

从中世纪晚期到近现代初期，欧洲的政治演化，逐渐由封建割据的封建国家走向政治统一的绝对主义封建国家，再由绝对主义封建国家走向由公民、人民、国民等构成的民族国家，但这主要局限于英国与法国的具体历史发展。在欧洲近现代的民族国家创建过程中，欧洲的德国和意大利等，却是一个迟到者。直到19世纪，德意志和意大利仍然处于分散割据状态。19世纪的德国和意大利，也经历了不同的民族国家建构道路。其中近现代德意志的统一之路，则是首先忙于建构共同的民族精神，再以共同的民族精神作为精神根基与思想基础，建构共同的德意志民族国家。

19世纪初拿破仑大军入侵德意志，德国著名哲学家费希特毅然发表了《对德意志民族的演讲》，点明了发展共同的民族文化，能够建构共同的民族精神。费希特的《对德意志民族的演讲》，被当代美国学者里亚·格林菲尔德称为"民族主义的圣经"[1]，其中的根源，则是费希特在《对德意志民族的演讲》中，阐明了民族主义文化思想中民族精神的重要性。费希特的《对德意志民族的演讲》，也被一些学者称为"德意志精神的最宝贵成果之一"[2]，费希特的《对德意志民族的演讲》的主旨，也是强调共同的德意志民族精神对于德意志民族的重要性。

可是共同的德意志民族精神却颇为主观抽象，对此进行阐释，无疑非常困难。在《对德意志民族的演讲》中，费希特建构共同德意志民族精神的学理演

---

[1] 里亚·格林菲尔德.民族主义：走向现代的五条道路[M].王春华，等，译.上海：上海三联书店，2010：449.

[2] 里亚·格林菲尔德.民族主义：走向现代的五条道路[M].王春华，等，译.上海：上海三联书店，2010：449-450.

第三章 欧洲认知民族同一性的民族认同建构

绎根基,则是根植于民族语言与民族精神之间的密切关系。对此,费希特论述道:

> 如果一个民族的语言在思维和意志方面,把各个人带入了本民族心灵的殿堂,时而限制他们,时而激励他们;如果一个民族的语言在它的范围内,把讲这同一种语言的整个人群统一于一种唯一的、共同的理解力;如果一个民族的语言是遍布感性世界和遍布精神世界的真正交流点,并把这两个世界的终端相互结合起来,那么,这样语言的性状会对本民族的整个发展过程产生怎样无可估量的影响,这种影响会造成怎样不同的结果,一般来说,都可猜想而知。❶

诸如人类的认知、意识、思维等主观精神活动,必须以语言符号作为工具,人们使用着共同的语言,也意味着人们具有共同的精神活动;人们使用的语言有所差异,也塑造着人们主观精神活动的差异,民族语言与民族精神之间,两者之间,实则是紧密相关。例如,费希特论述道:"我们把那些在语音器官方面受同一个外在条件影响、共同居住在一起和在以后交往中不断发展自己语言的人们,称为一个民族。"❷民族不仅表现为是一个语言共同体,还表现为是一个精神共同体,费希特强调:"从较高的、根据精神世界方面的立场来看,一个民族就是社会中一起继续生活,不断从自身自然而然地在精神上产生出自身的人们组成的整体。"❸

既然民族语言与民族精神之间存在着密切关系,因此,费希特建构共同的德意志民族精神,也需进一步论述共同的德意志民族语言的特征。对于共同的德意志民族语言的特征,费希特的论述则是植根于历史,追溯到了"蛮族入侵"的日耳曼人民族大迁徙浪潮中民族之间的语言变化。

在被人们称为"蛮族入侵"的日耳曼人民族大迁徙浪潮中,日耳曼人中的法兰克人迁徙到罗马帝国的高卢地区,与当地的一些土著民族相互融合,逐步演化成为后世的法兰西民族。盎格鲁—撒克逊人则渡过英吉利海峡到达英格兰,与当地一些土著民族以及欧洲中世纪进入英格兰的北欧诺曼人相互融合,逐步演化为后世的英格兰民族。一些没有迁徙继续留在原初地方的日耳曼人,则演化成为后世的德意志民族。在费希特看来,在日耳曼人民族大迁徙浪潮中,一些日耳曼人

---

❶ 梁志学.费希特著作选集(第五卷)[M].北京:商务印书馆,2006:312-313.
❷ 梁志学.费希特著作选集(第五卷)[M].北京:商务印书馆,2006:302.
❸ 梁志学.费希特著作选集(第五卷)[M].北京:商务印书馆,2006:370.

迁徙到别地，一些日耳曼人则继续留在祖先世居之地，这不仅锻造出了两者之间的民族差异，还造就了两者之间的语言差异，对此费希特认为：

> 在德意志人与其他同源部族的命运之间有明显的差别：前者定居在这个本原民族原初居住的地方，后者则迁徙至别处；前者保持、发展了这个本原民族的原始语言，后者则吸收了外族语言，并逐渐按照他们的方式改造了这种语言。❶

德意志人一直定居在古代日耳曼人原初居住的地方，保持与发展了这个本原民族的原始语言，其被费希特视为一种"活生生的语言"。费希特也由德意志民族"活生生的语言"为前提，大量论述了其对于民族精神活动与精神面貌的影响，并建构出了德意志民族共同的民族精神。

就"活生生的语言"对于民族精神活动的影响来说，费希特论述道："只有一种活生生的语言能拥有这样的诗，因为只有在这样一种语言中，感性形象的范围才能由创造性思维加以扩大，只有在这样一种语言中，已经创造的东西才能保持活力，并向同族兄弟的生活的传入敞开大门。"❷ 就"活生生的语言"对于民族精神面貌的影响来说，费希特则认为："拥有活生生的语言的民族都会勤奋努力和严肃认真，对任何事情都会不辞辛苦。"❸ 费希特也通过层层演绎，将勤奋努力、严肃认真等精神风貌，解读为了共同的德意志民族精神。

倘若说费希特依靠德意志的民族语言，解读出了民族精神的内涵，近代德国另一著名哲学家黑格尔，同样注重民族精神，但其对民族精神的解读，则与费希特从民族语言出发解读民族精神有所差异，而是偏重于从民族历史出发解读民族精神。民族历史与民族精神之间的密切联系，也被黑格尔演绎成为历史哲学。黑格尔的唯心史观被马克思恩格斯称为"在精神领域绕圈子"。黑格尔在"在精神领域绕圈子"，也特别注重民族精神。

黑格尔在其《历史哲学》一书中，对于民族精神进行了大量论述。例如，黑格尔将民族精神看作民族的最高点："在一个民族的发展中，最高点便是它对于自己生活和状况已经获有一个思想——它已经将它的法律、正义、道德归合为科学，因为在这种（客观的和主观的）统一里含有'精神'所能达到的最深切的统一。"❹ 同时，黑格尔将民族精神看作是永恒的一种群体精神："民族精神并不在

---

❶ 梁志学. 费希特著作选集（第五卷）[M]. 北京：商务印书馆，2006：300.
❷ 梁志学. 费希特著作选集（第五卷）[M]. 北京：商务印书馆，2006：321.
❸ 梁志学. 费希特著作选集（第五卷）[M]. 北京：商务印书馆，2006：325.
❹ 黑格尔. 精神现象学[M]. 贺麟，王玖兴，译. 北京：商务印书馆，2013：70.

一种单纯的天然死亡里死亡——因为它不是一个单纯的个人,而是一种精神的、普遍的生命。"❶ 按照黑格尔的这一论述,民族中的个体成员尽管有生命的天然死亡,但民族精神却是普遍存在着,并且世代相传,用黑格尔的话来说,其是"不朽的""本质地现在的"。❷ 黑格尔将民族精神看作是"本质地现在的",在于民族精神尽管是主观抽象之物,却是普遍地显现于民族成员客观现实世界的方方面面,黑格尔论述道:

一个民族的"精神"便是如此,它是具有严格规定的一种特殊的精神,它把自己建筑在一个客观的世界里,它生存和持续在一种特殊方式的信仰、风俗、宪法和政治法律里——它的全部制度的范围里——和作为它的历史的许多事变和行动里。❸

正是因为民族精神存在于民族的"历史的许多事变和行动里",因此黑格尔的历史哲学,也特别强调编撰历史,需要从历史记载的事实细节来找出一种特别的民族精神。❹ 黑格尔指出:"'世界历史'所必须记载的,乃是各'民族'精神的行为。"❺ 编撰历史,需要构建民族精神,也成黑格尔的历史哲学的重要内容,并为历史观与民族观的相互融合提供了哲学基础。与之相应,在19世纪的德国,"历史学家们以他们的学说来塑造德意志民族"❻,民族主义史学也在19世纪的德国迅速发展起来。德国在19世纪以兰克为代表的历史学发展,也发展出了通过历史编纂建构民族精神的历史学特征与发展潮流。

四、依靠共同的民族精神建构统一的民族国家

近代德国哲学家费希特与黑格尔等人特别注重民族精神,并从民族语言与民族历史等民族文化的不同侧面,解读了其与民族精神的内在联系。但主观的民族精神,还必须存在着有所依附与有所指向的客观实体,这个实体则是民族国家。诸如费希特与黑格尔等人特别注重民族精神,也是力图以民族精神作为精神根基,在长期分散割据的德意志,建构统一的德意志国家。

---

❶ 黑格尔.历史哲学[M].王造时,译.上海:上海书店出版社,2014:59.
❷ 黑格尔.历史哲学[M].王造时,译.上海:上海书店出版社,2014:73.
❸ 黑格尔.精神现象学[M].贺麟,王玖兴,译.北京:商务印书馆,2013:68.
❹ 黑格尔.历史哲学[M].王造时,译.上海:上海书店出版社,2014:59.
❺ 黑格尔.历史哲学[M].王造时,译.上海:上海书店出版社,2014:62.
❻ 安托万·基杨.近代德国及其历史学家[M].黄艳红,译.北京:北京大学出版社,2010:1.

从二元对立困境到多元共存出路——欧洲民族认同建构中的认知模式变化

正如霍布斯鲍姆指出："1871年德意志的统一可以说是人民长久的愿望，也是德意志境内最重要的核心大事。"❶ 在近代欧洲历史发展进程中，德意志长期处于封建割据的分裂局面，费希特与黑格尔等人强调德意志民族精神的重要性，也是根源于德意志走出封建割据实现国家统一的愿望与渴求。在《对德意志民族的演讲》中，费希特针对德意志地区长期的封建割据状态特别强调："德意志诸国相互隔离的存在状态已是违反一切天性的和理性的。"❷

在《对德意志民族的演讲》中，费希特强调民族精神的重要性，力图建构一种德意志民族万众一心、众志成城的精神状态。用费希特的话来说："争得胜利既不是臂膀的强壮，也不是武器的精良，而是心灵的力量。"❸ 费希特发表《对德意志民族的演讲》，建构德意志民族精神，也是力图通过精神的力量，为分裂割据的德意志走向国家统一提供精神支柱。在德意志民族的精神共同体中，民族精神中万众一心、众志成城的心灵力量与精神状态，具体地表现为人们主观内心世界中的民族意识、民族情感、民族伦理价值观念等。在《对德意志民族的演讲》中，费希特建构共同的民族精神，具体表现为唤醒、激发德意志民族的民族意识、民族情感、民族伦理价值观念等。

具体来说，人们能够意识到彼此之间共属一个民族的共同意识，成了民族精神共同体中诸多精神活动的起点，民族意识觉醒的民族自觉，也构成了民族事业的精神根基。摆脱德意志的分裂割据局面，首先需要在人们的主观内心之中，意识到彼此之间属于共同的德意志民族。对此费希特就说道："如果有很多人这样想，那么，不久就会有很大的整体汇成一股团结的统一力量。反之，如果每一个人都置身事外，将希望寄托在其余人身上，把事情托付给别人，大家都仍然处于他们以前的状态。"❹

但摆脱德意志的分裂割据局面，还需要在德意志民族共同体意识的基础之上的民族情感与民族伦理道德价值观念。对于德意志的民族情感，费希特论述道："只有德意志人，只有这种本原的、不在任意组合中消失的人，才真正是一个民族，才有权期望做一个民族；只有这样的人才能对自己的民族有真正的和合理的

---

❶ 埃里克·霍布斯鲍姆.民族与民族主义[M].李金梅，译.上海：上海人民出版社，2000：200.
❷ 梁志学.费希特著作选集（第五卷）[M].北京：商务印书馆，2006：453.
❸ 梁志学.费希特著作选集（第五卷）[M].北京：商务印书馆，2006：380.
❹ 梁志学.费希特著作选集（第五卷）[M].北京：商务印书馆，2006：471.

爱。"❶ 从费希特的这一论述可以看出，对于民族的热爱等民族情感，构成了民族精神的重要内涵。而对于德意志的民族伦理道德观念，其也与人们的民族情感相互结合。费希特论述道："他对自己的民族的爱，首先是尊重、信赖和喜爱自己的民族，对自己来自这个民族感到自豪，其次是为自己的民族活动、效力和献身。"❷ 费希特所说的"为自己的民族活动、效力和献身"，是民族伦理道德观念的具体表现，同样成了民族精神的重要内涵。

正如霍布斯鲍姆所说："一旦'民族'概念脱离了'民族国家'这个实体，就会像软体动物从其硬壳中扯出来一样，立刻会变得歪歪斜斜、软软绵绵。"❸ 费希特注重的民族精神的诸般内涵，仅仅存在于人们主观内心之中，还需要以现实社会中的民族与国家作为对象。费希特也强调德意志民族精神诸般内涵的寄托对象，实则是具体的德意志国家。

对此费希特也指明："就德意志民族的全体人民而言，对祖国的高度热爱无论如何必须和应当在每一个特定的德意志国家中占有最高的主导地位。"❹ 同时费希特还论述道："德意志人对民族的爱本身或者在德意志国家中居于掌舵的地位，或者能够靠自己的影响达到掌舵的地位，这在我们的估计中总是重要的。"❺ 以民族精神作为精神支柱的国家，也因为集聚了民族成员的无数民族精神，具有了强大的精神保障。对此，费希特认为："这种意义上的民族和祖国作为尘世中永恒性的支柱和保证，作为在这个尘世能够永恒的东西，远远超过了通常意义上的国家。"❻

费希特论述民族精神，由此最终指向了现实社会中的民族国家。而黑格尔对于民族精神的论述，则集中于民族精神与民族国家之间的结合关系。黑格尔认为："一个特殊的民族精神应该当作是一个个人。"❼ 尽管包括无数个体成员，可是无数民族成员在诸如意识、情感、伦理道德观念等领域，却能够结合为一体，共同汇聚成为民族这个心灵集纳器。民族精神不仅体现为无数民族成员的万众一心，众志成城，同时也是民族国家的精神内核。这用黑格尔的话来说，则是

---

❶ 梁志学. 费希特著作选集（第五卷）[M]. 北京：商务印书馆，2006：366-367.
❷ 梁志学. 费希特著作选集（第五卷）[M]. 北京：商务印书馆，2006：372.
❸ 埃里克·霍布斯鲍姆. 民族与民族主义[M]. 李金梅，译. 上海：上海人民出版社，2000：222.
❹ 梁志学. 费希特著作选集（第五卷）[M]. 北京：商务印书馆，2006：386.
❺ 梁志学. 费希特著作选集（第五卷）[M]. 北京：商务印书馆，2006：387.
❻ 梁志学. 费希特著作选集（第五卷）[M]. 北京：商务印书馆，2006：373.
❼ 黑格尔. 历史哲学[M]. 王造时，译. 上海：上海书店，2014：49.

"存在于那个叫作国家的具体现实里的——那个确定的内容就是'民族精神'本身"❶。

同时，民族精神中共同的民族意识、民族情感、民族伦理道德观念，其尽管存在于人们的心灵之中，但却体现在民族国家方方面面的具体现实之中。对此黑格尔就指明："这种结合的客观存在就是国家，它所以是一个民族生活的其他具体方面的基础和中心，也就是'艺术''道德''宗教''科学'的基础和中心。"❷ 更为重要的是，共同的民族意识、民族情感、民族伦理道德观念等民族精神，还是激励着民族国家中诸多人们在现实社会中积极创造、乐于奉献的精神激励品。"现实的国家在它的一切特殊事务中——它的战争、制度等等中，都被这个'民族精神'所鼓舞。"❸

费希特与黑格尔等近代德国著名哲学家，从哲学层面阐释了民族精神与民族国家之间的内在关联，并力图运用民族精神为德意志走向统一提供精神资源。除此之外，19世纪的德国，"德国民族主义已经与'德国'"历史观念牢牢地交织在一起"❹，19世纪德国的历史编纂，通过以民族为单位书写历史，历史意识与民族意识、历史观念与民族观念彼此交织、共同生长，同样为德意志的民族统一提供了丰富的文化资源。

19世纪德国著名历史学家兰克阐述其撰史目标时就提到："我们必须担当一项只关涉我们自己的任务，一项全然是德意志的任务。我们必须组建一个真正的德意志国家，这个国家要与我们民族的天性一致。"❺ 兰克的历史研究，也同样是为德意志的统一大业添砖加瓦、共献智识。近现代德意志的统一，成为德意志长期历史发展演变的必然之势。共同的民族精神与统一的民族国家之间的相互结合，19世纪的德国也为此提供典型案例，并在欧洲以及世界范围内的现代民族国家建构中成为普遍之势。

---

❶ 黑格尔.历史哲学[M].王造时，译.上海：上海书店，2014：46.
❷ 黑格尔.历史哲学[M].王造时，译.上海：上海书店出版社，2014：45.
❸ 黑格尔.历史哲学[M].王造时，译.上海：上海书店出版社，2014：46.
❹ 格奥尔格·G.伊格尔斯.德国的历史观[M].彭刚，顾航，译.南京：译林出版社，2006：10.
❺ 安托万·基杨.近代德国及其历史学家[M].黄艳红，译.北京：北京大学出版社，2010：48.

第三节 欧洲民族认同建构与发展共同的民族经济

一、经济发展需要共同的民族文化与民族国家

从中世纪晚期到欧洲近现代，发展共同的民族文化，建构共同的民族国家，成为欧洲诸多历史发展的主要趋势。依靠共同的民族文化与共同的民族国家界定的民族认同，越来越成为人们的一种重要身份认同，民族主义思想也日益发展，并越来越成为广泛支配人们观念意识的文化思想。

在欧洲民族主义思想兴起发展过程中，欧洲的商品经济正在蓬勃发展，并成了欧洲民族主义思想兴起的现实社会基础。欧洲从中世纪晚期到欧洲近现代，发展共同的民族文化，建构共同的民族国家，是为了适应近代欧洲商品经济高度发展的需要。欧洲人们正在逐步兴起的民族认同，不仅表现对于共同的民族文化与共同的民族国家的认同，同时也表现为对于共同的民族经济的认同。

在欧洲中世纪的封建社会中，人们主要从事农耕生产，农耕文明成为支撑欧洲中世纪基督教与封建制度的二元社会结构的社会生产根基。可是到了欧洲中世纪晚期，欧洲的社会经济正在发生变化。"从11世纪末以后，手工业者和商人等级在人数上越来越多，日益成为公共生活所不可缺少发的成员，他们在城市环境中也越来越显示出勃勃生机。"[1]

欧洲中世纪晚期社会经济的变化，首先起源于手工业的发展。欧洲中世纪晚期，欧洲涌现出了诸多的手工行业，诸如泥瓦匠、织布工、印染工、武器制造工、酿酒工等手工制造者越来越多，并组织了众多的手工行会。诸多的手工业者聚集在一地从事手工生产，带动了欧洲中世纪晚期诸多城镇的兴起。"到了中世纪晚期，整个欧洲雨后春笋般涌现了千余个市镇。这些市镇里有谷仓、商店、酒馆，从业的都是当地手工业者。"[2]

---

[1] 马克·布洛赫.封建社会[M].张绪山,译.北京:商务印书馆,2004:139.
[2] 杰里米·里夫金.欧洲梦——21世纪人类发展的新梦想[M].杨治宜,译.重庆:重庆出版社,2006:147.

从二元对立困境到多元共存出路——欧洲民族认同建构中的认知模式变化

欧洲中世纪晚期手工业的发展,不仅带动了城镇的兴起,也推动了欧洲商品经济的发展。从事商品交换的商人阶层,逐渐发展成为欧洲社会中除贵族、教士之外的一个新兴社会阶层。"在沿欧洲西海岸和沿从马拉加到威尼斯的地中海海岸的各个地方,在从文艺复兴到启蒙运动的若干世纪的时间里,商人都是社会中生气勃勃的因素。"❶

欧洲商品经济的发展与商人阶层的兴起,又需要突破欧洲中世纪手工业行会对于产品生产与产品流通的诸多限制。其中最为突出的就是中世纪晚期与近现代初的英格兰。"16世纪的英格兰,一个独立的商人阶层已经开始挑战行会对商品生产和服务的控制了。"❷ 逐步突破欧洲中世纪手工业行会对于产品生产的诸多限制,手工工场开始发展为工厂制造,"16世纪后半期,英格兰出现了工厂制造业"❸。英格兰工厂制造的社会生产形式开始萌生。

在欧洲从中世纪晚期到近现代初期社会经济的发展过程中,人们之间的社会关系也正在发生变化。对此马克·布洛赫强调:"欧洲封建主义诞生在一个联系非常松散的社会里,在这个社会里商业的作用微不足道,货币乃稀有之物。当人类关系的网络已经被拉得更紧密、商品和货币流通得到加强时,欧洲封建主义便发生了根本性的变化。"❹ 欧洲封建主义根基于各地人们之间彼此隔绝的社会分散之中,可是在欧洲社会经济发展过程中,人们的社会流动与社会交往日趋活跃,人们的社会关系也由彼此隔绝,逐步变为彼此相连,欧洲中世纪封建主义的根基开始动摇。

欧洲从中世纪晚期到近现代初期社会经济的发展,也需要在日趋活跃的社会流动与社会交往中,能够满足人们彼此联系、相互交流的需要。在欧洲从中世纪晚期到近现代的民族文化发展进程中,诸如民族文学、民族历史等民族文化的表现形式,都需要以民族语言作为工具。民族语言构成了民族文化的核心,欧洲中世纪晚期到近现代民族文化兴起,率先表现为民族语言的萌生。欧洲中世纪商品经济的发展,萌生了对共同民族文化的需求,也具体表现为共同的民族语言,能够超越形形

---

❶ 里奇,威尔逊.剑桥欧洲经济史(第四卷)[M].张锦东,译.北京:经济科学出版社,2003:445.
❷ 杰里米·里夫金.欧洲梦——21世纪人类发展的新梦想[M].杨治宜,译.重庆:重庆出版社,2006:147.
❸ 杰里米·里夫金.欧洲梦——21世纪人类发展的新梦想[M].杨治宜,译.重庆:重庆出版社,2006:148.
❹ 马克·布洛赫.封建社会[M].张绪山,译.北京:商务印书馆,2003:139.

色色的地方方言，满足人们日益活跃的社会流动与社会交往中彼此交流的需要。

在欧洲中世纪早期，人们分散各方，说着不同的地方语言，彼此之间难以心领神会。民族语言的兴起，首先是满足说着各种地方语言的人们，彼此之间能够心意相通。但人们能够在一个更大范围内的心领神会、同心同意，还需要借助印刷物中记载着的书面语言、标准化的民族语言，也需要发展为书面的文字语言。欧洲近现代民族文化的发展，突出地表现为尚未文字化的地方方言，发展为文字化、标准化的民族语言。欧洲诸多民族语言的兴起，也是为了满足社会流动与社会交往日益发展的需求。

因此正如盖尔纳所强调："民族国家不仅仅是一种文化的保护人，而且是一种一种新兴的、在初期往往很脆弱的经济的保护人。"[1]欧洲中世纪社会经济的发展，不仅需要"书同文"的共同民族文化，适应日趋活跃的社会流动与社会交往中人们彼此交流的需求，也需要"车同轨"的制度保障与政治统一，需要共同的民族国家作为社会经济的保护者与推动者。欧洲从中世纪晚期到近现代初期社会经济的发展，也需要共同的民族国家。

欧洲中世纪晚期以及近现代初期，各地之间分裂割据，"在一百英里的旅行里，同一个行脚商就可能路过一打不同的主权国家，每个国家都有不同的规则、条例、法律、重量单位、长度单位和货币种类"[2]。在欧洲中世纪的封建社会中，各地的手工行会制定了不同的生产规则与贸易规则。各地之间采用不同的度量衡规则、不同的流通货币。各地封建领主与封建诸侯，也颁布了不同的条例法律。所有这一切犹如一道道的壁垒，让商品经济发展中兴起的新兴商人阶层备受折磨，阻碍着欧洲社会经济的发展。

同时，在欧洲中世纪的封建社会中，各地之间分裂割据，大大小小的封建诸侯与封建领主，遍布各地，大大小小的封建诸侯与封建领主设置的收费关卡，也是遍布各地。例如，在德意志地区，"在14世纪，威悉河畔据说有30个以上的收费站，易北河至少有35个；一个世纪后，沿着莱茵河有60多个这样的收费站"[3]。同样，在法国，"在15世纪末，法国塞纳河沿岸的收费站多如牛毛，以

---

[1] 厄内斯特·盖尔纳.民族与民族主义[M].韩红,译.北京：中央编译出版社,2002：148.
[2] 杰里米·里夫金.欧洲梦——21世纪人类发展的新梦想[M].杨治宜,译.重庆：重庆出版社,2006：149.
[3] 杰里米·里夫金.欧洲梦——21世纪人类发展的新梦想[M].杨治宜,译.重庆：重庆出版社,2006：149.

至于要把谷子运到下游两百里外，就得被征收掉总售价的一半"❶。欧洲封建社会中各地关卡林立，困扰着欧洲社会经济发展中兴起的新兴商人阶层，阻碍着欧洲商品经济的发展。

因此，在欧洲中世纪与近现代的两个时代之交，一方面，欧洲社会涌现出了社会经济的发展与新兴商人阶级的崛起；另一方面，欧洲社会却又面对着封建割据对其的严重制约。"欧洲正处在一场伟大的阵痛之中，双方分别是新的商业秩序和旧的经济体制。"❷在这场阵痛中，旧的封建割据的经济体制，尽管历经挣扎，却在慢慢远去，能够为商品经济发展提供统一的体制保障的民族国家，也在冲破重重藩篱，正在破茧重生。当代牛津大学历史学家威尔逊在研究16~18世纪的欧洲经济史时总结道：

到了16~18世纪（在很多地方时间更长），而且遍及今天的文明世界（在物质意义上）的相当多的地区，一些政府，及其官员和百姓都自然而然地有这种信念，即统治者对共同体的经济生活进行管制是有好处的。这个共同体并非必然地是民族国家，然而它却越来越趋向于采取这种形式。❸

可以看出，在欧洲中世纪与近现代，欧洲逐步走出封建社会的分裂割据，政治统一的欧洲民族国家逐步崛起，也是为了适应欧洲社会经济发展需要统一的民族国家的历史发展趋势。这犹如盖尔纳所说："农业社会往往不以文化来界定政治单位；换而言之，它们不习惯搞民族主义。"❹欧洲近代民族国家从中世纪封建割据的政治状态中破茧而出，其是欧洲近现代社会发展逐步走出农耕社会的社会经济发展结果。与之相应，近代欧洲社会经济发展，导致了人们生产生活中的社会分工越来越细致，其越来越需要统一的民族国家的社会凝聚功能，当代德国社会学家埃利亚斯指出：

从西方历史的早期阶段直至当代，在强大的竞争压力下，社会职能愈分愈细。分工愈细，职能的数目，因之具有职能的人的数目也就越多；单个人，事无巨细，不管是最简单的最日常的事务，还是最复杂最少见的事务，都依赖于这种职能，越来越多的人行为一定要相互配合，行动的组织愈以精确、愈加严格地加

---

❶ 杰里米·里夫金. 欧洲梦——21世纪人类发展的新梦想[M]. 杨治宜, 译. 重庆：重庆出版社, 2006：149.
❷ 杰里米·里夫金. 欧洲梦——21世纪人类发展的新梦想[M]. 杨治宜, 译. 重庆：重庆出版社, 2006：149.
❸ 里奇, 威尔逊. 剑桥欧洲经济史（第四卷）[M]. 张锦冬, 等译. 北京：经济科学出版社, 2003：518.
❹ 厄内斯特·盖尔纳. 民族与民族主义[M]. 韩红, 译. 北京：中央编译出版社, 2002：100.

以通盘安排，以使单个人的行动在其中完成社会职能。❶

可以看出，欧洲近现代社会经济发展中社会分工越来越细，形成越来越密切的相互配合，由此出现的融合与凝聚之势，也越来越需要欧洲政治的发展与之相互适应。

二、民族文化中的世俗创造精神与社会经济发展

欧洲从中世纪晚期到近现代社会经济的发展，不仅需要共同的民族文化与共同的民族国家，同时共同的民族文化与共同的民族国家，也进一步推进了欧洲社会经济的发展。其中建构共同的民族文化，乃是欧洲中世纪晚期到近现代的重要发展趋势。在欧洲中世纪晚期到近现代逐步发展出共同的民族文化中，也蕴含着一种世俗创造精神，成为推进欧洲近现代社会经济发展的文化力量。

在欧洲中世纪与近现代的两个时代之交，欧洲发展共同民族文化的兴起，萌生于因宗教"异端"运动与宗教改革运动引发的欧洲基督教世界变化。其中最为典型的案例，就是欧洲在轰轰烈烈的宗教改革中，广泛地将拉丁文的《圣经》，翻译成为各种民族语言的《圣经》，这推进了民族语言的兴起。欧洲自宗教改革后，"不管是荷兰共和国、英国东部的清教地区、伦敦和英国中部、苏格兰、法国的胡格诺派地区（波尔多东部和马赛北部）、还是后来的新英格兰地区"❷，既是欧洲宗教改革后新教流行的地区，同时也是欧洲商品经济发展并孕育出资本主义的地区，这表明宗教改革与欧洲的资本主义经济之间，两者之间存在着密切关联。

对此近代德国著名社会学家马克斯·韦伯就发现，欧洲宗教改革后的新教伦理，成了驱动欧洲近现代经济起飞的资本主义精神，近现代欧洲的新教伦理与资本主义精神之间，两者之间存在着密切联系。在《新教伦理与资本主义精神》一书中，马克斯·韦伯就指出："在近代的企业里，资本家与企业经营者、连同熟练的上层劳动阶层，特别是在技术或商业上受过较高教育训练者，全都带有非常浓重的基督教色彩。"❸

马克斯·韦伯所说的"浓重的基督教色彩"，主要是指欧洲宗教改革后出现

---

❶ 诺贝特·埃利亚斯.文明的进程——文明的社会发生和心理发生的研究［M］.王佩莉，袁志英，译.上海：上海译文出版社，2013：446.
❷ 里奇，威尔逊.剑桥欧洲经济史（第四卷）［M］.张锦冬，等，译.北京：经济科学出版社，2003：446.
❸ 马克斯·韦伯.新教伦理与资本主义精神［M］.康乐，简惠美，译.桂林：广西师范大学出版社，2007：10.

的基督教新教派别。马克斯·韦伯所说的"新教伦理与资本主义精神",是力图从思想文化领域之中,寻觅出近现代欧洲资本主义经济起飞的文化思想根源。马克斯·韦伯提出的"新教伦理与资本主义精神"之间的关系,"一直是社会科学领域里最著名、最持久的争论之一的焦点所在"。❶

马克斯·韦伯提出的"新教伦理与资本主义精神"的命题,在当代学界的民族主义研究中,也启发了诸如盖尔纳与格林菲尔德等人,将关注焦点集中于民族主义的文化思想与资本主义经济之间的内在关系。马克斯·韦伯提出的"新教伦理与资本主义精神",在盖尔纳与格林菲尔德等人的学理演绎中,也演绎成了民族主义的文化思想与现代社会经济发展之间的密切关系。

例如,对于马克斯·韦伯的《新教伦理与资本主义精神》,格林菲尔德认为,"该书确系一部深思熟虑之作,穿越了必要的描述性研究的局限,是迄今为止无与伦比的尝试,聚焦于'真正的因素'、捕捉到现代经济'多维复杂性'中最不易捉摸的层面。"❷格林菲尔德沿着韦伯的思路,在其《资本主义精神——民族主义与经济增长》一书中认为:"定位于持续增长的经济活动,即赋予现代经济之现代性的颇具特色的'资本主义精神',其存在本身应归功于民族主义。"❸同样,盖尔纳高度评价了马克斯·韦伯"新教伦理与资本主义精神"的重要价值,强调:"我认为马克思·韦伯著名的论著《清教伦理与资本主义精神》真正的价值和重要性……在于他对构成这种新的社会秩序的总的显著特征所做的思考。"❹

盖尔纳的民族主义理论,首先是着眼于比较传统农业社会与现代工业社会两者之间的社会特征。正如在民族文化诸多要素中,民族语言具有重要地位,盖尔纳比较传统农业社会与现代工业社会两者之间的社会特征,主要集中于比较农业社会与现代工业社会两者之间人们读书识字的语言能力具体表现。

在盖尔纳看来,传统农业社会是一个只有少数人能够读书识字、多数人不能够读书识字的等级社会。在传统的农业社会中,能够读书识字被少数的社会上

---

❶ 里亚·格林菲尔德.资本主义精神——民族主义与经济增长[M].张京生,刘新义,译.上海:上海人民出版社,2004:14.
❷ 里亚·格林菲尔德.资本主义精神——民族主义与经济增长[M].张京生,刘新义,译.上海:上海人民出版社,2004:14.
❸ 里亚·格林菲尔德.资本主义精神——民族主义与经济增长[M].张京生,刘新义,译.上海:上海人民出版社,2004:27.
❹ 厄内斯特·盖尔纳.民族与民族主义[M].韩红,译.北京:中央编译出版社,2002:27.

层，用来作为凸显自身高贵的社会身份，读书识字，也成为古代农业社会少数社会上层与多数社会底层的一道鸿沟。可是，现代工业社会却变成了另一番模样，现代社会需要人人都能读书识字，"普及识字的理想和受教育的权利，在现代价值观的万神殿中占有重要的一席之地"❶。由于在现代工业社会中，人们必须能够读书识字，因此，盖尔纳也特别强调，"我们注定会得'文凭病'"❷。

可以看出，在盖尔纳的民族主义理论中，从只有少数人能够读书识字、多数人则不能够读书识字的农业社会，发展成为人们普遍具备读书识字能力的现代工业社会，成为从农业社会到工业社会中的社会转型中孕育民族主义的关键。盖尔纳的民族主义理论，强调将一个只有少数人能够读书识字、多数人则不能读书识字，转化为一个人人都能读书识字的社会，这在欧洲以民族语言为核心的民族文化兴起过程中，有着广泛的表现。

在欧洲宗教改革的时代，广泛地将拉丁文的《圣经》，翻译成为各种民族语言的《圣经》，欧洲进入近现代之后，欧洲诸多知识分子运用民族语言书写的文化著作，并向广大民众传播，并将拉丁语变为民族语言，作为学校教育的语言工具。到了19世纪晚期，欧洲诸多国家不仅以民族语言作为学校教育的语言工具，同时还实施了基础教育的普及。欧洲发展民族文化的诸多措施，汇聚一起，将欧洲少数社会上层会拉丁文的读写、多数人则是文盲的中世纪社会，逐步推进到欧洲近现代人人都能运用民族语言读书识字的现代社会。将人人都变为具备读书识字的文化能力，既是为了人们适应现代工业社会中世俗生活的基本需要，也是为了人们现代工业社会中，具备世俗创造精神。对此，盖尔纳进行了大量论述。

首先，对于现代工业社会的社会特征，一方面，盖尔纳强调，现代工业社会是一个高度流动性的社会。传统农业社会与现代工业社会两相比较，"两者之间的明显差异在于，一个稳定性更强，另一个流动性更大。实际上，一个倾向稳定，另一个倾向流动；一个显得比现实社会所能允许的更为稳定，而另一个则往往声称，自己的流动性比实际限制因素所允许的更为稳定"❸。另一方面，盖尔纳强调，现代工业社会是一个技术不断进步的社会，"迄今为止，现代工业社会是唯一依靠持续和增长的社会，依靠连续不断的改进而生存的社会。毫不奇怪，

---

❶ 厄内斯特·盖尔纳.民族与民族主义[M].韩红，译.北京：中央编译出版社，2002：38.
❷ 厄内斯特·盖尔纳.民族与民族主义[M].韩红，译.北京：中央编译出版社，2002：39.
❸ 厄内斯特·盖尔纳.民族与民族主义[M].韩红，译.北京：中央编译出版社，2002：35.

它是第一个发明进步和不断改善观念和理想的社会"❶。

可以看出，盖尔纳描述的现代工业社会，一方面是不断流动，另一方面则是依靠技术进步的不断变化，"动"和"变"成了现代工业社会的双重面孔。将人人都变为具备读书识字的文化能力，正是不断流动与不断变化的现代工业社会对于人们的基本要求。对此，盖尔纳也总结道：

让我们归纳一下我们的论点：一个建立在高能量的技术和对持续增长的期望基础之上的社会出现了，它要求劳动分工有流动性，陌生人之间要持续、经常和直接地进行交流，共享一种标准的习惯用语和必要时用书面形式传递的精确意思。❷

由此，现代工业社会需要人人具备读书识字的文化能力的内在原因，也昭然可见。一方面，在现代工业社会中，人们毕生不再囿于一乡一地，而是高度社会流动，因此，具备读书识字的文化能力，能够适应现代工业社会中的世俗生活，表现为现代社会中人们经常出门在外的社会流动，既得需要依靠语言文字的交流功能，还需要依靠各种文字符号的指引。现代工业社会，已经演变成了一个充斥诸多文字符号的符号世界，各种形式的文字符号，不仅广泛地影响着人们的思想，同时还广泛地指引着人们行动。唯有具备读书的基本能力，才能够在依靠文字符号指引人们行动的现代社会中具备行动能力。

另一方面，现代工业社会不仅高度流动，而且还高度增长。现代工业社会依靠持续不断的技术发明进步，持续不断地改善人们的生产生活状况。在传统农业社会中，众多农业生产者的生产技术往往依靠父子相传，而手工业者的生产技术往往则依靠师徒相授。由于生产技术的传播仅仅局限于较小的范围，只需要借助于人们口头语言的表达功能，这也意味着生产技术的发展缺乏创新，长期滞留于相同的发展水平。

可是现代工业社会生产技术的传播与发展，却对人们运用语言的能力，具有了更高的要求。现代工业社会中新的生产技术迅速传播到众多的社会成员，掌握标准化和文字化的语言，也成了社会成员掌握新的生产技术的必要手段。同时，现代工业社会是一个生产技术不断创新的社会，标准化的文字语言，也成了激发越来越多的人从事劳动分工、职业流动以及技术创新的基本素养。

---

❶ 厄内斯特·盖尔纳.民族与民族主义［M］.韩红，译.北京：中央编译出版社，2002：30.
❷ 厄内斯特·盖尔纳.民族与民族主义［M］.韩红，译.北京：中央编译出版社，2002：45.

因此，按照盖尔纳的民族主义理论，欧洲从中世纪社会到近现代发展共同的民族文化，将欧洲中世纪少数社会上层会拉丁文的读写、多数人则是文盲，转化为了欧洲近现代人人都能运用民族语言读书识字的现代社会，推动了欧洲高度流动与高度增长的现代工业社会诞生。对此盖尔纳也特别强调："事实上就是如此。为了理解这种角色，用马克思的一句话来说，我们不仅要考虑现代社会的生产方式，更要考虑它的再生产的方式。"❶ 盖尔纳的相关理论演绎，还是回到了马克思恩格斯对人类历史步入到现代工业社会的系统性阐释。

三、建构统一的民族国家推动社会经济发展

在欧洲民族主义思想的发展过程中，德国是一个迟到者。当英国、法国等欧洲的民族国家建构，已经渐趋成熟之时，德意志却是一派分散割据的面貌。与德意志的分裂割据相映衬，直到19世纪初期，德意志仍然是一个在经济地理上几乎根本不存在的民族。费希特与黑格尔等德意志哲人，依然在为德意志如何走出分裂割据实现统一绞尽脑汁、穷尽智慧。

费希特与黑格尔等人在哲学领域绞尽脑汁、穷尽智慧，努力建构出德意志万众一心的民族精神，正在被命运多舛的德国经济学家李斯特，进一步转化到经济领域内的彼此相连。主观精神领域内的民族精神，也被李斯特从抽象落到了实处，发展为注重民族及民族国家人们生产生活领域的民族经济。"李斯特对于德国民族主义的独特贡献，首次在经济层次上系统地表达民族概念的内容"❷。

中世纪晚期以及近现代初期，欧洲商品经济的发展，推动了人们"你来我去、你去我来"的社会交往发展，并将封建时代地域隔绝的人们凝为一体的民族以及民族国家，也成了欧洲近现代的重要历史发展潮流。可是将封建时代地域隔绝的人们凝为一体，还需要各地之间道路联通的基础设施建设。倘若说费希特、黑格尔等近代德国哲学家演绎民族精神，通过注重共同的德意志的民族意识与民族情感等，以此作为心灵纽带，力图在分裂割据的德意志，创建德意志民族的心灵联通，那么李斯特在经济领域内表达民族概念的内涵，其中的首要表现，则是李斯特的"铁路修建计划"。李斯特主张大力修建铁路，以此联通分裂割据的德意志。

---

❶ 厄内斯特·盖尔纳.民族与民族主义［M］.韩红，译.北京：中央编译出版社，2002：39.
❷ 里亚·格林菲尔德.资本主义精神——民族主义与经济增长［M］.张京生，刘新义，译.上海：上海人民出版社，2004：273.

从二元对立困境到多元共存出路——欧洲民族认同建构中的认知模式变化

近现代的英国,不仅在民族国家建构的道路中,远远领先于封建割据的德意志,同时将国内经济凝聚为一体的道路交通设施建设,也领先于封建割据的德意志。在李斯特生活的时代,英国的铁路交通建设,已经蔚然成风。李斯特也声称:"早在1824年他在英国旅行时,他就越来越坚信铁路交通网络作为国民经济发展手段的重要性。"❶1830年,李斯特开始大力倡导在德国修建铁路,并历经艰辛,创建了汉萨—巴伐利亚铁路公司,"并推进莱比锡—德累斯顿线路的建设计划,使得'第一条意义重大的铁路建设计划'在1837年开通"❷。1840年,李斯特又筹划在萨克森—科伯—哥达、萨克森—迈宁根和魏玛公国之间修建铁路。

李斯特也强调其铁路修建计划,是力图"首先把德意志民族从经济萧条中拖了出来"❸,李斯特"也自以为是'德意志民族利益的代言人',而不仅仅是铁路爱好者"❹。李斯特修建铁路的计划,尽管是为了德意志的民族利益,拯救德意志民族的经济萧条,可是,此时的德意志地区,仍然是一片封建割据。李斯特修建铁路的计划,触及的却是德意志各地诸侯的利益。在德意志的分裂割据与经济落后的现实社会中,李斯特的铁路修建计划,尽管是医治德意志分裂割据与经济落后的一剂良药,但面对的却是遍地阻力。

大力倡导铁路修建计划,仅仅是李斯特在经济领域内表达民族概念内涵的一个表现。现代民族国家不仅需要各地之间互联互通的道路交通设施,还需要高度发达的制造业。李斯特在经济领域内表达民族概念内涵的另一个重要表现,则是强调依靠国家力量,大力发展国内制造业,以此力求摆脱德意志的封建割据造成的经济落后局面。

19世纪初,英国以煤炭开采与钢铁冶炼为主要表现的机器大生产,已经如火如荼推进。可是在封建割据的德意志,"蕴藏丰富的德国煤炭资源在19世纪40年代之前基本上没有得到开发利用"。英国机器的大生产,需要原料产地和商品销售市场之间的自由贸易,亚当·斯密《国富论》中倡导的自由贸易理论,则

---

❶ 里亚·格林菲尔德.资本主义精神——民族主义与经济增长[M].张京生,刘新义,译.上海:上海人民出版社,2004:278.

❷ 里亚·格林菲尔德.资本主义精神——民族主义与经济增长[M].张京生,刘新义,译.上海:上海人民出版社,2004:278.

❸ 里亚·格林菲尔德.资本主义精神——民族主义与经济增长[M].张京生,刘新义,译.上海:上海人民出版社,2004:279.

❹ 里亚·格林菲尔德.资本主义精神——民族主义与经济增长[M].张京生,刘新义,译.上海:上海人民出版社,2004:278.

为此提供了理论基础。1841年，李斯特发表了《政治经济学的国民体系》，被认为"是经济民族主义的第一部权威性著作"❶。

李斯特的《政治经济学的国民体系》的理论逻辑起点，首先表现为李斯特揭示了亚当·斯密《国富论》倡导的自由贸易理论中，"掩盖了一系列重大的理论错误"❷。在李斯特看来，亚当·斯密《国富论》中一系列理论错误的内在关键，则是"斯密把贸易自由思想视为学术发现，可以成为其学术威望的基础"❸。

尽管亚当·斯密将贸易自由作为其《国富论》的学理根基，可是李斯特却认为："在目前，人类仍然被分割成许多独立的国家，每个国家由共同的力量、利益统一在了一起。"❹国家尽管是国际经济的基本单位，但国家之间的经济发展水平与经济发展状况，还是存在着巨大差异。其中在李斯特生活的时代，英国已经成为当时世界上制造业最为发达的国家。李斯特认为，倘若按照亚当·斯密《国富论》倡导的自由贸易理论，其所造成的后果则是：

一旦一个在英国这个母国统辖下的由英式国家组成的世界形成，那么欧洲大陆各国将丧失它们的一切，将变成一个无足轻重、毫无生机的民族。这样，用最上乘的葡萄酒供应英国式的世界将成为法国、西班牙和葡萄牙分内的事，而它们的人民只能喝最差的葡萄酒；法国顶多保留女帽加工业，德国只能为英国式的世界提供儿童玩具，木钟及哲学著作了。❺

在李斯特看来，在各国之间经济发展状况不平衡的现实经济环境中，按照亚当·斯密《国富论》倡导的自由贸易，其结果就是"就把全世界的财富和力量分配给他们，这是最不公平的"。亚当·斯密的《国富论》，只不过是为英国的国家利益服务，其仅仅是为了英国的国家富强。李斯特认为，亚当·斯密对此也是心知肚明："像亚当·斯密这样一位拥有明晰的有理解力的人，是不可能忽略财富和财富的原因之间的不同以及这些不同带给国家的巨大影响的。……斯密十分清晰地从总体上认识到，国家的状况主要是由国家的生产能力的总和决定的。"❻

由于亚当·斯密的经济理论以自由贸易为理论根基，因此李斯特还认为，"该

---

❶ 里亚·格林菲尔德.资本主义精神——民族主义与经济增长[M].张京生，刘新义，译.上海：上海人民出版社，2004：265.
❷ 弗里德里希·李斯特.政治经济学的国民体系[M].邱伟立，译.北京：华夏出版社，2009：90.
❸ 弗里德里希·李斯特.政治经济学的国民体系[M].邱伟立，译.北京：华夏出版社，2009：253.
❹ 弗里德里希·李斯特.政治经济学的国民体系[M].邱伟立，译.北京：华夏出版社，2009：90.
❺ 弗里德里希·李斯特.政治经济学的国民体系[M].邱伟立，译.北京：华夏出版社，2009：97.
❻ 弗里德里希·李斯特.政治经济学的国民体系[M].邱伟立，译.北京：华夏出版社，2009：100.

学说忽略了国家本质,试图全面排除政治学和国家力量"。在经济发展发展过程中,国家力量能够扮演重要角色,对于经济落后的德国,特别需要运用国家力量,大力发展制造业,以此拯救德国的经济落后,实现德国的经济富强,为此李斯特就宣称:

采取适合本国国情的保护制度,德国国内制造业可以取得进步,国外贸易和海运可以获得增长,国内交通条件得到改善,农业实现繁荣,实现国家独立,海外力量得到增强,如果说哪个国家有权利预期这样的效果,这就是德国。

是的,我们敢断言,德国国家的存亡、独立和民族的前途,依赖于德国保护制度的发展。只有在普遍繁荣的土壤里,民族精神才能生根发芽,开出绚丽的花朵,结出丰硕的果实。精神力量产生于物质利益的统一之中,国家力量来源于物质和精神力量之中。如果没有祖国的统一,没有我们国家持续发展的保障,不管我们是统治者还是臣民,是贵族还是平民,是学者、士兵还是市民,是制造商、农业从业者还是商人,我们的一切努力又有什么价值呢?❶

可以看出,费希特与黑格尔等德意志哲学家论述民族精神,往往将民族精神的承载者,投向具体的民族国家,民族国家承担着民族共同体成员的共同心愿。同样,李斯特论述民族经济,也将民族经济的承载者,投向了具体的民族国家,民族国家成为发展民族经济的支柱。对此,格林菲尔德就评价道:"长久以来局限于大学和知识分子之中以及官僚政治内的民族主义,像野火般传播蔓延,把德国资产阶级的谦卑燃烧成灰并以经济抱负点燃了它的精神。"❷

因此,发展共同的民族文化,创建统一的民族国家,通过李斯特的演绎,进一步落实到发展共同的民族经济。欧洲近现代民族主义思想中的民族认同,不仅仅表现为对于共同的民族文化与统一的民族国家的认同,还表现为对于发展共同民族经济的认同。近代德国诸多哲学家注重的主观抽象的民族精神,也终于落到了民族经济的实处。

也如李斯特所说,发展共同的民族经济,构成了民族精神生根发芽的土壤,共同的民族精神,则让发展共同的民族经济开花结果。近现代封建割据与经济落后的德意志,"在获得民族意识后的最多两代人的时间内,一个没有经济增长

---

❶ 弗里德里希·李斯特.政治经济学的国民体系[M].邱伟立,译.北京:华夏出版社,2009:311.
❷ 里亚·格林菲尔德.资本主义精神——民族主义与经济增长[M].张京生,刘新义,译.上海:上海人民出版社,2004:287.

概念、落后呆滞的经济已摆出姿态，要赶上世界经济领跑者"❶。到了19世纪五六十年代，德意志地区已经呈现出了强劲的经济发展，"煤、铁和钢铁工业的产量在1850—1860年期间增加了3倍，消费品的生产，例如纺织品，成倍增长；资本也是如此。……到1857年，德国已有29家发展银行——比6年前增加了20家——在各公国内运营"❷。

1871年德意志统一，终于具备了李斯特经济思想中特别注重的国家力量。李斯特的经济思想，也成为德国统一后经济发展的思想理论基础，"19世纪70年代是李斯特的顶峰阶段，《政治经济学的国民体系》成为德国'最受欢迎的手册'，俾斯麦也有一本，并赞同其中的观点"❸。统一后的德国运用强大的国家力量，大力发展铁路修建等基础设施建设，大力发展各种工业制造，大力发展科学技术与文化教育等。诸般措施，共同汇聚了德国统一后的经济迅速发展，德国逐步发展成为19世纪末20世纪初欧洲经济实力最为强大的国家。

---

❶ 里亚·格林菲尔德.资本主义精神——民族主义与经济增长[M].张京生，刘新义，译.上海：上海人民出版社，2004：287.

❷ 里亚·格林菲尔德.资本主义精神——民族主义与经济增长[M].张京生，刘新义，译.上海：上海人民出版社，2004：284.

❸ 里亚·格林菲尔德.资本主义精神——民族主义与经济增长[M].张京生，刘新义，译.上海：上海人民出版社，2004：283.

第四章 欧洲认知民族之间差异性的民族认同蜕变

第一节 19世纪初以前欧洲的民族认同蜕变

一、战争的二元相对认知与古希腊民族认同的蜕变

民族认同的形成,不仅需要认知民族的共同之处,还需通过民族之间的差异作为认知参照。在认知民族之间差异的过程中,以往历史中诸多的战争,明显地把人们分为彼此对立的敌我双方,典型地呈现民族认同建构需要的二元相对认知机制。因此,正如英国历史学家维克托·基尔南所指出:"欧洲人与其他民族对彼此最清楚的认知是来自于彼此的对峙与战争。"❶欧洲历史发展进程中民族认同的形成过程,不仅来源于人们社会交往与商品经济的发展,需要共同的民族文化与民族国家适应人们的交往社会与社会交流,同时还来源于欧洲诸多战争冲突形成的二元相对认知。欧洲历史发展进程中诸多的战争,也广泛地孕育着人们的民族认同。

例如,早在古代希腊时期,希腊人就已经认知到了可以通过认知民族共同的地域、语言、宗教及生活方式等,建构出人们对于民族同一性的认知,这成了欧洲民族主义思想的古典根源。但古代希腊人意识到自身属于一个共同的民族,还得认知到共同的希腊民族与其他民族的差异。依靠战争冲突的二元相对认知建构

---

❶ 维克托·基尔南.人类的主人——欧洲帝国时期对其他文化的态度[M].陈正国,译.北京:商务印书馆,2006:341.

民族认同,古代的希腊人同样为后世欧洲民族认同建构提供了典范。

特洛伊战争与希波战争等古代希腊人的对外战争,就激发了古代希腊人的民族认同。古希腊历史学家修昔底德在考察希腊作为一个民族的形成过程谈道:"在特洛伊战争前,我们没有关于整个希腊共同行动的记载。当然,我认为这个时候,整个国家甚至还没有叫作'希腊'。在丢开利翁的儿子希伦以前,希腊的名称根本还没有;各地区以各种不同的部落名号来称呼,其中以'皮拉斯基人'的名号占主要地位。"❶

修昔底德也认为,荷马在其史诗中"从来没有任何地方用'希伦人'这个名称来代表全部军队。……他甚至没有用过'外族人'这个名词;我认为在他那个时候,希腊人还没有一个统一的名称,以和希腊人以外的世界区别开来"❷。从修昔底德的记载可以看出,特洛伊战争之前,希腊人尚未形成统一的民族意识,特洛伊战争则激发了希腊作为一个民族的民族意识觉醒。

到了公元前6世纪,兴起于伊朗高原的波斯帝国,先后征服了两河流域的新巴比伦王国与北非的埃及,发展成为横跨亚非的大帝国。城邦国家林立的希腊,成为古代波斯帝国继续扩张的目标,古代的希腊文明也岌岌可危。公元前492年,波斯帝国军队陆路入侵希腊,遭受失败后,公元前482年波斯帝国军队又从海路上入侵希腊,再一次遭受失败。面对波斯帝国军队的外来入侵,诸如斯巴达与雅典等希腊城邦国家,彼此之间都同为希腊人的民族共同体意识,将希腊的诸多城邦国家凝聚了起来,共同击退了波斯帝国大军的入侵。

波斯帝国大军的入侵,激发了希腊人的民族共同体意识。这种被激发出来的希腊人的民族共同体意识,又成了希腊城邦国家团结起来,击退波斯帝国大军入侵的精神支柱。波斯帝国的外在威胁,成了希腊人意识到自身作为一个民族的认知参照,塑造了古代希腊人作为一个民族的民族认同。古希腊历史学家希罗多德论述其编纂《历史》的目标时指出:"为了使希腊人和异族人的那些值得赞叹的丰功伟绩不致失去应有的光彩,特别是为了把他们相互争斗的原因记载下来。"❸ 从希罗多德的论述可以看出,经历希波战争之后,希腊人已经具有将自身与"异族人"区别开来的民族意识。依靠战争中认知同一与认知差异的二元相对、彼此

---

❶ 修昔底德.伯罗奔尼撒战争史[M].谢德风,译.北京:商务印书馆,2018:3.
❷ 修昔底德.伯罗奔尼撒战争史[M].谢德风,译.北京:商务印书馆,2018:3-4.
❸ 希罗多德.历史[M].徐松岩,译.上海:上海三联书店,2008:1.

从二元对立困境到多元共存出路——欧洲民族认同建构中的认知模式变化

作用形成民族认同,在古代希腊人的民族建构中,就已经有了相应的表现。

正如当代英国历史学家诺曼·戴维斯针对古希腊历史谈道:"创造希腊人"和"创造野蛮人"同时进行。❶ 古代的希波战争,在激发古代人希腊人认知到自身作为一个民族的过程中,古代希腊人形成的民族认同也在发生了诸多蜕变。波斯帝国的外在威胁与波斯大军的入侵,与希腊自身作为一个民族的二元相对认知,不仅孕育了希腊人的民族共同体意识,同时入侵的波斯大军与始终威胁着希腊文明的波斯帝国,既被古代希腊人视为外来入侵的敌人,也被古代希腊人视为依靠武力侵略扩张的野蛮人。在作为欧洲古典文明的希腊时代,古典希腊的民族建构,不仅认知到了希腊人是一个民族共同体,同时也走向了认为自身民族优越、其他民族野蛮的民族自我中心主义歧路之中。古典希腊民族认同的形成过程中,已经将自身民族视为优越,"希腊城邦中的公民都管其他民族为野蛮人"❷。

希波战争塑造的民族中心主义二元对立的认知模式,不仅仅局限于希腊与波斯两个民族之间。由于希腊位于西方的欧罗巴所在之地,波斯位于东方的亚洲,希波战争中希腊与波斯之间的二元相对认知,还扩展为东方与西方的二元对立认知。在这种东方与西方的二元对立认知中,古代希腊人的民族自我中心主义,也扩展为希腊人的西方自我中心主义。"自由的希腊被看出是'光荣的西方''自由之地',美与智慧的故乡,东方则是奴隶制度、暴政和无知的所在地。"❸ 广泛影响后世西方人们心性的西方自我中心主义,在作为欧洲文明摇篮的古代希腊时期,就已经萌生。

对于影响了希腊人乃至后世诸多欧洲人心性的希波战争,古希腊历史学家希罗多德也意识到了其重要性。希罗多德以古代希腊与波斯的战争为主线,编撰了其著作《历史》。希罗多德的《历史》一书,首先广泛记载了古代地中海周边世界各古代文明的诸多相互交流。例如,对于古希腊文明与古埃及文明之间的文明交流,希罗多德谈道,"除了这里已经提到的这些风俗习惯以外,我将要介绍的许多其他风俗习惯,都是希腊人从埃及那里学来的。"❹

对于古希腊神话与古埃及之间的关系,希罗多德反复强调:"埃及人还是第

---

❶ 诺曼·戴维斯.欧洲史[M].郭方,刘白成,等,译.北京:世界知识出版社,2007:62.
❷ 维克托·基尔南.人类的主人——欧洲帝国时期对其他文化的态度[M].陈正国,译.北京:商务印书馆,2006:3.
❸ 诺曼·戴维斯.欧洲史[M].郭方,刘白成,等,译.北京:世界知识出版社,2007:61.
❹ 希罗多德.历史[M].徐松岩,译.上海:上海三联书店,2008:100.

一个向诸神举行庄严集会、游行和连祷仪式的民族。希腊人从他们那里学会了所有这一切。因为在埃及，这些惯例是从远古时代一直流传下来，而希腊的这些惯例只是不就之前才开始有的，在我看来，这是我证实上述观点的一个很有力的证据。"❶ 从希罗多德的《历史》一书中可以看出，古典希腊文明与西亚、北非相邻，古典希腊文明的诸多元素，由与邻近的西亚与北非的文明交流所传入，古代的希腊人在此基础上融汇创新。

尽管各民族之间，存在密切的相互交流，可是人们认知各民族之间存在着的客观差异，不仅会形成人们民族认同的二元对立认知，也会引起人们思想观念的蜕变。希罗多德的《历史》一书中的诸多论述，呈现了古代希腊人民族认同中的二元相对认知以及由此发生的诸多思想观念蜕变。

例如，希罗多德在《历史》一书探究希波战争的根源，在于希腊人率领军队入侵亚细亚劫掠妇女，紧接着希罗多德就论述道："自此以后，他们波斯人就把希腊人视为公开的敌人了。原来，波斯人认为，亚细亚以及居住在这里的所有诸部族都是隶属于他们波斯人的，但是欧罗巴和希腊民族是与他们迥然有别的。"❷ 希罗多德的《历史》一书，以古代希腊与波斯的战争为的叙述主线，通过记述了古希腊人与波斯人走向敌对的相关历史事实，呈现了希腊人与波斯人两个民族"迥然有别"的二元相对。

在希罗多德叙述的世界范围内，不仅交战的双方——希腊人与波斯人，属于不同的民族，同时还存在着埃及人、腓尼基人、埃塞俄比亚人、叙利亚人、巴比伦人、亚述人、阿拉伯人、斯基泰人、印度人等诸多民族。希罗多德的《历史》一书，详细记载了古代地中海周边世界各民族在生活地理区域、语言、社会方式、起源神话等方面的彼此差异。民族成了希罗多德叙述其所知道世界范围历史的基本单位。希罗多德的《历史》，也建构出了一个民族之间存在着诸多差异、并且彼此相对的世界认知模型。

在希罗多德的《历史》一书中，首先叙述了古代地中海周边世界各民族的相互交流，也叙述了古代地中海周边世界各民族诸多的生活习惯差异。希罗多德在《历史》一书中，对于各民族之间风俗习惯差异谈道：

如果有人提议来评选出世界上风俗中哪一种在他们看来是最好的，那么在经

---

❶ 希罗多德.历史［M］.徐松岩，译.上海：上海三联书店，2008：102.
❷ 希罗多德.历史［M］.徐松岩，译.上海：上海三联书店，2008：3.

过考察之后，他们就肯定选择本族的风俗习惯。每个民族都深信，自己的习俗比所有其他民族的习俗都要好得多。因此，除非一个人疯了，否则他是不会拿这类事情取笑的。从许许多多的证据都可以看到，人们对自己的风俗习惯都有同样的看法。❶

可以看出，希罗多德的上述论述，呈现了在认知民族之间差异性的过程中，会逐步走向以自身民族为优越的民族自我中心主义歧路。认为自身民族的风俗习惯，都要比其他民族的风俗习惯更为优越得多，在希罗多德看来，也是属于人之常情、天经地义。希罗多德的《历史》一书中的上述叙述，具体地描述了各民族之间风俗习惯差异，会蜕变为以自身民族为优越的民族自我中心主义。希罗多德的《历史》一书，也以波斯人为例论述了民族自我中心主义的具体表现：

在诸民族当中，离他们最近的民族，受到的尊重程度仅次于他们本族；离得远一些，受到尊重的程度也就差些，依次类推，离得越远，受尊重的程度也就越低。这种看法的依据是，他们认为他们自己在各个方面都比其他民族要优越得多，认为其他的人的居住地离他们越近，优越的程度就越是高；因此居住地离他们最远的民族，也就一定是人类中最低等的了。❷

希罗多德的这一叙述，揭示了民族自我中心主义的思维逻辑，具体表现为以自身文化为优越，一步步沦为歧视其他民族的文化。但希罗多德的上述言语叙述中，说明了民族之间的彼此隔阂与相互歧视，随着人们社会交往的范围与广度而变化，诸多的隔阂与歧视，也根源于交往难以畅通。希罗多德是出身小亚细亚的希腊人，希罗多德在其《历史》一书的叙述中，尽管大量叙述了古代地中海周边世界各民族的相互交流，但也偶尔流露出希腊文化优越、并歧视其他民族的意识。例如，在谈到雅典的麦加克里斯一派的人与皮西特拉图研究推后者复位的方案时，希罗多德就论述道：

他们这里所构想的方案，是全人类历史上最愚蠢的方案，特别是考虑到希腊人自远古时代起，就以智慧和自主而有别于异族人的愚蠢简单，更不应该忘记的是，他们用这样一个雕虫小技，所耍弄的不是一般的希腊人，而且是希腊人当中素以聪明著称的雅典人。❸

---

❶ 希罗多德.历史[M].徐松岩,译.上海：上海三联书店，2008：160.
❷ 希罗多德.历史[M].徐松岩,译.上海：上海三联书店，2008：53.
❸ 希罗多德.历史[M].徐松岩,译.上海：上海三联书店，2008：21-22.

可以看出，希罗多德这一叙述的弦外之音，在于说明希腊人是一个充满智慧的民族，希腊人中雅典人最富有智慧，其他民族则愚蠢简单。希罗多德的这一叙述，也洋溢着民族自我优越感。同样，希罗多德在叙述大流士要攻击的黑海区域的民族时，也指出："大流士现在所要攻击的黑海周边地区，这里居住的诸民族，除斯基泰人以外，还居住着我们所知道的全世界最粗野的民族。"❶ 希罗多德的这一叙述，也极富民族歧视之嫌。古代希腊人的民族认同，逐步蜕变为以希腊人为优越，并视其他民族为野蛮的认知模式与思维习惯，这在作为古希腊历史学家的希罗多德《历史》一书的叙述中，已经隐隐约约地流露了出来。

因此，尽管古代希腊后世欧洲视为典范，但在古代的地中海周边世界人们"你来我去、你去我来"的密切文化交流中，"希腊通过与亚洲的接触、比较，而发现了自己的独特性"❷，希腊人作为一种民族的民族认同建构中蕴藏着的认知模式蜕变，对于后世欧洲历史发展的影响，也犹如当代英国历史学家维克托·基尔南所说："直到今天，我们仍常常通过希腊人的眼光来看亚洲；或者想象我们是透过希腊人来看亚洲。……人们奉希腊人为导师，吸取灵感，相信自己的文明和野蛮正相对峙。"❸古代希腊人依靠二元相对认知建构的民族认同，已经蜕变为古希腊人的民族自我中心主义与西方自我中心主义。古代希腊人已经开创丑化东方、排斥东方的古典先例，并被后来奉希腊文化为典范的西方文化延续传承，成为深入后世一些西方人意识深处的认知模式与思维模式。

二、欧洲各种形式的战争孕育的民族认同

古代希腊人通过与地中海周边世界的二元相对，特别是依靠希波战争中希腊人与波斯人的敌我相对，广泛地塑造着希腊人作为一个民族的民族认同。到了中世纪晚期与近现代初期，欧洲涌现了古典希腊罗马文化的"复兴"，依靠二元相对认知，特别是依靠战争中敌我双方的二元相对认知，塑造人们的民族认同，在欧洲中世纪晚期与近现代初期的两个时代之交，也再次复兴。欧洲形形色色的战争，也孕育了欧洲民族意识的觉醒与民族认同的萌生。

---

❶ 希罗多德.历史[M].徐松岩，译.上海：上海三联书店，2008：214.
❷ 维克托·基尔南.人类的主人——欧洲帝国时期对其他文化的态度[M].陈正国，译.北京：商务印书馆，2006：3.
❸ 维克托·基尔南.人类的主人——欧洲帝国时期对其他文化的态度[M].陈正国，译.北京：商务印书馆，2006：4.

从二元对立困境到多元共存出路——欧洲民族认同建构中的认知模式变化

在中世纪，欧洲身处基督教文明与封建社会之中，人们的民族认同并不明显。可是，欧洲中世纪晚期与欧洲近代初期，欧洲既发生了诸多封建诸侯争夺领地的战争，也爆发了因为宗教信仰差异引发的战争。战争爆发的起因，本是争夺领地与宗教信仰差异，可是战争中的敌我之分，却逐步凝聚出了诸多的民族以及民族国家。

例如，1337—1453年，英格兰与法兰西之间爆发了百年战争，就孕育了英格兰与法兰西两个民族的形成。1337—1453年英法之间的战争，"它是历史学家的一个标签，1823年首次使用"[1]，其是后世欧洲人们用来描述1337—1453年英格兰与法兰西之间的长期战争冲突，"冲突的根源是纯属封建制度的问题"[2]。英格兰曾经是法兰西国王的封臣，通过多次的王室联姻，英格兰王室在法国北部也占有诸多的封地。英格兰王室与法兰西王室的领地之争，成了英法百年战争爆发的重要根源。

可是，英格兰王室与法兰西王室的领地之争，却锻造出了英格兰与法兰西两个民族的原初模型。1337—1453年英法之间的战争前期，英格兰国王发动了多次远征，战争也主要在法兰西的国土上进行。1428年，面对英格兰对于奥尔良的围攻，奥尔良姑娘贞德率领民众，奋起解除了奥尔良之围，法国也逐步击败了英格兰军队的进攻。战争结束之时，英格兰在法兰西的诸多封建领地丧失殆尽。英格兰与法兰西，最初作为欧洲两个王室及其领地的名称，也由此走向了法国与英国两个民族国家的形成发展道路。"西欧各个民族国家建成的历史中一个突出的标志，就是法国与英国的关系，两国的政治和经济生活都受百年战争的极大影响。"[3]

就百年战争对于英法双方的影响来说，"对于英格兰，百年战争在其民族共同体的形成中具有决定意义……在被剥夺了大陆领地之后，兰克斯特王朝统治下的英格兰最终成为一个岛国，远离欧洲大陆而得以自保，在新建英语民族中怡然自信"[4]。百年战争后，英国发生了红白玫瑰战争这两个家族的王位争夺战，英国逐步迈向了统一的民族国家发展道路。而对于法国来说，"法国围绕着贞德的

---

[1] 诺曼·戴维斯.欧洲史[M].郭方，刘北成，等，译.北京：世界知识出版社，2007：408.
[2] 德尼兹·加亚尔，贝尔纳代特·德尚，等.欧洲史[M].蔡鸿宾，等，译.海口：海南出版社，2002：282.
[3] 德尼兹·加亚尔，贝尔纳代特·德尚，等.欧洲史[M].蔡鸿宾，等，译.海口：海南出版社，2002：281.
[4] 诺曼·戴维斯.欧洲史[M].郭方，刘北成，等，译.北京：世界知识出版社，2007：413.

出现，民族感情觉醒了"❶。百年战争也孕育了法兰西的民族意识。

欧洲中世纪晚期，不仅争夺封建领地的战争，催生着欧洲民族国家的形成与人们民族意识的觉醒，同时宗教意识的差异引发的战争，也在催生着人们民族意识的觉醒。其中最为突出的表现，则是伊比利亚半岛上西班牙民族国家的形成与民族意识的萌生。

在伊斯兰教兴起与阿拉伯帝国的扩展过程中，伊斯兰教与阿拉伯帝国的势力，扩展到了欧洲的伊比利亚半岛。长期生活在伊比利亚半岛的穆斯林，也被称为摩尔人。在一个宗教信仰广泛地支配着人们思想意识与社会生活的时代，伊比利亚半岛成了欧洲基督教文明与伊斯兰教文明对抗的前沿阵地。"共同反对摩尔人的斗争，使卡斯蒂利亚和阿拉贡之间产生一种相互团结的感情，这是西班牙统一的基础。"❷共同抵抗与驱逐伊比利亚半岛穆斯林的战争，不仅孕育了西班牙凝为一体的民族意识，同时激发了伊比利亚半岛诸多的封建诸侯与封建王国，也逐渐联合起来走向统一，逐步形成统一的西班牙民族国家。

不仅欧洲中世纪伊斯兰教与基督教的宗教信仰差异，孕育了伊比利亚半岛的西班牙民族国家，同时，欧洲中世纪晚期共同的基督教世界内部，也在发生分化。欧洲基督教世界分化的教派差异，彼此之间相互发生的战争冲突，既激发着基督教中世纪晚期民族意识的觉醒，又锻造出了欧洲诸多民族国家的雏形。

例如，16世纪晚期的尼德兰革命，既伴随着尼德兰与西班牙之间的经济冲突，也伴随着尼德兰信仰加尔文教与西班亚信仰天主教的宗教冲突。同样，欧洲宗教改革后，信仰新教与天主教之间的宗教冲突，也因1618年胡斯派反抗神圣罗马帝国宗教压迫的"掷出窗外事件"，引发了欧洲基督教新教联盟与天主教联盟的三十年战争。1648年，交战双方精疲力竭，最终签订了《威斯特伐利亚和约》，确立了现代民族国家之间的一系列基本原则。欧洲中世纪晚期的基督教世界，开始转变为欧洲近现代民族国家构成的世界。1618—1848年的三十年战争，不仅是一场波及欧洲的大规模的国际战争，同时还孕育出了欧洲的现代民族国家体系。

到了18世纪法国大革命时期，欧洲各国封建君主联合起来，发动了干涉法

---

❶ 德尼兹·加亚尔，贝尔纳代特·德尚等.欧洲史[M].蔡鸿宾，等，译.海口：海南出版社，2002：282.

❷ 德尼兹·加亚尔，贝尔纳代特·德尚等.欧洲史[M].蔡鸿宾，等，译.海口：海南出版社，2002：281.

国大革命的战争，同样激发着法兰西的民族觉醒与民族情感高涨。19世纪晚期的法国大革命，往往被视为欧洲近现代民族主义兴起的标志性事件。战争塑造人们的民族认同，在法国大革命中，也得到了典型的表现。

在法国大革命的君主立宪派当政时期，"欧洲的君主们为自己的臣民受到法国的影响感到不安"，组织了反法联盟与反法联军，干涉法国大革命。可是众多欧洲封建大国组织反法联军干涉法国大革命的战争，却激发了法兰西民族意识的觉醒与民族情感高涨。面对反法联军入侵，"整个法国只有一个愿望，只有一个呼声：抗战，谁要反对抗战，就被看作对祖国不忠、对祖国的神圣事业不忠的罪人"❶。1792年7月10日，法国制宪会议宣布"祖国在危险中"，法国各省民众组织自卫队，聚集巴黎开赴前线，"来自马赛的分遣队还将一首爱国赞美歌带入首都，此歌成了法兰西共和国的国歌"❷。

1792年9月20日，五万多法国军民，在瓦尔密附近取得了军事胜利，阻止了反法联军入侵巴黎，并"从奥地利—普鲁士手中拯救了新生的法兰西民族，用歌德的话来说，从此翻开了'世界历史新的一页'"❸。瓦尔密的军事胜利，是在遭受外国入侵的民族危难之时，依靠法国民众的力量，"拯救了新生的法兰西民族"。欧洲反法联军入侵法国的战争，不仅激发了法兰西民族意识的觉醒与民族情感的高涨，而且激发了法兰西民族的团结凝聚与对于国家的奉献精神，其向世界范围内的扩展，成了歌德所说的"世界历史新的一页"。

1799年发动雾月政变后，在继续与欧洲反法联军的一系列战争中，拿破仑不断取得一个个军事奇迹。拿破仑的军队，也越出了法国国土，占领了欧洲的意大利、葡萄牙、西班牙、普鲁士、奥地利等国家的广大地区。法国与欧洲反法联军的战争，也蜕变为拿破仑争夺欧洲霸权的战争。

拿破仑对外战争性质的蜕变，又激发了被拿破仑大军征服的欧洲诸多民族的民族意识觉醒。拿破仑"要对付的不是军队，而是人民。民族情感曾是法国革命的力量，现在却反对他"❹。被拿破仑大军侵略征服的欧洲诸多民族，民族意识

---

❶ 米涅.法国革命史［M］.北京编译社，译.北京：商务印书馆，1981：145.
❷ 德尼兹·加亚尔，贝尔纳仪特·德尚，等.欧洲史［M］.蔡鸿宾，等译.海口：海南出版社，2002：451.
❸ 德尼兹·加亚尔，贝尔纳仪特·德尚，等.欧洲史［M］.蔡鸿宾，等译.海口：海南出版社，2002：450.
❹ 德尼兹·加亚尔，贝尔纳仪特·德尚，等.欧洲史［M］.蔡鸿宾，等译.海口：海南出版社，2002：460.

觉醒，并纷纷投入反对拿破仑大军入侵的浪潮中。例如，1812 年，拿破仑远征俄罗斯，"在 1812 年的俄国战役中，俄国人民也大力帮助沙皇军队，在严冬的气候下，使法军在撤退中溃不成军"❶。

拿破仑在欧洲的对外征服战争，不仅激发了俄国人民帮助沙皇军队击溃拿破仑的远征，同时还激发了长期分裂割据的德意志的民族意识觉醒。例如，拿破仑大军入侵德意志之时，费希特毅然发表《对德意志民族的演讲》，费希特宣称：

> 这些演讲想首先引导你们，并且与你们在一起，引导整个民族，去清楚地认识我所提出的维护德意志民族的根本办法；这样一种办法产生于时代的性状和德意志民族的特点，并且应当对时代和这种民族特点的形成反过来发生影响。❷

拿破仑大军占领德意志地区的历史背景，激发了费希特等德意志的知识分子提出"维护德意志民族的根本办法"，即意识到彼此之间属于共同的德意志民族，由此形成巨大的精神力量，对德意志民族以及整个欧洲历史发展，即将"反过来发生影响"，民族精神也将成为黑格尔所说的时代精神。19 世纪初拿破仑对于欧洲的征服战争，开启了 19 世纪欧洲民族主义思想盛行的大门，欧洲各种形式的战争冲突，也成为欧洲民族认同诞生的助产士。

三、中世纪晚期至 19 世纪初民族认同的蜕变

中世纪晚期，欧洲开始涌现出大学教育，来自各地的学生也汇聚到欧洲中世纪共同的大学之中。欧洲中世纪晚期的大学，根据不同的祖籍、地缘、语言等客观特征，把学生分为诸多的"nations"（民族）。来自不同的祖籍之地的学生，彼此之间相聚在一起，在人们祖籍意识与地域意识有所差异的基础上，自身属于不同民族的民族意识，也开始萌生。

尽管此时欧洲人们的民族意识"小荷才露尖尖角"，但来自不同的祖籍、地缘、语言等的学生相聚在一起，不仅意识到了祖籍、地缘、语言等的客观差异，而且还开始描绘彼此之间的民族特征：

> 他们讥笑英国人是醉鬼，拖着尾巴。法国人高傲，还带着脂粉味儿，像女人那样穷打扮。德国人粗野放荡。诺曼人爱好虚荣，吹牛说大话，普阿特凡人出

---

❶ 德尼兹·加亚尔，贝尔纳仪特·德尚，等.欧洲史［M］.蔡鸿宾，等译.海口：海南出版社，2002：460-461.

❷ 梁志学.费希特著作选集（第五卷）［M］.北京：商务印书馆，2006：266.

卖别人，投机取巧。勃艮第人又粗又笨。布列塔尼亚人说话闪烁其词，变来变去……伦巴族人贪得无厌，又恶毒又懦弱。罗马人喜欢造谣生事，煽动别人……从这种互相谩骂，很快就发展到彼此动武。❶

可以看出，在欧洲中世纪大学生中形形色色的民族特征描述中，充斥着的是彼此丑化、相互攻讦，甚至发展为互相谩骂、彼此动武，朦朦胧胧的民族意识差异，也滑向了彼此之间民族情感的敌对冲突。欧洲的民族认同在认知民族之间差异性这个环节，容易蜕变为引发彼此之间的敌对冲突，这在欧洲中世纪晚期民族认同初成花蕾之时，就已经有了相应的具体表现。

更为重要的是，民族认同需要认知彼此之间的差异，各种形式的战争的敌我之分，典型地体现了民族之间差异的两两相对，欧洲的民族认同，也往往是在各种形式的战争冲突中孕育出来。从中世纪晚期以来，"西班牙通过反对它国内的犹太人和穆斯林而发展出较弱的民族主义；法国通过反对国内的新教而形成了较强的民族主义；英国的民族主义是在反对国内的天主教过程中发展起来"❷。欧洲的民族认同往往从其诞生之时起，就已经呈现彼此敌对、相互对抗的面目特征。欧洲在各种形式的战争冲突中孕育出来的民族认同成长，也依靠对抗冲突中的一次次胜利。近现代英格兰民族认同的形成发展，则是其中的典型案例。

1337—1452年英法之间的百年战争，往往被诸多学者视为锻造了英国与法国民族意识觉醒的关键事件。英法之间百年战争的结果是英国的势力退出了欧洲大陆。英吉利海峡不仅将英格兰与欧洲大陆隔离开来，同时还成为锻造英格兰民族认同的地理界线，"民族认同意味着一组全新的界线，它将英格兰与世界上的其他地方分隔开来"❸。

百年战争后，英国国内的红白玫瑰战争，进一步推进了英格兰统一的民族国家的形成过程。16世纪，英国国王亨利八世的离婚案引发的宗教改革，在宗教领域内摆脱了罗马教会的控制，更进一步推动了英格兰民族的民族建构与英国现代民族国家的形成过程。正如里亚·格林菲尔德所说："我们不能说是新教孕育了英格兰民族，但新教的确扮演了助产士的关键角色，没有它，英格兰民族这个

---

❶ 彼得·李伯庚.欧洲文化史[M].赵复三，译.上海：上海社会科学院出版社，2004：198.
❷ 查尔斯·蒂利.身份、边界与社会联系[M].谢岳，译.上海：上海人民出版社，2008：190.
❸ 里亚·格林菲尔德.民族主义：走向现代的五条道路[M].王春华，等，译.上海：上海三联书店，2010：51.

婴儿就不会诞生。"❶

但近代英国在民族的现代性建构与民族国家创建中的路途，成为格林菲尔德所说的"上帝的长子"，英格兰民族意识的觉醒与民族认同成长，还来源于英国与西班牙、荷兰、法国之间一系列战争的胜利。16世纪晚期的英国，击败了西班牙的"无敌舰队"，17世纪的几次英荷战争，英国击败了商业对手荷兰。17世纪英国的"光荣革命"，也截断了英国国内的天主教势力与法国的联系，并且在与法国的一系列争霸战争中不断取得胜利。

因此，近代英国的崛起，既是依靠民族建构与英国现代民族国家创建先拔头筹的优势，同时与西欧列强一系列对抗冲突中的胜利，也加速推进了英格兰的民族建构与英国现代民族国家的创建。在近代英国民族建构与英国现代民族国家创建的过程中，暴力战争如影随形。当代英国历史学家彼得·弗兰科潘论述近现代西方的崛起时曾经写到：

从某种意义上、托马斯·霍布斯的名著《利维坦》算是准确地道出了西方崛起的真相：人的天性本就处于一种亢奋不止的暴力状态。当然，只有一个欧洲作家才能得出这样的结论，而且只有欧洲作家得出的结论才会被认为是对的。❷

托马斯·霍布斯描述的"利维坦"的诞生，也表现为近现代欧洲民族国家的诞生。托马斯·霍布斯所在的英国，则是其中的典型。托马斯·霍布斯描述的"亢奋不止的暴力状态"，乃是"利维坦"诞生的丛林状态特征，近现代英国作为一个现代民族国家的崛起，也是在诉诸暴力的诸多战争冲突中崛起。"亢奋不止的暴力状态"，催生了英国等现代西方民族国家的诞生。

但近现代欧洲在战争冲突中崛起的民族国家，总是诉诸暴力背后，蕴藏着的则是依靠武力攫取自我利益的民族自我中心主义。例如，"英国人在亚洲秉持的行事准则是'每件事、每个人都有价格'"❸，其中"假仁假义随处可见"❹。近现代英国的民族认同建构，已经蜕变为在民族利己主义的道路上任意驰骋，同时，

---

❶ 里亚·格林菲尔德.民族主义：走向现代的五条道路［M］.王春华，等，译.上海：上海三联书店，2010：51.
❷ 彼得·弗兰科潘.丝绸之路：一部全新的世界史［M］.邵旭东，孙芳，译.杭州：浙江大学出版社，2016：223.
❸ 彼得·弗兰科潘.丝绸之路：一部全新的世界史［M］.邵旭东，孙芳，译.杭州：浙江大学出版社，2016：233.
❹ 彼得·弗兰科潘.丝绸之路：一部全新的世界史［M］.邵旭东，孙芳，译.杭州：浙江大学出版社，2016：236.

"对利润孜孜不倦的追求还激发了英国的自信与自大"❶。近现代英国的民族认同建构，在一次次战争胜利中建立起来的自信，也蜕变为极度自负的民族自我优越感。

17~18世纪，英国与法国逐步成为欧洲两强，近现代英国民族认同蜕变为民族自我优越感，来自英国在与西欧列强的一系列争霸战争中的胜利，特别是17~18世纪对于法国的一系列胜利。至于在英法两国争霸中的法国，经历了一系列战争失利的法国，对于英国的民族情感变化，也经历了从羡慕到憎恨的发展过程。

17世纪中期，英国发生了光荣革命，17世纪和18世纪之交英国颁布的《权利法案》以及王位继承法，逐渐推动着英国向由人民享有国家主权的现代民族国家演化。面对英国18世纪中期以来的一系列政治变化，在法国的民族心态中，特别是在对于民族认同发挥着重要作用的法国知识分子阶层中，充满了羡慕与崇拜，"大约是18世纪中期，英国是法国人普遍崇拜的对象，伏尔泰的《英国书简》和其他作品，以及英国式和花园茶的流行可以证明这一点"❷。

但是，在与崛起的英国一系列的国际竞争中，法国大国地位开始衰落，特别是1756—1763年英法两国争夺海外殖民地的七年战争，法国丢失了在北美与印度大量的殖民地。法国对待英国的民族心态，则由羡慕与崇拜，转变为仇视与憎恨。对此格林菲尔德论述道：

对英国的怨恨构成了最高层次上的法兰西民族意识的意识形态的基础，并促成了大众层次上的民族意识的形成。我们从法兰西民族主义编年史家们那里了解到，1756—1763年间的七年战争"激起了强烈的民族情感"。在当时的大众文学中，英格兰被称为"欧洲的野蛮地"，"那个令人憎恶的国家，在那里听不到理性、人性和自然的声音"❸。

18世纪法中期以后，法国对待英国由爱到恨的民族心态变化，首先出现在法国的知识分子阶层之中。"该世纪的后半期，明确的自由的、仇英的观点越来越盛行，卢梭、马布利、狄德罗、霍尔巴赫在18世纪80年代的影响力尤为

---

❶ 彼得·弗兰科潘.丝绸之路：一部全新的世界史[M].邵旭东，孙芳，译.杭州：浙江大学出版社，2016：238.
❷ 里亚·格林菲尔德.民族主义：走向现代的五条道路[M].王春华，等，译.上海：上海三联书店：2010：180.
❸ 里亚·格林菲尔德.民族主义：走向现代的五条道路[M].王春华，等，译.上海：上海三联书店：2010：213-214.

巨大。"❶法国对于英国仇视与憎恨等民族心态，在法国剧作家皮埃尔·德·贝卢瓦创作的戏剧《加莱之围》中，也有相应的反映。《加莱之围》中"用悲剧的形式表现了法、英之间传统的敌意，赞美了前者的美德，强调了后者的邪恶"❷。

但法国民族认同中对于英国的仇视与憎恨，不仅局限在法国的知识分子阶层，还会通过知识分子的相关文化传播活动，进一步感染普罗大众，并形成了英法两国民众彼此之间普遍的敌对情仇。18世纪法中期以后，法国民族认同中对于英国的仇视与憎恨，也变化为千方百计遏制英国的国际斗争。近现代欧洲在战争冲突中孕育出来的民族认同，不仅蜕变为依靠武力攫取自我利益的民族利己主义，而且还广泛地滑向了需要损人才能利己的道路之中。

1756—1763年英法两国争夺海外殖民地的七年战争之后，英属北美殖民地爆发了反对英国的北美独立战争，在北美独立战争期间，法国与美国结盟，共同对抗英国。正如当代英国历史学家彼得·弗兰科潘所说："美洲的失败大大震惊了英国人，这一挫折暗示出帝国的脆弱性。"❸北美独立战争的胜利，不仅暗示出大英帝国的脆弱性，也显示了近现代欧洲在战争冲突中孕育出来的民族认同的局限性。欧洲近现代在战争冲突中孕育出来的民族认同，早就已经埋下了相互仇恨的种子，近现代欧洲的民族认同建构，已经蜕变出无数的敌对心态，欧洲民族认同中的身份意识，也蜕变为日益紧张的民族之间敌意。

四、殖民侵略的二元相对认知与"民族主义先驱"

在对于近现代民族主义的研究中，美国人类学家本尼迪克特·安德森不仅将民族归结为一个"想象的共同体"，同时18世纪末19世纪初美洲的独立解放运动，也被安德森称为近现代民族主义思想的第一波。近代欧洲殖民侵略扩张过程中欧裔海外移民，被安德森称为近现代民族主义思想的先驱。安德森论述道：

为什么正好就是欧裔海外移民的共同体会这么早就发展出他们的民族概

---

❶ 里亚·格林菲尔德.民族主义：走向现代的五条道路［M］.王春华，等，译.上海：上海三联书店，2010：212.
❷ 里亚·格林菲尔德.民族主义：走向现代的五条道路［M］.王春华，等，译.上海：上海三联书店，2010：214.
❸ 彼得·弗兰科潘.丝绸之路：一部全新的世界史［M］.邵旭东，孙芳，译.杭州：浙江大学出版社，2016：239.

从二元对立困境到多元共存出路——欧洲民族认同建构中的认知模式变化

念——而且远在大部分的欧洲国家之前？为什么像这种通常包含了众多受压迫的、不说西班牙语的人口的殖民者省份，会有意识地将这些民众重新界定为自己同胞的欧裔移民？❶

回答安德森提出的上述问题，需要回顾近代欧洲对外殖民侵略扩张的历史发展过程。15世纪末到16世纪，欧洲伊比利亚半岛的西班牙与葡萄牙，率先从事开辟新航路的地理大发现，西班牙与葡萄牙也率先在全球抢占殖民地。在南美洲，葡萄牙占领了巴西，南美大陆的其他大片地域与北美的墨西哥等，遭受了西班牙人科尔特兹与皮萨罗等殖民者野蛮与残酷的武力征服，并逐步沦为西班牙的殖民地。

在西属南美洲，欧洲裔移民长期生活并繁衍后代，并被称为克里奥尔人，出生在西班牙并来到殖民地的居民，则被称为半岛人。到18世纪末19世纪初，美洲的独立解放运动前夕，在西属南美洲的人口比例中，克里奥尔人已经远远超过半岛人。"在1800年的西属南美洲的320万欧裔白种人中，只有不到的5%是出生在西班牙的本国人。"❷尽管如此，克里奥尔人却难逃身份认同的宿命，对此本尼迪克特·安德森强调：

> 就算他是在父亲移民之后的一个星期内出生的，出生于美洲的意外却使他沦入庸属的地位——纵然在语言、宗教、家世或礼节各方面它大多和在西班牙出生的西班牙人无法区别。这个情形谁都是无能为力的：他无可救赎地就是一个欧裔海外移民。❸

出生在殖民地的欧洲裔移民的克里奥尔人，与出生在西班牙的半岛人，两相比较，"本是同根生"，并将世代运用的语言、宗教信仰以及社会生活方式等，带入到了殖民地，克里奥尔人与半岛人之间，也具有共同的语言、宗教信仰以及社会生活方式等。可是两者之间，却存在着一个最为明显的差异，即出生地形成的身份认同差异。出生在西班牙的半岛人，被视为欧洲人，出生在殖民地的欧洲裔移民，则被视为美洲人。两者差异导致的后果，本尼迪克特·安德森就详细论

---

❶ 本尼迪克特·安德森.想象的共同体：民族主义的起源与散布[M].吴叡人，译.上海：上海人民出版社，2003：60.
❷ 本尼迪克特·安德森.想象的共同体：民族主义的起源与散布[M].吴叡人，译.上海：上海人民出版社，2003：66.
❸ 本尼迪克特·安德森.想象的共同体：民族主义的起源与散布[M].吴叡人，译.上海：上海人民出版社，2003：67.

述道：

> 他之受到排斥必然显得多么不理性啊！不过，隐藏在这个不理性之中的逻辑是这样的：既然生在美洲，他就不可能是一个真正的西班牙人；因此，既然生在西班牙，半岛人就不可能是真正的美洲人。❶

从安德森的论述可以看出，尽管克里奥尔人与半岛人之间，具有共同的语言、宗教信仰以及社会生活方式，但出生在殖民地与出生在西班牙的二元相对，却滋生了西属南美洲居民的民族身份意识，由此进一步掀起了拉丁美洲轰轰烈烈的独立解放运动，形成了安德森所说的近现代民族主义思想的第一波。

可是再进一步追溯，出生在殖民地与出生在欧洲伊比利亚半岛的二元相对，滋生了西属南美洲居民的民族意识，并不局限于人们出生地之间差异形成的相对认知，更为深层次的原因，还在于那些出生在西属南美洲殖民地的欧洲裔海外移民，广泛遭受到那些的半岛人的排斥与歧视等。对此，本尼迪克特·安德森也强调："是什么因素使得这样的排斥在母国看起来是合理的呢？无可置疑，是由来已久的马基雅维利主义。"❷欧洲人自身对于欧洲裔海外移民的排斥与歧视等，激发了安德森所说的近现代民族主义思想的第一波。

本尼迪克特·安德森所说的"由来已久的马基雅维利主义"，则是西班牙只顾母国利益的现实利己主义与自我中心主义。在西班牙对南美洲的殖民活动中，科尔特兹与皮萨罗等人对当地黄金白银的武力掠夺，被称为西班牙对南美洲殖民地的第一次征服，并为美洲大陆的印第安人带来了深重的灾难。而西班牙只顾母国利益对殖民地居民的掠夺，也被称为西班牙对南美洲殖民地的二次征服，这不仅激发了南美洲轰轰烈烈的民族意识与独立解放运动，同时也使西班牙丢失掉了在美洲的大片殖民地。

由本尼迪克特·安德森的论述逻辑可以看出，尽管克里奥尔人与半岛人"本是同根生"，但心怀半岛人自我身份意识形成的诸般离心离德的自我中心主义举措，将与半岛人"本是同根生"的克里奥尔人，推向了与半岛人对立的方向，并形成了本尼迪克特·安德森所说的近现代以来民族主义思想的第一波。对此也得注意到，尽管本尼迪克特·安德森将18世纪末19世纪初美洲的独立解放运动，

---

❶ 本尼迪克特·安德森.想象的共同体：民族主义的起源与散布[M].吴叡人，译.上海：上海人民出版社，2003：67.

❷ 本尼迪克特·安德森.想象的共同体：民族主义的起源与散布[M].吴叡人，译.上海：上海人民出版社，2003：67.

称为近现代以来民族主义思想的第一波。但近现代欧洲的对外殖民征服，激发了殖民地的欧洲裔移民的民族意识，早在南美洲独立解放运动之前的英属北美十三州爆发的北美独立战争，就已经非常明显。

在欧洲列强的海外殖民侵略扩展过程中，西班牙与葡萄牙率先在全球抢占殖民地，荷兰、英国、法国等西欧国家，也紧随其后，扩展了在全球的殖民侵略扩张，共同形成了西欧列强海外殖民侵略浪潮。近现代的西欧列强，为了争夺殖民地，彼此之间大打出手，经常发生战争冲突。经过英荷战争、英法战争等一系列战争，英国的殖民侵略扩展活动后来居上，在北美建立了十三州殖民地，在北美大陆占有了大量殖民地。

在英属北美十三州殖民地的建立过程中，大量英国移民来到北美大陆。尽管面临着新的生活地域环境，但正如当代美国人类学家里亚·格林菲尔德所说："美利坚独特感的形成丝毫没有妨碍北美人对英格兰民族及其民族认同的忠诚：无论居于何处，他们所属的民族都是英格兰民族。"❶ 早期来到北美大陆的英国移民，尽管移民原因各异，但对于英国仍然具有强烈的民族认同。对此，格林菲尔德举例谈道："北美人通过多种方式表达其忠诚，对其定居地的命名就相当具有说服力。其中，'新英格兰'这一命名再明白不过。"❷ 英属北美殖民地的人们，"谈论'两个英格兰'，声称自己与母国只是在空间上被隔开了，对英格兰情深似海"❸。

尽管如此，英国对于十三州殖民地的殖民统治，也犹如西班牙在西属南美洲的殖民统治一样，不仅会陷入新英格兰与老英格兰之间两两相对的二元相对认知，而且会在殖民地与母国的二元相对认知中，误入只顾母国利益的自我中心主义与利己主义歧路。这表现在英国对北美十三州殖民地的殖民统治过程中，英国为了母国利益，保障在北美大陆的商业垄断，先后制定了《制铁条例》《制帽条例》等，限制殖民地居民，越过阿巴拉契亚山脉以西，从事相应的生产活动与贸易活动。

1756—1763年英国与法国争夺殖民地的七年战争结束后，英国议会通过了

---

❶ 里亚·格林菲尔德.民族主义：走向现代的五条道路[M].王春华，等，译.上海：上海三联书店：2010：508.
❷ 里亚·格林菲尔德.民族主义：走向现代的五条道路[M].王春华，等，译.上海：上海三联书店：2010：503.
❸ 里亚·格林菲尔德.民族主义：走向现代的五条道路[M].王春华，等，译.上海：上海三联书店：2010：506.

新殖民地政策的诸般举措，还通过《食糖法》《货币法案》《强制法案》《印花税法》，宣布为保卫北美有必要向当地居民征税。1767年，英国还通过《驻军条例》，加紧了对殖民地的管制。

因此，尽管殖民地居民对英国具有强烈的认同，可是英国为确保母国利益的诸多措施，进一步激化了与北美殖民地居民的矛盾，并让殖民地居民认识到"两个英格兰"之间的空间隔离，也是内外有别，"新英格兰"并不是英格兰，而是美利坚。英国只顾母国利益的自我中心主义与利己主义歧路，也催生了美利坚的民族意识，北美十三州殖民地新英格兰人的身份认同，也发展成为美利坚的民族认同。

也正是在英国与北美殖民地居民的对立与矛盾中，美利坚民族的民族意识开始萌生。例如，1776年，托马斯·潘恩发表了《常识》，尽管匿名署名为"一个英国人"，可是"在《常识》中，心怀不满的英国人潘恩开始证明，美国人并非英国人，也不该渴望成为英国人"[1]。潘恩的《常识》在北美大陆一时"洛阳纸贵"，"美国人并非英国人，也不该渴望成为英国人"的美利坚民族意识觉醒，也在广泛地沁入北美殖民地居民的心灵。英国人自身的种种利己措施，锻造了美利坚民族意识的觉醒，这在美国建国元勋富兰克林的心路历程中，也有着相应的表现。对此，格林菲尔德论述道：

> 富兰克林在一封伦敦来信中将自己描述为"一个美利坚人"而非"一个宾夕法尼亚人"……然而，富兰克林这封信写于英国，这并非巧合，正如他细心辨识出的：正是在英国人眼里，他看起来"太美利坚了"。对于英国来说，殖民地被称为"美利坚"是因为他们并非欧洲人，而不是出于把他们预设为一个整体。[2]

可以看出，尽管来到北美大陆的英国移民，最初对于英国具有强烈的民族认同，可是英国在北美殖民地只顾母国利益的种种措施，其形成的英国母国与殖民地居民的二元相对认知，激发了美利坚的民族意识觉醒与反抗英国殖民统治的北美独立战争。1776年，北美独立战争爆发，英国不仅丢失掉了其在北美大陆的大片殖民地，同时还孕育出了后世将会取代英国世界霸主地位的美利坚合众国。近现代的英国不仅在民族现代建构与民族国家创建的道路中先行一步，成了格林

---

[1] 里亚·格林菲尔德.民族主义：走向现代的五条道路[M].王春华，等，译.上海：上海三联书店：2010：530.

[2] 里亚·格林菲尔德.民族主义：走向现代的五条道路[M].王春华，等，译.上海：上海三联书店：2010：533.

菲尔德所说的"上帝的长子"，但在应对民族以及民族国家的关系中，也很早就误入了歧路。

五、欧洲 19 世纪初以前的种族主义

在近现代以来民族概念的演化过程中，民族与种族两个概念，具有明显区别。民族具有丰富的文化、政治、经济等内涵，种族概念主要是针对各地区人们之间的生理特征差异。在欧洲的长期历史发展进程中，人们广泛认为，正如不同的家畜生理特征的差异，具有不同的天赋一样，各种族生理特征的差异，会导致不同的人类种族，在智力、进取心、勇敢等主观精神方面具有不同的天赋。欧洲的种族优越与种族歧视，也为欧洲民族认同的蜕变埋下了伏笔。

欧洲的种族观念，有着古老的历史根源。例如，古代希腊人依靠共同的神话起源、生活在希腊的共同地理区域、说着共同的希腊语，建构了希腊人的共同民族意识，外族人则被视为"野蛮人"，并把掠夺来的外族人作为奴隶，古代希腊奴隶社会的构建，也以古希腊人把外族人视为野蛮人的种族观念为思想根基。古希腊文化的集大成者亚里士多德在其《政治学》一书中对此谈道："所以诗人们说：'野蛮人应该由希腊人为之治理。'在诗人们看来，野蛮民族天然就是奴隶。"❶ 亚里士多德首先借用古希腊诗人们的言辞，呈现了古希腊人把外族人视为野蛮人的种族观念。紧接着亚里士多德就论述道，古代希腊一些人坚持认为：

> 世上有些人（野蛮族）到处都应该是奴隶，本性上就是奴隶，另一些人（希腊人）到处都应该自由，本性上就是自由人。由奴性所引起的观念，也适用于优种（贵族）的观念，希腊人以优种（贵族）自居，不仅在本国是优种，就是到世界任何地方，都应该是优种。❷

从亚里士多德的上述论述可以看出，把外族人视为野蛮人，把希腊人视为优种人，并将此作为希腊奴隶社会的思想观念基础，这在古希腊非常普遍。亚里士多德论述道："希腊人谁都不乐意称优良的希腊种人为奴隶，他们宁愿将奴隶这个名称局限于野蛮人（外邦人）。"❸

作为古希腊大思想家的亚里士多德，在分析古希腊人将外邦人视为野蛮人，

---

❶ 亚里士多德. 政治学 [M]. 吴寿彭, 译. 北京：商务印书馆，2017：5.
❷ 亚里士多德. 政治学 [M]. 吴寿彭, 译. 北京：商务印书馆，2017：18.
❸ 亚里士多德. 政治学 [M]. 吴寿彭, 译. 北京：商务印书馆，2017：17.

并通过战争胜利将"野蛮人"转化为奴隶的思想观念时,也指出:"我们还是维持尚善的宗旨,认为主奴关系应该以善良和卑恶为准则。"❶ 亚里士多德所坚持的善良和卑恶的原则,则是其认为通过战争将野蛮人转化为奴隶,这不合乎正义,但却认为"野蛮人"缺乏理性的天赋本分,由此把外族人作为奴隶。因此,亚里士多德也认为,"很明显,人类确实原来存在着自然奴隶和自然自由人的区别,前者为奴,后者为主,各随其天赋本分而成为统治和从属,这就有益而合乎正义"❷。认为"野蛮人"缺乏理性的天赋本分,因此将其转化为奴,就有益而合乎正义,尽管论证向前推进了一层,但骨髓之中,依然是一种把外族人视为野蛮人的种族观念。即使像亚里士多德这样的古希腊智者,也认为其是理所当然的。

古代希腊人奴隶制度中蕴藏着的一套思想观念,成为欧洲种族主义思想的古典根源。古代罗马最初也被希腊人视为野蛮落后的蛮夷之地,可是在古代希腊文化西传到古代罗马的希腊化进程中,古代罗马继承了古代希腊人种族主义思想与奴隶制度。古代罗马人也广泛地把周边的民族视为"野蛮人"。"对古希腊和古罗马说来说,'野蛮民族'所指的就是外国人(因为他们的语言对希腊和罗马人来说莫名其妙,'吧吧'乱响),在最早的时候,希腊人甚至把罗马人也称为'野蛮民族。'"❸古代罗马依靠无数次的对外征服战争,将战俘转化为奴隶,并成为奴隶的重要来源。在古代罗马的对外征服战争与奴隶制度中,种族主义思想依然广泛盛行。

古代希腊与古代罗马,往往被近现代以来的欧洲视为典范。近现代以来,欧洲的种族主义思想进一步蔓延,并与作为欧洲文明之根的古希腊与古罗马一脉相承。古希腊文化的集大成者亚里士多德,曾经将希腊人与野蛮人的差异追溯到天赋本分,近代欧洲人们却将欧洲人与其他民族的差异,追溯到了地理环境的差异。例如,孟德斯鸠在其《论法的精神》论述道:"风气燠热之区,其民有精神疲惫之效,水土高寒地区之国民不然,形神交劲,有强毅刚果之风,故不畏难而轻冒险。"❹孟德斯鸠认为,居住在热带地区的人们精神疲惫、胆小羸弱、智力简

---

❶ 亚里士多德.政治学[M].吴寿彭,译.北京:商务印书馆,2017:17.
❷ 亚里士多德.政治学[M].吴寿彭,译.北京:商务印书馆,2017:18-19.
❸ 朱迪斯·M.本内特,C.沃伦·霍利斯特.欧洲中世纪史[M].杨宁,李韵,译.上海:上海社会科学院出版社,2007:35.
❹ 孟德斯鸠.论法的精神[M].严复,译.上海:上海三联书店,2009:239.

单，温带地区的人们强健刚毅、不畏艰难、积极上进。孟德斯鸠论述的世界各地区种族之间，存在着智力与体力之间的差异，进一步发展为根源于地理环境之间的差异。

正如严复翻译孟德斯鸠《论法的精神》所认为："欧、亚虽强分二洲，以地势论，实同一洲。"❶ 欧洲与亚洲都是位于北半球，并且山水相连，同为欧亚大陆。但孟德斯鸠却偏偏认为："唯亚洲之形势如此，故其地无真温带可言……至于欧洲诸部，乃大不然，虽风气不齐，而皆在温带之域。"❷ 在孟德斯鸠看来，亚洲并不是真正的温带，只有欧洲才是真正的温带。孟德斯鸠论述的地理环境之间的差异，形成了世界各地区种族智力与体力之间的差异，不仅将地理环境决定论作为种族主义思想的合理性基础，同时还将地理环境决定论作为欧洲人自我优越与欧洲自我中心主义的合理性基础。

孟德斯鸠是法国启蒙运动的重要人物。法国的启蒙运动，以高扬人的理性作为旗帜。人类的理性需要实地观察、需要经验地加以记录并做出理性分析。孟德斯鸠所论述的地理环境与世界各地区人种之间的关系，被认为是"理性的科学认识"，进一步滋长了欧洲的种族主义思想。"启蒙运动没过多久，一些作者就把'种族'当作不同智能和不同道德意识的体现纳入了两极世界图像之中，并给他们贴上了诸如'美'与'丑'以及——作为这两种属性的结果的——'善'与'恶'的道德和美学评价标签。"❸

尽管欧洲启蒙运动中高扬理性，可是18世纪晚期的欧洲，根据实地观察和具体经验得出的理性认识，依然犹如古代雅利安人入侵印度一样，贸然根据人种之间的肤色深浅差异，就界定出了种族之间的高低优劣之分，例如：

1785年，克里斯托夫·迈纳斯就发表了从极端化种族立场出发撰写的第一部世界史，这样他就让一种基于"白色的漂亮"种族与"黑色的丑陋"种族的对立的通史概要四处流传了。摩尼教式的二元论和种族斗争的叙述模式，便可在这种梗概中获得自己的轮廓。随着迈纳斯这部著作的流传，"种族斗争"和"种族纯洁性"便成了西方人的强制观念。❹

18世纪欧洲种族主义思想的盛行，在欧洲内部，最为突出的案例，就是歧

---

❶ 孟德斯鸠.论法的精神［M］.严复,译.上海：上海三联书店，2009：241.
❷ 孟德斯鸠.论法的精神［M］.严复,译.上海：上海三联书店，2009：240.
❸ 雅各布·坦纳.历史人类学导论［M］.白锡堃,译.北京：北京大学出版社，2008：36.
❹ 雅各布·坦纳.历史人类学导论［M］.白锡堃,译.北京：北京大学出版社，2008：36.

视生活在欧洲的犹太人。对犹太人的种族歧视，在18世纪的欧洲，已经成为比较普遍的思想意识。例如，"德国著名哲学家摩西·门德尔松（1729—1786年）1743年首次走过柏林门时，关口的官员在自己的值班本上记下：'今天通过了六头牛，七头猪，还有一个犹太人。'这概括性地描述了当时对犹太人所抱有的普遍态度"❶。

近现代以来，欧洲人通过新航路的开辟，开启了向全球侵略扩张的进程，近代欧洲蔓延的种族主义思想，尤其是其中夹杂着欧洲文化优越论与欧洲自我中心主义，也广泛地派上了用场，广泛地作为对外殖民侵略扩张的文化思想工具。在欧洲殖民者侵略亚洲和非洲的过程中，在欧洲人看来，"亚洲人与非洲人都是孩子，对他们态度强硬都是为了他们好"❷。欧洲人视自身文化与文明优越，欧洲人向全世界的殖民扩张，也被诸多欧洲的人们视为"文明开化"与传播文化，由此理所当然、心安理得。欧洲的种族主义思想与欧洲自我中心主义，不仅让欧洲认为自身乃是"人类的主人"，同时也成了近现代欧洲对外殖民侵略的文化思想思想根据。近代西方人向全球侵略扩张的进程，也成了"西方政治成功、文化优势和道德胜利的颂歌"❸。

第二节 19世纪欧洲的民族认同蜕变

一、19世纪欧洲民族与民族国家之间的敌对心态

从中世纪晚期以来，欧洲民族主义思想不断生长，到了19世纪，特别是19世纪后半期德意志与意大利的统一运动，欧洲的民族主义思想也发展到了顶峰。"在19世纪的欧洲，尽管传统价值和科学的吸引力影响很大，各种流派的自由主义和社会主义也发挥主要作用，但毫无疑问，最流行最活跃的思想力量是

---

❶ 克劳斯·费舍尔.德国反犹史[M].钱坤，译.南京：江苏人民出版社，2007：60.
❷ 维克托·基尔南.人类的主人——欧洲帝国时期对其他文化的态度[M].陈正国，译.北京：商务印书馆，2006：169.
❸ 彼得·弗兰克潘.丝绸之路——一部全新的世界史[M].邵旭东，孙芳，译.杭州：浙江大学出版社，2016：1.

民族主义。"❶ 19世纪欧洲民族主义思想非常流行、极为活跃，民族认同也广入人心。

尽管如此，19世纪的欧洲，既是民族主义思想非常流行、极为活跃的时期，同时也是民族以及民族国家之间的敌对心态正在积累的时期。例如，19世纪初德国著名哲学家费希特发表的《对德意志民族的演讲》，被一些学者称为民族主义的《圣经》，其不仅推动了德意志民族意识的觉醒与德意志民族精神的建构，同时也蕴含着强烈的民族自我优越与对他者民族的歧视，并且还蕴含着浓厚的民族之间敌对心态。拿破仑大军入侵德意志，形成了法兰西民族与德意志民族的二元相对，成为激发费希特发表《对德意志民族的演讲》的时代背景。费希特也运用了一种建构民族共同性与民族之间差异性的二元建构原理，建构共同的德意志民族精神。

费希特建构共同的德意志民族精神的学理逻辑，首先是依靠日耳曼人民族大迁徙的客观历史形成的二元相对，其中的一元，当属德意志人一直定居在古代日耳曼人原初居住的地方，并保持和发展了古代日耳曼人的原始语言；另外一元则是其他日耳曼部族迁徙至别处，并吸收了外族语言。两元之间的差异，导致了两者在民族精神方面的诸多差异，对此费希特就得出结论：

第一，在具有活生生的语言的民族那里，精神文化影响着生命，在不具有这种语言的民族那里，精神文化和生命各行其道，互不想干。第二，前一种民族对所有精神文化采取真正认真的态度，并希望它能影响生命；与此相反，后一种民族则宁可把精神文化看作一种天才的游戏，后一种民族只有精神，前一种民族除了精神，还有心灵。第三，前一种民族做一切事情，都很诚实、勤奋与认知；与此相反，后一种民族则作风懒散，随遇而安。第四，在前一种民族那里，广大民族都是可以教育的，在第二种民族那里，有教养的阶层则与民众分离，无非是把民众视为实现他们的计划的盲目工具。❷

可以看出，费希特对于德意志民族认同的二元建构，建构出了能够为近现代德意志统一提供精神根基的共同的民族精神，可是在这种建构共同民族精神的过程中，流露出来的则是诸多的民族自我优越感。而对于迁居到其他日耳曼部族发

---

❶ 诺曼·里奇.现代欧洲史（卷五）：民族主义与改革时代1850—1890[M].王潇楠，王珺，译.北京：中信出版社，2016：62.
❷ 梁志学.费希特著作选集（第五卷）[M].北京：商务印书馆，2006：314.

展而成的民族，费希特的论述，充斥着无数的民族偏见。费希特在建构共同的德意志民族精神的过程中，以自身所在的民族为优越，而对于其他民族则充斥着无数的民族偏见，首先具体表现在语言差异这一层面。

一直定居在古代日耳曼人原初居住的地方，保持和发展了古代日耳曼人原始语言的德意志民族语言，费希特称为是"活生生的语言"。可是对于其他日耳曼部族迁徙至别处，并吸收了外族语言的其他民族语言，费希特则称为："这种彻底僵死的、不可理解的语言很容易被扭曲，也很容易被滥用来粉饰人类的种种堕落，作为这个例子，我举出三个声名狼藉的词汇：博爱、民有、自由，这些词在一个从来没有学过其他语言的德意志人听来，简直是一种毫无意义的叫声。"❶ 费希特的这一论述，也是偏见重重。

费希特发表《对德意志民族的讲话》是在拿破仑大军入侵德意志期间，费希特所说的前一种民族是指其所在的德意志民族，费希特所说的后一种民族，稍具历史常识，也知道其所说的是法兰西民族。费希特的《对德意志民族的演讲》，不仅建构了共同的德意志民族精神，还建构了法兰西与德意志两个民族的敌对心态。

不仅诸如费希特等哲学家的哲学论证，在助推民族认同的蜕变，宣称"按事情本来的样子"书写历史的诸多德意志历史学家，同样也偏离了客观公正的历史学发展轨道，并依靠二元相对的认知方式书写历史。例如，19世纪德国的一代史学宗师兰克就强调："对我们而言，我们伟大的文学时代的所有贡献、我们伟大人物的一切科学发现、一切在德国已成为伟大的东西，都是与法国相对立才得以成功的。"❷

在二元相对的认知方式的历史书写中，同样充斥着诸多的民族偏见。例如，1840年，德国有一位当时声明卓著的历史学家海因里希·列奥，编撰了一部《通史》，在书中写道："法国人只是个猿猴民族。爱尔兰和法国的凯尔特人总是受动物天性的驱使，而我们德国人只仰仗神圣思想的影响而行动。高卢的面具下总是渗透着粗野、虚荣和自大。"❸

除此之外，19世纪后期，德国著名历史学家特奥多尔·蒙森编撰了《罗马

---

❶ 梁志学．费希特著作选集（第五卷）[M]．北京：商务印书馆，2006：308．
❷ 安托万·基杨．近代德国及其历史学家[M]．黄艳红，译．北京：北京大学出版社，2010：48．
❸ 安托万·基杨．近代德国及其历史学家[M]．黄艳红，译．北京：北京大学出版社，2010：16．

史》，不仅"变成了一篇日耳曼民族的辩护词"，同时对于建构德意志民族认为的自身优越，也进一步推波助澜：

  这部著作出版后不久，另一些著作陆续面世，他们受蒙森的启发，运用民族心理学来颂扬自己的国家，一门新的科学诞生了，这就是民族心理学，历史学家、地理学家、人种学家和教师以这门学说来解释日耳曼民族优越于其他民族的原因。德意志在这个世界上首屈一指，高于一切。❶

  19世纪德国的历史学家，"他们唤起了德国人过分的自信心，而这种自信很快就堕落为傲慢"❷。这也正如20世纪上半期法国思想家班达所说："现代知识分子的爱国主义的另一特征：仇外，这是一种对外人的仇恨，它是对不'属于自己'的人的鄙视。"❸班达所说的现代知识分子所具有的对外人的仇恨特征，在19世纪欧洲思想界广泛蔓延。除了德国思想界的相关表现之外，19世纪的法国，特别是普法战争之后，怨恨与敌视的目标，也由英国转向了德国。"在19世纪80年代，法国政坛上最流行的词汇，不是'家庭''秩序''传统''道德'或其他熟稔的字眼，而是'威胁'。"❹欧洲的19世纪，既是民族主义勃勃发展的世纪，同时也是民族及民族国家之间的敌对情绪日渐浓厚的世纪。

二、19世纪欧洲民族主义思想中的民族利己主义

  19世纪欧洲的民族主义，不仅逐步蜕变为欧洲民族及民族国家之间浓厚的敌对心态，同时还逐步向极端的民族利己主义蜕变。19世纪初费希特发表《对德意志民族的演讲》，强调共同的德意志民族精神的重要性。费希特立论的一个重要基础，就是在其绪论中，将批判的矛头对准了人类精神现象中的利己主义。费希特论述道：

  在某个地方，利己主义经过充分的发展以后，丧失了它的自我，丧失了独立地给自己设定自己的目的的能力，从而自己毁灭了自己。利己主义的这种现在发生的自我毁灭，既是我提到的时代进程，也是这个时代的一个崭新事件。❺

  费希特所说的"某个地方"，是指费希特所在的分裂割据的德意志。费希特

---

 ❶ 安托万·基杨.近代德国及其历史学家[M].黄艳红，译.北京：北京大学出版社，2010：105-106.
 ❷ 安托万·基杨.近代德国及其历史学家[M].黄艳红，译.北京：北京大学出版社，2010：251.
 ❸ 朱利安·班达.知识分子的背叛[M].佘碧平，译.上海：上海人民出版社，2005：84.
 ❹ 埃里克·霍布斯鲍姆.民族与民族主义[M].李金梅，译.上海：上海人民出版社，2000：142.
 ❺ 梁志学.费希特著作选集（第五卷）[M].北京：商务印书馆，2006：256.

批判的利己主义，主要是德意志各封建诸侯维护自我利益的利己主义。德意志各封建诸侯的一己私利，在欧洲封建主义的时代，经历了费希特所说的"充分的发展"，到了欧洲民族主义兴起的时代，已经变得不合时宜，正在变成费希特所说的"自我毁灭"。在拿破仑大军入侵德意志期间，德意志"这些四分五裂、单独支撑的成员感到畏惧更大，他们强颜欢笑，把过去极不情愿献给祖国捍卫者的东西，大量地捐赠给了敌人"❶。德意志各封建诸侯维护自我利益的利己主义，不仅阻碍着德意志的统一，同时也经常招致外敌入侵，分裂割据的德意志，也常常沦为欧洲列强争霸的战场。

在《对德意志民族的演讲》中，费希特强调在德意志各封建诸侯的自我利益之上，还存在着德意志民族的共同民族利益。费希特倡导共同的德意志民族精神，在结语中，费希特也强调，为了德意志共同民族利益的奋斗精神与奉献精神，需要"每一个德意志人，只要他还相信自己是一个德意志人，只要他对这个民族还抱有希望，勇于为她奋斗，甘于为她忍辱负重"❷。费希特倡导的民族成员为了民族集体利益的奋斗精神与奉献精神，能够将民族以及民族国家汇聚成了一个囊括无数民族成员的利益共同体。而在民族的利益共同体之中，"自我感觉到仅仅是整体的一部分，并且只有在整体令人满意时才能天长日久"❸。费希特《对德意志民族的演讲》，不仅被后世人们称为民族主义的《圣经》，同时还彰显着一个注重民族共同利益时代的到来。

欧洲近现代民族主义思想的兴起，人们费尽心智、竭尽全力谋求的现实利益，也从形形色色的地方利益、各种社会群体利益以及个体利益的基础，进一步提升到了共同的民族利益与民族国家利益。对此，霍布斯鲍姆强调："'欧洲'是作为全球国家体系出现的，在这个体系中，国家的对外政策被看作是由永恒的'利益'所决定、被解释成为超然于宗教信仰上的'国家理智'。"❹ 捍卫民族利益，成了近现代欧洲民族主义思想的基本伦理价值观念，民族以及民族国家的集体利益，也成了支配欧洲近现代民族与民族国家诸般行为的基本价值观。19世纪英国首相帕麦斯顿曾言，"没有永远的朋友，只有永远的利益"，也点明了欧洲民族与民族国家构成的现代民族国家体系的内在本质。

---

❶ 梁志学.费希特著作选集（第五卷）[M].北京：商务印书馆，2006：258.
❷ 梁志学.费希特著作选集（第五卷）[M].北京：商务印书馆，2006：470.
❸ 梁志学.费希特著作选集（第五卷）[M].北京：商务印书馆，2006：260-261.
❹ 埃里克·霍布斯鲍姆.民族与民族主义[M].李金梅，译.上海：上海人民出版社，2000：143.

从二元对立困境到多元共存出路——欧洲民族认同建构中的认知模式变化

近现代欧洲民族主义思想的发展，将民族以及民族国家建构成了关系人们切身利益的利益共同体，激发了人们的积极奉献与努力创造，推动了近现代欧洲社会发展。但"大约从1880年开始，国际化和工业革命的合作方面就逐步而不可逆转地让位于与日俱增的、根本上是好战的、民族主义的竞争了"❶。在对待民族以及民族国家之间关系这一层次，欧洲近现代以来兴起的以维护民族利益为基本价值观的民族主义思想，并不是诉诸和平共处、交流合作、互利共赢等发展道路，而是滑向了损人利己的民族利己主义歧路之中。为了民族利益，欧洲近现代的民族主义，广泛地蜕变为依靠武力侵略掠夺的对外扩张主义。欧洲近现代依靠民族主义思想创建出来的现代民族国家，也蜕变为依靠武力强取豪夺谋取自我利益的欧洲列强。

19世纪是欧洲民族主义高度发展的世纪，率先行进在现代民族国家建构道路上的英、法等国，加紧了对于亚洲、非洲的侵略扩张，亚洲、非洲诸多国家深受其害。19世纪晚期，历经曲折实现了民族统一大业的德意志、意大利等国，也摇身一变成了列强，加入了对外侵略扩张的队伍。19世纪的欧洲，"民族主义也发展成为扩张主义，一些新兴的民族国家刚一宣布主权独立，便想征服其他民族。大国间，意大利、德意志同英、法、俄争夺扩张的战利品；而小国间，巴尔干地区的新兴民族国家也不惜同土耳其、奥地利等国争权夺利、寻求扩张"❷。19世纪列强对外侵略扩张，既充斥着欧洲列强在诸如柏林会议上的相互分赃，也还充斥着因分赃不均导致的大打出手。欧洲列强极端的民族利己主义与彼此之间的敌对心态，也相互结合，在民族认同蜕变的歧路中越走越远。

所谓当局者迷，旁观者清，19世纪欧洲民族主义，已经蜕变为极端的民族利己主义，并广泛地诉诸暴力对外扩张与彼此之间的激烈争夺，印度著名诗人泰戈尔在19世纪最后一天，用孟加拉语所作的《世纪的黄昏》一诗，对其描述道：

世纪末日的太阳在西方的血红的云海和仇恨的旋风中没落，

民族利己的赤裸裸的激情带着它那贪欲的醉狂，

紧随着刀剑的砍杀和复仇的狂歌舞蹈。

民族的贪欲会由于它无耻的取食而发狂，

---

❶ 加布里埃尔·杰克逊.文明与野蛮：20世纪欧洲史[M].余昌楷，李佳，译.北京：东方出版社，2010：8.

❷ 诺曼·里奇.现代欧洲史：民族主义与改革时代1850-1890[M].王潇楠，王珺，译.北京：中信出版社，2016：7.

因为它已经把世界变成他的食物，舔着、嚼着，大口地吞着，

它不断地膨胀，直到在那邪恶的筵席上，

一声霹雷突然从天而降，

击破它那肥大的心脏。❶

泰戈尔所说的"西方血红的云海和仇恨的旋风"，以及"刀剑的砍杀和复仇的狂歌舞蹈"，描述了经过19世纪欧洲民族主义思想的高度发展，到了19世纪与20世纪之交，欧洲已经弥漫着广泛诉诸暴力的激烈敌对情仇。这一切的背后，则是泰戈尔诗中所说的"民族利己"的"贪欲"。诗中所说的"世界变成他的食物"，也表现为亚洲、非洲等世界广大地区，已经沦为欧洲列强民族利己主义的掠夺对象。在欧洲列强武力瓜分世界的"邪恶的筵席上"，"一声霹雷突然从天而降，击破它那肥大的心脏"，20世纪上半期欧洲两次世界大战，则对此进行了应验。

在第一次世界大战期间的1916年，泰戈尔还做了关于西方民族主义的演讲。西方的民族主义被泰戈尔视为"吞噬人类道德活力的残酷瘟疫"，泰戈尔指明："这种民族主义是一种席卷当今人类世界并吞噬它的道德活力的残酷瘟疫。"❷同时，西方的民族主义被泰戈尔称为"道义的死亡之道"，为此泰戈尔也谈道："它的道义的制动器，在不知不觉的情况下一天比一天失灵了，舒适的平光大道，成了它的死亡之道"。❸

引发"吞噬人类道德活力的残酷瘟疫"的致命病毒，则是西方民族主义思想中蜕变出的极端民族利己主义。泰戈尔对于西方民族主义的批判，也集中于批判西方民族主义思想中蜕变出的极端民族利己主义。泰戈尔认为，西方民族主义思想中蜕变出的极端民族利己主义，"以惊人的速度越出它的界限，驱使它邻近的所有社会贪婪地追求物质繁荣，结果互相妒忌，互相惧怕对方变得强大，这时它再也不能遏制自己，因为竞争愈演愈烈，组织发展得愈加庞大，自私自利取得了至高无上的地位"❹。

对于自我与他者的关系，中国传统智慧就强调，"己所不欲，勿施于人"。同样，泰戈尔也认为，西方民族主义思想中蜕变出极端的民族利己主义，在于西

---

❶ 泰戈尔. 民族主义［M］. 谭仁侠，译. 北京：商务印书馆，2010：1.
❷ 泰戈尔. 民族主义［M］. 谭仁侠，译. 北京：商务印书馆，2010：9.
❸ 泰戈尔. 民族主义［M］. 谭仁侠，译. 北京：商务印书馆，2010：12.
❹ 泰戈尔. 民族主义［M］. 谭仁侠，译. 北京：商务印书馆，2010：5.

方民族主义思想中的民族认同在认知自我与认知他者之间，误入了只注重自我，并排斥他者的歧路之中。泰戈尔强调："从欧洲的土壤中产生、正流行于全世界的政治文明，像某种繁殖力很强的野草一样，其基础是排他的。"❶泰戈尔的这一论述，也点明了欧洲近现代以来民族认同在认知民族之间差异性这一环节发生蜕变的关键之处。

三、19世欧洲自然科学新成就与种族主义发展

19世纪的欧洲，不仅民族主义思想盛行，同时以往欧洲历史中已经盛行的种族主义思想，正在广泛生长蔓延。民族主义与种族主义两者之间，也呈合流之势。对此，霍布斯鲍姆论述19世纪欧洲民族主义思想发展就谈道："'种族'与'民族'竟然变成了同一件事，人们把它视为同义词，而且还漫无边际地把种族特质等同于民族特质。"❷

19世纪之前的欧洲，人们已经广泛运用智力、理性及人们所在的地理环境，作为种族优越与种族歧视的合理性基础。到了19世纪，欧洲自然科学的发展取得了一系列新突破，其中达尔文的生物进化论，则是19世纪欧洲自然科学的新成就。达尔文的生物进化论，也被欧洲诸多人引入人类社会中的种族区分，欧洲本已泛滥的种族主义思想，又获得了19世纪欧洲自然科学的新成就，作为新的合理性基础。欧洲种族主义思想中的种族优越与种族歧视等心态，由此变得更加心安理得、理所当然。

1859年，达尔文发表了《物种起源》。达尔文在全书的结论中就认为："由于自然选择经由竞争产生作用，它让所有的地方的生物得以适应与改进。"❸达尔文的生物进化论揭示了生物界中为了生存而竞争的自然选择，推动了生物界由低级到高级、由简单到复杂的进化过程。同时，达尔文在其结论中还强调："无论哪个地方的物种，即便依照普通的观念被假定是为那个地区创造且相当适应该地区的，却被来自另外地方的归化物种所击败与排挤掉，对此我们用不着惊讶。"❹达尔文的生物进化论，揭示出了"强者生存，弱者淘汰"，乃是整个生物界中的自然现象和普遍规律。同一时期，奥地利植物学家孟德尔等人对于生物界中的遗

---

❶ 泰戈尔.民族主义[M].谭仁侠，译.北京：商务印书馆，2010：32.
❷ 埃里克·霍布斯鲍姆.民族与民族主义[M].李金梅，译.上海：上海人民出版社，2000：129.
❸ 查尔斯·罗伯特·达尔文.物种选择[M].赵娜，译.西安：陕西师范大学出版社，2009：287.
❹ 查尔斯·罗伯特·达尔文.物种选择[M].赵娜，译.西安：陕西师范大学出版社，2009：287.

传现象的研究,进一步丰富了生物界中进化与遗传等的认识。

19世纪欧洲自然科学研究中,关于进化与遗传等相关科学研究成就,立即被运用到人文社会科学中,以此用来认识人类自身,解答"我们是谁"这个身份认同的关键问题。其中最为突出的成就,当属19世纪后期,西方的人们终于认识到人类并非由上帝所创造,而是来自类人猿的长期进化,由此解答了"人们来自于何处"的人类起源问题。达尔文的生物进化论出台,不仅用来解释人类的起源问题,还用来认识人类社会各种族、各民族之间,缘何存在着巨大差异这一问题。由此19世纪后半期,欧洲广泛流行社会达尔文主义,并为19世纪欧洲已经盛行的种族主义火上添薪。

这也正如霍布斯鲍姆所说:"达尔文的进化论加上后来的遗传学,共同为种族歧视提供了看似强有力的'科学'佐证,让人们可以心安理得、理所当然地驱逐外人,甚至仇杀外人。"[1] 19世纪后半期,"整个欧洲学术界,显然都在通过实验、具体地并从量的方面,对'肉体的人'及其种族变种进行测量和分析"[2]。欧洲许多大学的院系研究所、科学杂志、国际会议以及科研团体,对于各种族之间的体质与智力等方面的研究,不仅越来越广泛,而且越来越细致。"以往人们只是根据不同的肤色,将人类分为少数几个种族,可是在19世纪下半叶,种族区分已发展到要把白种人再细分成'雅利安人'和'闪族人';而雅利安人还得再细分成北欧人、阿尔卑斯人以及地中海人等。"[3]

19世纪后半期达尔文的进化论与遗传学研究的兴起,推动了欧洲对于各种族与各民族之间的体质与智力等方面广泛和深入的研究,遗传学的成就,也被用来助推欧洲各民族以及民族国家之间的敌对心态。例如,"在1904年英法协约签署之前,才会有位法国观察家如此写道:由于英、法这两个种族乃'遗传天敌',所以,英、法两国之间的同盟协定,是不太可能实现的。"[4] 英法两国以往历史中积累起来的敌对心态,也被这位法国观察家用兴起的遗传学来提供科学证据。

19世纪后半期达尔文的进化论与遗传学研究的兴起,助长了19世纪欧洲种族主义思想,还广泛地表现为助推了欧洲人认为"白种人优越"的种族主义,并为欧洲的对外殖民侵略提供思想基础。到了19世纪晚期,欧洲人身份认同中称

---

[1] 埃里克·霍布斯鲍姆.民族与民族主义[M].李金梅,译.上海:上海人民出版社,2000:128.
[2] 雅各布·坦纳.历史人类学导论[M].白锡堃,译.北京:北京大学出版社,2008:36.
[3] 埃里克·霍布斯鲍姆.民族与民族主义[M].李金梅,译.上海:上海人民出版社,2000:128.
[4] 埃里克·霍布斯鲍姆.民族与民族主义[M].李金梅,译.上海:上海人民出版社,2000:129.

谓自己，一般不使用"欧洲人"，而是使用"白人人种成员"这个词，在普遍认为"白种人优越"的社会流行思潮中，以此呈现自身作为"欧洲人"的高贵与优越。

作为"欧洲人"的地域优越感，与作为"白种人"的种族优越感，两者之间又相互结合。欧洲人以外被划分为白种种族成员的人们，也被欧洲的白种人同样认为劣等人。在欧洲白种人内部之间，又再次划分优秀的和低劣的次种族。层层划分之间，洋溢着各自的优越以及对他者的排斥与歧视，种族之间生理特征的差异，也被人为地转化为民族先进与落后的固有根源，"物竞天择，适者生存"的自然法则，被人为地演化为种族，以及民族之间优劣尊卑关系的理论依据与思想根基，由此种族歧视的文化偏见也越积越浓，并最终集聚成为20世纪上半期纳粹德国惨绝人寰的种族屠杀。

第三节　20世纪上半期欧洲的民族认同蜕变

一、民族认同的蜕变与欧洲的"文明危机"

20世纪上半期的人类历史发展，爆发了两次大规模的世界大战，欧洲既是两次世界大战的重要战争策源地，也是两次世界大战的主要战场。经历了两次世界大战，曾经称霸全球的欧洲列强，最终丧失了世界霸权地位。两次世界大战也给欧洲历史发展带来了巨大变化，对此，当代英国历史学家诺曼·戴维斯总结道：

在众多恐怖事件发生时期，欧洲人放弃了他们作为世界领导者的地位；欧洲被欧洲人的愚蠢侵蚀了。在1914年，欧洲的权力和威望天下无敌；欧洲人领导着人们关注和谈论几乎每一个领域——科学、文化、经济、时尚。通过他们的殖民帝国和贸易公司，欧洲人的权力遍布全球。到了1945年，几乎所有这一切都失去了；欧洲人彼此争斗，直至彻底耗尽自己的实力。欧洲的政治势力被大大削弱；欧洲的军事和经济实力被超越；欧洲的殖民体系已难以支撑。欧洲的文化失去了自己的真诚和信任；欧洲的威信和道德准则几乎消失殆尽。❶

---

❶ 诺曼·戴维斯.欧洲史[M].郭方，刘白成，等，译.北京：世界知识出版社，2007：921.

第四章 欧洲认知民族之间差异性的民族认同蜕变

从欧洲民族主义思想发展历史的视角，来看诺曼·戴维斯论述的上述欧洲历史重要变化，近现代的欧洲建构共同的民族文化、民族国家以及发展共同的民族经济，这推动了欧洲近现代政治、经济、文化向现代社会的急遽转型，由此近现代欧洲率先闯进现代社会，并将欧洲推到了诺曼·戴维斯所说的"世界领导者的地位"。可是民族主义是柄双刃剑，人们民族意识的形成，还需要人们意识到民族以及民族国家之间的彼此差异，欧洲近现代渐入人心的民族主义思想，也滑向了极端的民族利己主义，这不仅让"欧洲的文化失去了自己的真诚和信任"，也让"欧洲的威信和道德准则几乎消失殆尽"。同时，欧洲民族以及民族国家之间的敌对心态，还让"欧洲人彼此争斗，直至彻底耗尽自己的实力"。

这也正如当代美国学者基辛格探讨一战爆发的原因时所说："多年来史学家一直在辩论谁应为一次大战的爆发负责。但我们举不出任何单一国家导致如此疯狂地迈向毁灭。欧洲所有主要国家都有其短视与不负责任之处，而且想法很天真。"❶ 基辛格所说的"欧洲所有主要国家都有其短视与不负责任之处"，也表现为欧洲人们的民族认同，在认知民族以及民族国家之间差异性这一环节，已经广泛误入了歧途。用基辛格引用的帕斯卡尔《思想录》中的话来说，则是"吾人受自设障碍所蒙蔽，陷入深渊仍不自知。"❷ 欧洲近现代民族认同的建构，在认知民族之间差异性这一环节，已经陷入深渊，但却浑然不知。

近现代欧洲民族认同的蜕变，"受自设障碍所蒙蔽，陷入深渊仍不自知"。对此，近代德国著名社会学马克斯·韦伯，也曾经把欧洲文明形象地比喻为是一种"铁笼"文明。当代德国学者约翰·内森针对韦伯的这一比喻就论述道：

在西方的自我理解中，人们感觉到了这一挑战，并令人印象深刻地表述出了这一挑战。对此，韦伯有名的论断就是"铁笼"扼杀了西方的文化创造性，现代化被认为是"文化的悲剧"而被人们讨论，两次世界大战被当成是这一悲剧的可怕证明。❸

马克斯·韦伯所说的欧洲的"铁笼"文明，用民族认同建构的视角来看，则是欧洲民族认同建构的历史发展，误入了民族自我中心主义的误区难以自拔，并如约翰·内森所说"扼杀了西方的文化创造性"。欧洲的民族认同，在民族自我

---

❶ 亨利·基辛格.大外交[M].顾淑馨，林添贵，译.海口：海南出版社，1998：162.
❷ 亨利·基辛格.大外交[M].顾淑馨，林添贵，译.海口：海南出版社，1998：162.
❸ 约翰·吕森.历史思考的新途径[M].綦甲福，来炯，译.上海：上海人民出版社，2005：128.

中心主义以及民族利己主义的"铁笼"之中，彼此之间相互敌对、激烈冲突，最终汇聚成了欧洲两次世界大战的文明危机。

二、民族认同的蜕变与欧洲的整体战

欧洲民族主义思想的发展，通过民族的现代性建构与民族国家的创建，将欧洲一步步推进到了现代社会。可是，欧洲民族的现代性建构、民族国家的创建以及民族认同的萌生，往往是在欧洲各种形式的战争冲突中锤炼出来的，欧洲民族主义思想的发展，也将欧洲各种形式的战争，发展成为民族以及民族国家之间的现代战争。

同样，近现代欧洲人们的民族认同，将无数民族成员凝聚成为一个整体，在欧洲率先闯进的由民族以及民族国家构成的现代社会中，民族以及民族国家之间的现代战争，也被演化成为囊括民族以及民族国家所有人力、物力的整体战。欧洲的历史发展，在经历了民族的现代性建构与民族国家的创建之后，也由此一步步滑入到了霍布斯鲍姆所说的"极端的年代"，对此霍布斯鲍姆谈道：

我们一般都有一个概念，以为现代战争一向都影响国内每一名男女老少的生活，并动员绝大多数国民；我们总认为，现代战争使用的武器数量惊人，一向都得将整个经济投入生产；我们又认为，现代战争的武器一向都造成难以形容的大量伤亡，彻底地主宰并改变交战国的面貌。殊不知，这些现象其实只有在20世纪以后方才发生。❶

如霍布斯鲍姆所说，欧洲民族以及民族国家之间的现代战争，"只有在20世纪以后方才发生"，但欧洲20世纪上半期的两次世界大战，也源于欧洲民族主义思想蜕变的日积月累与层层演化。

在欧洲中世纪，人们的身份认同，只不过是封建君主的臣民，可是经历了法国大革命与英国革命，人们的身份认同，转化为民族国家的人民、国民、公民等。欧洲的民族概念，经过英国革命与法国大革命，演变为指涉民族国家内全体的人民、国民、公民，欧洲封建国家的国家形态，也演变为由人民、国民、公民享有国家主权的现代民族国家。欧洲民族概念内涵与民族主义思想的一系列变化，首先将欧洲中世纪及近现代封建诸侯之间战争、宗教

---

❶ 霍布斯鲍姆.极端的年代[M].郑明萱,译.南京：江苏人民出版社,1999：62.

信仰差异之间的战争，一步步演变成了欧洲民族以及民族国家之间的"全民战争"。

其中根源，也在于欧洲近现代以来，民族概念演变为指涉全体人民，欧洲的"全民战争"，由此演变为不分老幼的人民战争。除了指涉全体人民之外，民族概念演变为指涉国民，在欧洲的"全民战争"中，军队也演化为国民军。"国民军和国民军的战争这样的形式，在真正意义上是民族主义的战争，是民族国家之间的战争"❶。另外，民族概念演变为指涉全体公民，欧洲中世纪广泛盛行的雇佣兵制，也演化为欧洲近现代"全民战争"中的公民义务兵役制。

同时，民族及民族国家的兴衰荣辱，与人们的社会生活与现实命运密切相连，全体公民、国民、人民等构成民族国家，变成了全体人民、国民、公民等所构成的命运共同体。当民族遭受外敌入侵之时，人们为了民族以及民族国家的存亡，积极投入反抗外敌入侵的战争，也成了近现代民族主义思想中的基本道德价值观念。在法国大革命中，欧洲封建君主组建反法联盟，法国民众自发组织起来，积极参加反抗欧洲反法联盟干涉法国大革命的战争。法国大革命因此不仅成为欧洲民族主义思想兴起的标志性事件，同时法国民众积极参加欧洲反法联盟干涉法国大革命的战争，也是欧洲的战争形式演化为"全民战争"的标志性事件。日本学者高桥哲哉就对此论述道：

> 法国是在著名的"自由、平等、博爱"的口号下，推翻了君主制度，创立了共和国。对这个年轻的共和国，周围的君主国派出反革命军队攻打，于是，不是君主国，而是成为国民国家的法兰西的普通百姓，即与战争无关的农民和商人，认为"只要是国民，为了保卫国家必须战起来"，参加了战争，换句话说，不是"职业军人的战争"，而是"全体国民的战争"。❷

法国大革命中的"全体国民的战争"迸发出的巨大力量，不仅成功抵御了欧洲封建君主对于法国大革命的干涉，同时也成为拿破仑展现其军事才能的现实社会根基。但法国拿破仑对于欧洲的争霸战争，却让法国的"全民战争"的性质，由反抗外国入侵的战争，蜕变成了侵略其他民族的侵略战争，并且激发了欧洲其他民族的反抗与民族意识觉醒。

经过19世纪欧洲民族主义思想的高度发展，欧洲民族国家创建的过程中，

---

❶ 高桥哲哉.国家与牺牲[M].徐曼，译.北京：社会科学文献出版社，2008：130.
❷ 高桥哲哉.国家与牺牲[M].徐曼，译.北京：社会科学文献出版社，2008：129.

人民大众积极参加反抗外国列强侵略的战争,在第一次世界大战中,已经发展为协约国与同盟国的交战双方,尽管均宣称是为了捍卫自身的集体安全,但却是为了争夺霸权,双方都难言正义。

即使如此,第一次世界大战中的战争动员方式,既运用现代社会的各种文化传播方式与现代社会组织方式,也运用欧洲民族概念指涉人民、国民、公民等民族主义思想发展的新成就,在战争中进行广泛的民众动员。对此,霍布斯鲍姆针对第一次世界大战就强调:"我们要特别注意,这场世纪大屠杀的交战各国,并不只是用盲目的爱国主义来号召大众,更不是光用男子汉气概或英雄主义来进行宣传,而是直接诉诸市民大众的公民权观念。"❶欧洲近现代民族主义发展中民族概念与公民概念的结合,在第一次世界大战中已经被欧洲列强用作战争动员。

第一次世界大战期间,欧洲各国广大公民积极参战,参战人员极为广泛,最终将战争的规模,变得史无前例。"在第一次世界大战之际,英国就已经动员了12.5%的男子入伍,德国动员了15.4%,法国动员人数几乎达12.5%。"❷其中第一次世界大战中的凡尔登战役,演变成了"凡尔登绞肉机","那一仗总共有200万兵员交手,死伤即达100万人"❸。第一次世界大战时期的欧洲各交战国,不仅积极动员成年男性投入战场,同时欧洲的全民战争,也将战争变成了女人能够参与的事业,"在许多西方国家,女性是由于战争而成为选民的"❹。第一次世界大战时期,妇女也走出家门,广泛投入到后方的社会生产之中。

第一次世界大战时期,欧洲民族国家之间规模巨大的战争,不仅发展为"全民战争",民族国家中民众的人口数量、身体素质、文化教育素质、团结凝聚状况等,构成了欧洲民族国家整体实力的人力资源基础。同时,各交战国倾其所有,相互厮杀,不仅投入全部人力,同时还需投入全部物力。民族国家中广大民众广泛从事的社会经济发展状况以及现代科学技术发展状况,构成了欧洲民族国家的整体实力,由此,欧洲民族以及民族国家之间的战争,演变成了彼此之间整体实力与综合实力之间较量的战争。人类自工业革命以来涌现出来的科学技术,也被广泛运用到战争中,并出现了武器与战争物资的诸多生产行业。欧洲的第一次世界

---

❶ 埃里克·霍布斯鲍姆.民族与民族主义[M].李金梅,译.上海:上海人民出版社,2000:105.
❷ 霍布斯鲍姆.极端的年代[M].郑明萱,译.南京:江苏人民出版社,1999:63.
❸ 霍布斯鲍姆.极端的年代[M].郑明萱,译.南京:江苏人民出版社,1999:36.
❹ 安东尼·吉登斯.全球化时代的民族国家:吉登斯讲演录[M].郭忠华,编.南京:江苏人民出版社,2012:70.

大战，不仅表现为是一场"全民战"，同时还表现为是一场考验欧洲各个民族国家之间整体实力的"整体战"。

第一次世界大战中欧洲各个民族国家之间的"整体战"，让欧洲各交战国付出了极大的代价。第一次世界大战后，世界局势并没有因为巴黎和会与华盛顿会议等国际秩序建构走向和平，与之相反，"1935年意大利进占埃塞俄比亚；1936—1939年，德意两国共同介入西班牙内战；1938年初德国进兵奥地利；同年又重挫捷克斯洛伐克，占去该国部分领土；1939年德国全面占领捷克斯洛伐克。这些都是逐步导向世界大战的重要事件"❶。短短二十多年的时间，欧洲逐渐滑向第二次世界大战的战争深渊。

与第一次世界大战相比，第二次世界大战规模更为巨大，欧洲民族以及民族国家之间的现代战争，向"整体战"的演化趋势，在第二次世界大战中得到了更为突出的表现。对此，当代英国历史学家迈克尔·霍华德论述道：

第二次世界大战在更广泛意义上仍然是一整个社会与另一整个社会之间的冲突，其绝对意义几乎同欧洲中世纪时代相仿佛：在这场斗争中，每一个人都感到它的价值体系以及他的生存，都受到了外国势力的威胁，这种外国势力是无法与之沟通的。❷

尽管与第一次世界大战相比，第二次世界大战规模更为巨大，更能体现现代战争中的"整体战"特征。但与第一次世界大战交战双方难言正义相比，引发第二次世界大战的诸多历史事件背后，蕴藏着的则是民族主义思想向法西斯主义、军国主义以及种族主义的极端蜕变。民族主义思想中的敌对心态，被德意日等法西斯国家发展为极度的战争狂热，并且运用各种现代文化工具广泛煽动民众。民族主义的伦理道德价值观念，在德意日等法西斯国家，也蜕变为极端的民族利己主义，并广泛地诉诸武力，发动对众多民族与民族国家的侵略战争。近现代人们民族认同的蜕变，也被德意日等发展为推行极端的法西斯主义。

第二次世界大战，也发展为世界诸多国家与人民联合起来，组建反法西斯联盟，共同抵抗民族主义思想向法西斯主义、军国主义以及种族主义的民族主义诸般蜕变。近现代以来民族主义广泛影响人类历史发展，第二次世界大战中世界反法西斯联盟的胜利，也成了反对近现代以来民族主义诸般蜕变的胜利。第二次世

---

❶ 埃里克·霍布斯鲍姆.极端的年代［M］.郑明萱，译.南京：江苏人民出版社，1999：53.
❷ 迈克尔·霍华德.欧洲历史上的战争［M］.褚律元，译.长春：辽宁教育出版社，1998：137.

界大战后的人类历史发展，既得防范法西斯主义、军国主义以及种族主义等民族主义诸般蜕变的死灰复燃，同时也得谋求在一个由民族以及民族国家所构成的现代世界中，建设一种全新的民族以及民族国家之间的关系。

三、20世纪上半期欧洲的种族大屠杀

正如当代美国学者迈克尔·赫克特所说："尽管民族主义经常会激发艺术、思想和政治的激情，但有时它也会带来内战和极为恐怖的暴力行为。最糟糕的是，民族主义造成了仇外情绪、种族清洗和种族屠杀。"❶ 欧洲近现代的民族认同，到了20世纪上半期，不仅一步步向狂热的民族敌对心态蜕变，并演化出了欧洲两次大规模的世界大战，同时还日积月累，演化出了纳粹德国的种族屠杀。

欧洲在其历史发展进程中，种族主义具有古老的思想根源，特别是到了19世纪，欧洲民族主义高度发展，生物进化论与遗传学等自然科学成就，被运用到人文社会科学研究中，种族与民族两个概念，也混为一谈，更加助长了欧洲的种族主义。到了20世纪上半期，欧洲种族主义思想中，以自身的种族或民族为优越，歧视其他种族或者民族，最为突出的表现，则是希特勒宣扬的雅利安人种族高贵，金发碧眼的日耳曼人则是雅利安人的典型代表。同时，欧洲历史中歧视犹太人的思想传统，也被希特勒发展为极端的反犹主义。

20世纪30年代，希特勒上台后，为了宣扬其极端的种族主义，进一步推行了相关科学研究与文化宣传。"对'种族纯正'的狂热追求促进了对优生学的研究，大规模运动会的举行，对身体健康的崇拜……，战争期间还对'劣等'种族的人们包括犹太人、波兰人、和其他斯拉夫人、吉普赛人实施了恐怖残忍并且没有任何科学价值的药物试验。"❷ 同时，希特勒宣扬的种族主义，还与其发动对外战争的极端民族利己主义相互结合。在纳粹德国的外交政策中，"德意志种族主义提出征服所有德国人居住的领土是合法的，生存空间理论又主张兼并并非德国人居住的地区也是合法的，希特勒甚至宣称德国人有权得到他们想要的一切，因为他们是上等民族"❸。

---

❶ 迈克尔·赫克特.遏制民族主义[M].韩召颖，等，译.北京：中国人民大学出版社，2012：166.
❷ 罗宾·W.温克,R.J.Q.亚当斯.牛津欧洲史（第三卷）[M].贾文华，李晓燕，译.长春：吉林出版集团有限责任公司，2009：216.
❸ 罗宾·W.温克,R.J.Q.亚当斯.牛津欧洲史（第三卷）[M].贾文华，李晓燕，译.长春：吉林出版集团有限责任公司，2009：216.

在欧洲历史发展进程中，欧洲各民族之间，也是"你来我去，你去我来"，由此形成了各民族"你中有我、我中有你"的相互混居局面。可是按照欧洲长期流行的种族主义思想，特别是希特勒宣扬的雅利安人种与日耳曼人优越高贵的种族主义思想，各种族之间有着高低优劣之分，因此对于各种族、各民族之间密切交往的社会现实，也需强力改变，对犹太人采取排斥、隔离等措施，并一步步滑向种族大屠杀。

希特勒上台之后，在1935年通过的《纽伦堡法案》中规定："祖父母中只要有一方为犹太裔的人都属于犹太人，这些人不享有德国公民权。禁止犹太人与非犹太人通婚的'种族污染'行为。禁止犹太人悬挂国旗，写作或发表文章，举办画展或者音乐会，在舞台或者荧屏上表演，在任何教育机构执教，在银行或者医院工作，进入政府的劳动或者专业机构就职，以及出售书刊或者古董，他们没有资格享受失业保险和救济。很多城镇和乡村甚至不允许犹太人在他们的社区内居住。"❶

同时，欧洲一战之后，美国总统威尔逊参加巴黎和会，提出了战后欧洲的"十四点和平计划"。威尔逊"十四点和平计划"中的"民族自决"原则，在一战后的欧洲，广泛盛行，也为欧洲的民族主义走向希特勒极端的种族主义推波助澜。对此，霍布斯鲍姆评价道：

"要将威尔逊原则付诸实践，也就是要使各国国界与民族及语言疆界一致重合，是一项极其困难的工程……。因为根据逻辑推演，如果想要创造一个国界与民族和语言疆界完全契合的国家，似乎就必须把境内的少数民族加以排除或根绝……。于是观之，要使民族疆界与国界合而为一的理想，恐怕只有野蛮人才能做到，或者说，只有野蛮人的做法才可能付诸实践。"❷

尽管只是野蛮人才能做到的事情，但是在欧洲近现代历史发展过程中，却真实地发生了。大规模地驱逐少数民族，早在第一次世界大战争末期，就已经在东南欧地区出现。而希特勒在德国的上台，则将其推向了极端。希特勒也通过煽动德意志民族的民族狂热，把众多的社会问题归咎于犹太人，宣扬犹太人威胁着日耳曼人的生存，以此达到赢得国内民众支持的政治目的。

---

❶ 罗宾·W.温克,R.J.Q.亚当斯.牛津欧洲史（第三卷）[M].贾文华,李晓燕,译.长春：吉林出版集团有限责任公司，2009：215.
❷ 埃里克·霍布斯鲍姆.民族与民族主义[M].李金梅,译.上海：上海人民出版社，2000：160-161.

到了20世纪40年代,希特勒采取了野蛮的种族屠杀。"1942年,德国公布了对犹太人的'最终决定',并且在德国和被占领的波兰建立了六个死亡营。年底之前,这种强硬政策就开始实施,德意志帝国境内的所有犹太人无论身在何处都一律要被杀害。……其中600万犹太人惨遭杀害,德国、奥地利、波兰、罗马尼亚、保加利亚、立陶宛、乌克兰的犹太人及其文化几乎荡然无存。"[1]

希特勒极端的种族屠杀政策,其执行者包括德国众多的社会阶层,按照第二次世界大战后德国学界对此进行反思的相关研究,他们往往是一些"十分平常的德国人"[2]。当代美国政治哲学家汉娜·阿伦特称之为"平庸之恶"。第二次世界大战时期的一些"十分平常的德国人",成了希特勒种族屠杀政策的执行者,陷入了"平庸之恶",在于近现代欧洲社会传播给他们的思想意识观念,已经误入了种种蜕变歧路。当代英国人类学家齐格蒙特·鲍曼对此就指出:"谋杀者之所以谋杀是因为他们疯狂、邪恶,并且为疯狂和邪恶的思想所蛊惑。"[3]

四、欧洲殖民侵略与20世纪亚非民族解放运动

近现代以来,西欧列强向全世界推行殖民侵略扩张,在亚洲、美洲、非洲建立了广阔的殖民地。在近现代西欧列强的对外殖民侵略扩张过程中,首先形成了一种西欧列强母国与广大殖民地之间的二元对立认知,在这种二元对立认知中,欧洲列强奉行的是欧洲自我中心主义与民族利己主义。欧洲列强为了本国利益,在亚洲、美洲、非洲等殖民地大肆掠夺财富与攫取利益,由此激发了广大殖民地反抗西欧列强的民族解放运动,民族主义也越出了欧洲,并向世界范围扩展。

欧洲列强推行只顾母国利益的政策,首先是将西欧列强在美洲殖民地的欧洲裔移民,推向了二元对立认知的对立面,并激发了18世纪晚期与19初期美洲的独立战争与民族解放运动。尽管近现代欧洲列强的殖民侵略活动,遭遇了18世纪晚期与19初期美洲民族解放运动的重挫,但19世纪不仅是欧洲民族主义思想高度发展的世纪,同时,"19世纪是殖民主义的经典世纪"[4],19世纪的欧洲,

---

[1] 罗宾·W.温克,R.J.Q.亚当斯.牛津欧洲史(第三卷)[M].贾文华,李晓燕,译.长春:吉林出版集团有限责任公司,2009:352.
[2] 尤尔根·哈贝马斯.后民族结构[M].曹卫东,译.上海:上海人民出版社,2002:42.
[3] 齐格蒙特·鲍曼.现代性与大屠杀[M].杨渝东,史建华,译.南京:译林出版社,2002:51.
[4] J.M.布劳特.殖民者的世界模式——地理传播主义和欧洲中心主义史观[M].谭荣根,译.北京:社会科学文献出版社,2002:24.

也加紧了对外殖民侵略扩张的步伐。

犹如19世纪欧洲生物进化论等自然科学的新成就，助长了欧洲种族主义的泛滥，19世纪欧洲的工业革命与工业化进程的推进，也助推了欧洲殖民主义的扩张进程。19世纪的欧洲列强携率先从事工业化的成就，运用坚船利炮，大肆侵略扩张。亚洲、非洲等地，则成了19世纪的欧洲列强殖民扩张的重要对象。19世纪欧洲列强的殖民侵略与殖民扩张，从亚洲、非洲的沿海地带，层层推进，深入亚洲的心脏、非洲的心脏等亚非内陆地区。

在人类历史发展进程中，亚洲、非洲等地方，曾经发展出了诸多辉煌的人类文明，并形成了多姿多彩的语言、宗教信仰、社会生活方式等。倘若说被本尼迪克特·安德森称为"近现代民族主义思想的先驱者"的欧洲裔移民，与西欧殖民者还具有千丝万缕的文化联系，那么近现代的西欧列强在亚洲、非洲等地的殖民侵略，面对的则是与欧洲殖民者文化差异非常明显的当地居民。近现代西欧殖民者与亚洲、非洲等地被殖民侵略的当地居民之间，存在着巨大的文化差异。当代英国历史学家彼得·弗兰科潘针对近现代英国的殖民侵略扩张，评价道：

英国人发现他们统治的是一批拥有自己法律和习俗的人群，因此不得不搞清楚自己需要从这些新的社会群体中索取什么、为他们贡献什么，以及如何打造一个持续可行的共赢平台。❶

近现代的欧洲殖民者来到亚洲、非洲等古老人类文明之地，面对与自身具有巨大文化差异的"一批拥有自己法律和习俗的人群"，实在难以"打造一个持续可行的共赢平台"，也难以做到"为他们贡献什么"。19世纪欧洲殖民者在亚洲、非洲的殖民侵略活动，依然奉行的是欧洲自我中心主义与民族利己主义。

到了19世纪晚期，欧洲列强掀起了瓜分非洲殖民地的狂潮，1881年，欧洲列强为此召开协调各国争夺的柏林会议。在亚洲，具有悠久文化传统的东方诸多文明古国，也同样遭受着欧洲列强的殖民掠夺。例如，1756—1763年英法殖民战争之后，印度一步步沦为了英国的殖民地。英国在印度的殖民统治，则犹如近代印度诗人泰戈尔所说："英国人永远不能真正了解印度，因为他们不能无私地对待印度……在关系不正常和关系建立于自私和骄傲自大的基础上的地方，这种

---

❶ 彼得·弗兰科潘.丝绸之路：一部全新的世界史[M].邵旭东，孙芳，译.杭州：浙江大学出版社，2016：238.

冷漠和轻蔑态度是很自然的。"❶ 同样，对于具有悠久文化传统的中国，自1840年鸦片战争之后，也一步步沦为了西方列强心中所怀的民族利己主义的掠夺对象，其也同样犹如泰戈尔所说："伟大的中国富有古老的智慧和社会道德、勤劳和自我克制的素质，像一头大鲸鱼一样唤起民族心目中掠夺的欲望。"❷

19世纪欧洲列强对于亚洲、非洲的殖民侵略，不仅心目中藏着民族利己主义的掠夺欲望，同时还心怀强烈的欧洲文化优越感以及种族主义思想。19世纪，欧洲列强经开始进入了工业社会。亚洲、非洲等地，仍然广泛地处于农耕社会与游牧社会之中。两相对照，欧洲人的文化优越感及种族主义思想，也进一步发酵。"对欧洲和欧洲人来说，当然也包括盎格鲁—美洲人，所有这一切都是明白无误的。"❸

在欧洲列强看来，欧洲是中心、欧洲文明优越，与之相反，亚洲、非洲等地区则是边缘，贫穷落后，这也成了19世纪晚期盛行于欧洲社会的主流思想。"最晚到1870年代……也就是进步在欧洲（或西欧）中心地带自然地、不断地从内部发生的思想牢固地树立起来，它的真理性不再受到主流思想家的真正怀疑。"❹ 既然如此，欧洲殖民者对于亚洲、非洲等殖民地居民，也是方式直接、态度霸道。"欧洲人之所以对统治原住民，或向原住民宣战的直线思考、简单方法深具信心，与某些霸道者对待女人的方法有关。"❺

尽管如此，依靠武力入侵亚洲、非洲等地的欧洲列强，也成了激发亚洲、非洲诸多民族的民族意识觉醒的他者。欧洲列强对于亚洲、非洲等地殖民侵略活动，激发了亚洲、非洲等地诸多民族的民族觉醒，并广泛经历着从民族的自在实体到民族的自觉实体的发展过程，民族意识与民族认同，也同样移入到亚洲、非洲等地人们的内心世界之中。到了20世纪上半期，亚洲、非洲也兴起了波澜壮阔的民族解放运动，并最终瓦解了欧洲列强在世界范围内的殖民统治。

---

❶ 泰戈尔.民族主义[M].谭仁侠，译.北京：商务印书馆，2010：56.
❷ 泰戈尔.民族主义[M].谭仁侠，译.北京：商务印书馆，2010：14.
❸ J.M.布劳特.殖民者的世界模式——地理传播主义和欧洲中心主义史观[M].谭荣根，译.北京：社会科学文献出版社，2002：25.
❹ J.M.布劳特.殖民者的世界模式——地理传播主义和欧洲中心主义史观[M].谭荣根，译.北京：社会科学文献出版社，2002：25.
❺ 维克托·基尔南.人类的主人——欧洲帝国时期对其他文化的态度[M].陈正国，译.北京：商务印书馆，2006：344.

第五章 当代欧洲民族认同的多元共存认知

第一节 当代欧洲民族认同多元共存认知的思想根源

一、欧洲近现代民族国家和平共存的思想观念

欧洲近现代以来的民族现代性建构与民族国家创建，逐步将欧洲推进到由民族以及民族国家构成的现代世界体系，但在此发展潮流之中，欧洲中世纪与近现代初期诸多封建诸侯与宗教派别之间的对立、冲突以及战争冲突，也发展为欧洲近现代诸多民族以及民族国家之间对立、冲突以及战争冲突。对此，近现代欧洲的一些思想家，也在逐步萌生构建民族国家之间和平共存的思想观念。例如，1618—1648年欧洲的三十年战争后，欧洲各国签订的《威斯特伐条约》，开创了欧洲的民族国家体系。但早在三十年战争期间的1623年，面对欧洲各国激烈的战争冲突，法国人克吕塞在其著作中，就提出了建立一个由各国参加的"世界性国联"以保障和平的思想。❶三十年战争欧洲各国激烈厮杀，既催生着欧洲的现代民族国家体系，同时也在萌生保障欧洲各国之间和平共存的思想观念。

三十年战争后，欧洲各国之间的战争冲突依然在不断延续。1712年，法国圣-皮埃尔修道院神父卡斯太尔，通过《让欧洲获得持久和平的会议录》《关于欧洲持久和平的论文》等著述，较为详细地阐述了谋求欧洲持久和平的思想。在思想观念方面，圣-皮埃尔神父关于欧洲永久和平的相关思想观念，首先把"永

---

❶ 玛利娅·格拉齐娅·梅吉奥妮.欧洲统一贤哲之梦——欧洲统一思想史[M].陈宝顺，等，译.北京：世界知识出版社，2004：21.

久和平"当作一种崇高的理念。❶ 为了谋求欧洲和平，圣－皮埃尔神父还提出了建立欧洲同盟的具体措施。"这位法国和平主义者建议，在订立持久同盟的基础上，成立一个欧洲参议院，所有决议案的通过都要遵守三分之二多数原则的统一，建立一支由各国承担费用的、统一指挥的军队，而在和平时期各国可以有限地保留军队。"❷ 圣－皮埃尔神父谋求欧洲永久和平的相关思想观念，以及建立欧洲联盟具体建议措施，尽管在两百多年之后欧洲一体化进程中，才付诸实践，但却是后世欧洲一体化的重要思想源头。

圣－皮埃尔神父关于欧洲永久和平的思想观念与建议措施，"同时期的莱布尼茨、后来的卢梭都有评论，以至康德、费希特等都接过了他所提出的'永久和平'加以发挥"❸。其中卢梭根据其倡导的社会契约论与人民主权学说等，对皮埃尔神父的欧洲永久和平论，做了进一步的论述，卢梭也"建议成立一个国际组织，让欧洲在联邦的基础上成为一个'真正的政治实体'，一个稳定的、富有生命力的实体"❹。

在卢梭思想的启发与影响下，1795 年，德国著名哲学家康德发表了《永久和平论》，成为近代欧洲论证国家之间和平共存思想观念的重要文献。正如国内学者陈乐民先生针对康德的《永久和平论》指出："康德是个集大成者的人物，对近代欧洲国家形态和国家间联盟问题，以及对于人类社会的发展前途，都是总结了前人而出己意的。"❺ 康德集欧洲之前和平共存思想的大成，主要表现为康德吸收和发挥了卢梭倡导的社会契约论与人民主权学说等思想，并运用其深厚的哲学素养，论证了建构国家与国家之间和平的先决条件和正式条款等。而康德的《永久和平论》"总结了前人而出己意"，则表现为圣－皮埃尔神父提出的欧洲持久和平的思想观念与具体建议，在康德的《永久和平论》中，已经发展为通过深刻的哲学论证来为其提供合理性基础。

康德《永久和平论》中的重要思想智慧，是重点论证了国与国之间和平，主要在于人类道德不断朝着善的方向前进。康德在《永久和平论》中指出："政治

---

❶ 陈乐民，周弘.欧洲文明的进程［M］.北京：生活·读书·新知三联书店，2003：134.
❷ 玛利娅·格拉齐娅·梅吉奥妮.欧洲统一贤哲之梦——欧洲统一思想史［M］.陈宝顺，等，译.北京：世界知识出版社，2004：22.
❸ 陈乐民，周弘.欧洲文明的进程［M］.北京：生活·读书·新知三联书店，2003：133.
❹ 玛利娅·格拉齐娅·梅吉奥妮.欧洲统一贤哲之梦——欧洲统一思想史［M］.陈宝顺，等，译.北京：世界知识出版社，2004：24.
❺ 陈乐民，周弘.欧洲文明的进程［M］.北京：生活·读书·新知三联书店，2003：162.

说，你们要'聪明如蛇'；道德又补充说，'还要'老实如鸽'。"❶按照康德的这一论述，欧洲近现代民族国家的创建，首先需要如马基雅维利《君主论》所说强大如狮子、狡猾如狐狸，不仅需要相应的实力基础，也需要纵横捭阖的政治智慧与政治艺术，这用康德的话来说是"聪明如蛇"。可是在诸多政治智慧与政治艺术"聪明如蛇"的基础之上，还存在着道德，需要康德所说的"老实如鸽"。按照康德在《永久和平论》中的论述，欧洲近现代历史发展中形成的民族与民族国家之间关系，还需要根本的道义原则。对此，康德特别强调："道德作为我们应该据之以行动的无条件命令法则的总体，其本身在客观意义上就已经是一种实践。"❷纵横捭阖的政治之上还有道德，政治依据道德而行动，成了在康德《永久和平论》中重点论证的主要思想。

康德所在的时代，欧洲民族的现代性建构以及民族国家的创建，正在欧洲无数的战争冲突中萌生。康德1795年发表《永久和平论》，也正是欧洲封建君主联合发起反对法国大革命的战争，并激发法兰西的民族情感与反抗外来入侵的战争的时代；康德发表《永久和平论》后不久，拿破仑大军击败欧洲的反法联盟，并入侵欧洲其他的民族与国家，又激起了欧洲遭受拿破仑大军侵略的民族意识觉醒与反抗运动。面对欧洲各国"剪不断、理还乱"的战争冲突关系，康德在《永久和平论》中的解决办法，也是求助于道德。康德在《永久和平论》中强调："尽管政治本身是一种艰难的艺术，然而它与道德的结合却根本不是什么艺术，因为只要双方互相冲突的时候，道德就会剪开政治所解不开的死结。"❸

对于欧洲各国"剪不断、理还乱"的战争冲突，康德所说的"道德则会解开其中的死结"，也表现为康德认为对于欧洲民族以及民族国家之间的战争冲突，还存在着发动对外侵略与反抗对外侵略之分的根本道德价值判断。对于遭受外族入侵的民族来说，其奋起反抗外族入侵争取生存的战争，康德就称为"一群有理性的生物为了保存自己"❹。而对于对外侵略战争，康德则称为"永远会使道德倒退的战争"。在康德看来，欧洲近现代各民族与民族国家之间的战争冲突状态，能够进入永久和平状态，也在于"永远会使道德倒退的战争，首先是一步步地

---

❶ 伊曼努尔·康德.永久和平论[M].何兆武,译.上海：上海人民出版社,2005：43.
❷ 伊曼努尔·康德.永久和平论[M].何兆武,译.上海：上海人民出版社,2005：56.
❸ 伊曼努尔·康德.永久和平论[M].何兆武,译.上海：上海人民出版社,2005：56.
❹ 伊曼努尔·康德.永久和平论[M].何兆武,译.上海：上海人民出版社,2005：35.

人道化，从而逐步减少起来，终于是完全消灭其作为侵略战争"❶。正如中国古人所说："大学之道，在明明德，在亲民，在止于至善。"康德所论证的"永久和平"状态，也在于国家之间的政治行为，进入明德至善的道德境界。

尽管康德认为理性原则支撑着人类道德发展，但在《永久和平论》的结论中，康德却借用了英国哲学家休谟所说的两个醉汉殴打的比喻，以此阐述了欧洲从国家之间的战争冲突状态，进入永久和平状态的具体发展过程：

他说："当我看到目前各个国家相互进行作战时，我就仿佛是看见了两个醉汉在一家瓷器店里用棍棒相互殴打。因为他们必须慢慢地治疗他们相互造成的创伤，这还不够，而且事后他们还必须赔偿他们所酿成的全部损失。"Sero sapinunt（弗莱利亚人聪明得太晚了）。然而当前战争的惨痛后果却可以迫使政治家承认，人类走向改善的转折点即将到来，它现在是已经在望了。❷

康德将欧洲国家之间的战争冲突，比喻为"两个醉汉在一家瓷器店里用棍棒相互殴打"。康德认为，只有当这"两个醉汉"酒醒之后医治创伤并赔偿损失之时，方才可能改善，并进入"永久和平状态"。可是，康德在《永久和平论》中说："转折点即将到来，它现在是已经在望了。"这在后世之人看来，也是过分乐观，其中的根源，首先是高估了人类的理性认知能力，由此导致对人类理性认知向至善方向发展的乐观判断。

此后欧洲历史发展，并没有出现康德在《永久和平论》中所说的"转折点即将到来，它现在是已经在望了"。欧洲此后的历史发展，还要经历民族主义思想高度发展的19世纪，欧洲"两个醉汉殴打"的背离理性认知之举，还要通过第一次世界大战、第二次世界大战等更为激烈的战争冲突具体表现出来。对于康德所说的"永久和平"状态，欧洲只有在经历了两次世界大战的巨大创伤之后，才能又回到痛定思痛的理性认知道路。

二、二战前欧洲对民族认同蜕变的认识

在近代欧洲历史发展进程中，面对欧洲民族现代性建构以及民族国家创建过程中相伴而生的战争冲突，除了康德的《永久和平论》从哲学的高度论述了向"永久和平"的发展过程之外，欧洲的一些有识之士，也在苦苦探索欧洲民族认

---

❶ 伊曼努尔·康德. 永久和平论[M]. 何兆武, 译. 上海：上海人民出版社, 2005：83.
❷ 伊曼努尔·康德. 永久和平论[M]. 何兆武, 译. 上海：上海人民出版社, 2005：84-85.

同建构中自我与他者之间关系的发展道路。例如，18世纪德国文学家莱辛就认为："无论任何时候的任何民族，无论宗教方面的差异如何，它们的人民都是善良的。潜伏在人类心中的恶魔源自利己主义和固执的种族偏见，只有将心中自私的爱转变成对他人的博爱，才能最终改变人们对他人充满憎恨的习性。"❶

到了19世纪，欧洲民族主义高度发展。德国著名哲学家尼采"也憎恨军国主义和反犹太主义，认为前者虚荣而愚蠢，后者则是一种意识形态的自我辩白与嫉妒"❷。对于尼采的哲学思想与后世欧洲民族主义思想蜕变之间的关系，后世欧洲有历史学家认为："尼采显然没有预见到狂热的民族主义者、种族主义者以及法西斯主义，用它的话来说将'走向光荣'，而且尼采毫无疑问也鄙视这些人。尼采曾使很多人激动，愤怒甚至备受激励，但其思想及声望却最终难逃被残暴的纳粹政权歪曲与剽窃的命运。"❸

经历了19世纪欧洲民族主义思想高度发展的集聚，到了20世纪上半期，欧洲民族主义思想中诸般蜕变，不仅蜕变为欧洲一战、二战等激烈的战争冲突的思想基础，同时还蜕变为法西斯主义及其种族屠杀的思想根基。欧洲民族主义思想的蜕变，在20世纪上半期达到巅峰时刻。在20世纪上半期的两次世界大战期间，欧洲思想界的一些有识之士，也集中于对欧洲民族主义思想中的民族认同蜕变，进行了诸多批判。

例如，19世纪初拿破仑大军入侵德意志之时，费希特发表《对德意志民族的讲话》，此后欧洲民族主义思想高度发展，到了20世纪初，法国著名思想家朱利安·班达在1926年发表了《知识分子的背叛》，1932年，朱利安·班达又发表了《对欧洲民族的讲话》。其主要论述内容，也集中于批判20世纪上半期欧洲泛滥成灾的民族认同蜕变。

就朱利安·班达的《知识分子的背叛》的主要内容来说，在近现代欧洲民族认同建构过程中，近现代欧洲的民族认同通过其社会整合功能，推动了欧洲向现代社会发展。欧洲的诸多知识分子，通过建构与传播民族语言、民族历史、民族文学等，对于欧洲近现代民族认同的建构以及民族认同向普通民众的扩展发挥了

---

❶ 克劳斯·费舍尔.德国反犹史[M].钱坤，译.南京：江苏人民出版社，2007：62.
❷ 罗宾·W.温克，R.J.Q.亚当斯.牛津欧洲史（第三卷）[M].贾文华，李晓燕，等，译.长春：吉林出版集团有限责任公司，2009：27.
❸ 罗宾·W.温克，R.J.Q.亚当斯.牛津欧洲史（第三卷）[M].贾文华，李晓燕，等，译.长春：吉林出版集团有限责任公司，2009：28.

重要作用。但也得注意到，欧洲近现代民族主义思想的蜕变，欧洲的民族与民族国家逐步走向第一次世界大战、第二次世界大战的激烈战争冲突，欧洲的知识分子也推波助澜、难辞其咎。朱利安·班达将此称为"知识分子的背叛"。

具体来说，欧洲近现代民族认同的建构，知识分子阶层发挥了重要作用，其中的一个重要表现，就是通过其各种类型的文化创造，塑造和传播人们热爱民族以及民族国家等民族情感。可是在此过程中，欧洲一些知识分子的民族情感，也蜕变为对其他民族的敌对情仇与种族歧视。对此，朱利安·班达指出："今天，绝大多数的文人、艺术家、学者、哲学家和'祭司们'都加入了种族歧视、政治动乱的大合唱中，这在欧洲已是不争的事实。而且，也无人会否认，他们都接受了民族激情。"❶

朱利安·班达批判欧洲近现代以来"知识分子的背叛"，也是重点针对欧洲近现代民族认同，已经背离了理性认知，在民族认同建构中的情感领域内发生了蜕变。朱利安·班达具体论述道："可是今天，知识分子施展政治激情，触及了激情的一切方面：行动趋向、渴求立即回报、只关心目标、藐视论据、爱走极端、仇恨异己和僵化观念。对此，只要提蒙森、奥斯特瓦尔德⋯⋯邓南遮和吉普林等人的名字，就足够了。"❷可以看出，朱利安·班达所说的近现代欧洲"知识分子的背叛"，囊括了欧洲诸多的知识分子，并通过相关的言行，传播给诸多的普通民众。近现代欧洲民族以及民族国家之间的敌对情仇与种族歧视，也由此阴云密布、愈演愈烈，最终演化为欧洲大规模的战争厮杀与血腥的种族屠杀。

朱利安·班达在《知识分子的背叛》中，重点论述了近现代欧洲知识分子在民族情感领域内，广泛地蜕变为渲染传播民族以及民族国家之间的敌对情仇与种族歧视。在《对于欧洲民族的讲话》中，朱利安·班达则是仿照费希特19世纪初发表的《对德意志民族的讲话》，重点论述了需要克服其所在时代的民族主义蜕变，构建一种"欧洲"民族。朱利安·班达在《对欧洲民族的讲话》中的开篇强调："欧洲不会是经济和政治简单转型的结果。它只有接受了一套道德的和审美的价值体系才会真的出现。换言之，它必须称许某种思考的和感知的方式，而谴责其他方式。"❸

朱利安·班达所说的欧洲需要一套"道德的和审美的价值体系"，一方面表

---

❶ 朱利安·班达.知识分子的背叛[M].佘碧平，译.上海：上海人民出版社，2005：79.
❷ 朱利安·班达.知识分子的背叛[M].佘碧平，译.上海：上海人民出版社，2005：80.
❸ 朱利安·班达.对欧洲民族的讲话[M].佘碧平，译.上海：上海人民出版社，2005：2.

现为在审美情感领域，欧洲需要走出民族主义思想已经陷入了狭隘、狂热的民族情感歧途。另一方面，朱利安·班达指出，"欧洲首先是一个道德问题"❶。由于欧洲民族主义思想发展中的民族自我利己主义作祟，欧洲民族主义思想已经误入对外侵略扩张的歧途，"当前某些欧洲民族不惜牺牲左邻右舍来表明自己扩张的意志，其明目张胆，前所未有。"❷在《对欧洲民族的讲话》中，朱利安·班达最终强调，构建"欧洲"民族，"唯有不再以己设限"❸。

可以看出，与康德1795年发表《永久和平论》相比较，1932年朱利安·班达发表《对欧洲民族的讲话》，两者都强调走向道德的至善，并且与费希特在《对德意志民族的讲话》中，号召走出个体的自我形成民族伦理道德价值观念，也具有异曲同工之处。但1932年朱利安·班达发表《对欧洲民族的讲话》，欧洲民族主义思想的发展，毕竟又经历了长期的岁月磨炼，朱利安·班达对于欧洲民族主义思想的批判，也更为细致具体，发展到集中于批判欧洲民族主义思想的民族自我利己主义。

更为重要的是，近现代欧洲民族主义思想在情感领域与道德价值观念领域已经发生了蜕变，朱利安·班达在对此进行批判的过程中，还揭示出了其"思考的和感知的方式"，根源于一种认知同一与认知差异的二元对立认知方式。在《对欧洲民族的讲话》中的最后一讲中，朱利安·班达将认知同一与认知差异，概括为民族主义的两种运动，朱利安·班达论述道：

原则上包括两种前后相继的运动，不过，人们还没有仔细区分这两种运动。第一种运动是人热衷于发现自己与其他人之间的某种相似性和共通性。……第二种运动是他把与自己相似的这些人聚集起来，然后画线为界，与"非我兄弟"者区别开来。……所有民族的形成都包括这两种运动。物以类聚，人以群分。这一方面是"聚"的问题，另一方面是"分"的问题。同样，这也在情理之中。比如变形虫的成形或艺术作品的构成，首先是分散的成分，因执着于某种自然共同体而聚集起来；然后一致对外，反对非我。因而所有的集体都以"类聚"的意志和"群分"的意志为前提。前者有爱，后者有恨。❹

朱利安·班达所说"民族主义的两种运动"，实则是民族认同中认知同一与

---

❶ 朱利安·班达.对欧洲民族的讲话［M］.佘碧平，译.上海：上海人民出版社，2005：2.
❷ 朱利安·班达.对欧洲民族的讲话［M］.佘碧平，译.上海：上海人民出版社，2005：1.
❸ 朱利安·班达.对欧洲民族的讲话［M］.佘碧平，译.上海：上海人民出版社，2005：96.
❹ 朱利安·班达.对欧洲民族的讲话［M］.佘碧平，译.上海：上海人民出版社，2005：90-91.

认知差异的二元相对认知过程。朱利安·班达不仅阐释了其内在原理，同时也论述了其进一步衍生出的主要社会功能。

20世纪二三十年代，朱利安·班达在其推出的《知识分子的背叛》与《对欧洲民族的讲话》中，并没有详细论述认知民族同一性形成的社会凝聚对于欧洲近现代社会的推动作用，而是聚焦于其所生活的时代，欧洲认知民族之间差异性，已经在民族情感领域与民族道德价值观念领域，发生了广泛的蜕变。朱利安·班达重点批判的欧洲民族主义思想蜕变，既是民族主义思想引发近现代欧洲文明危机的内在症结，也是欧洲民族认同需要从二元对立认知上升到多元共存认知的关键环节。

三、欧洲一战至二战期间建立和平共存的尝试

在近现代欧洲民族主义思想发展过程中，面对欧洲民族以及民族国家之间激烈的矛盾冲突，诸如康德等欧洲贤哲已经深刻地论述了建构欧洲永久和平的思想观念，同样诸如朱利安·班达等欧洲的知识分子，也论述了欧洲民族主义思想蜕变的泛滥，但这仅仅存在于欧洲少数睿智之士的思想观念之中。第一次世界大战之后，无论是战胜国抑或是战败国，都损失惨重。在欧洲遭受了第一次世界大战的巨大战争创伤之后，欧洲的一些社会活动家与政治家，也尝试着将康德提倡的"永久和平"的思想观念付诸实践。

其中的具体表现，首先当推奥地利人古登霍夫-卡莱吉倡导的泛欧运动。1923年，年仅29岁的古登霍夫-卡莱吉出版了著作《泛欧洲》，阐述主张欧洲政治统一与经济统一的泛欧思想。"《泛欧洲》一书很快从德语被译成欧洲各主要语言。用古登霍夫-卡莱吉的话来说，此书在成为一种号召的同时，也应该起到纲领性文件的作用。"❶泛欧运动在维也纳设立总部，并在德国、法国等推行相应的发展活动。

第一次世界大战之后，尝试着将康德提倡的"永久和平"的思想观念付诸实践，更为广泛的表现，还是1919年，英国首相劳合·乔治、法国的"老虎总理"克里蒙梭、美国的"理想主义总统"威尔逊等，齐聚巴黎召开会议，讨论战后世界格局安排，共商和平大计。大西洋彼岸的美国总统威尔逊，为巴黎会议带来了

---

❶ 圣地亚哥·加奥纳·弗拉加.欧洲一体化进程——过去和现在[M].朱伦,邓颖洁,等译.北京：社会科学文献出版社,2009：273.

"十四点和平计划",力图保障战后欧洲与世界和平。巴黎和会的召开,突出反映了谋求欧洲民族以及民族国家之间的和平共存,乃是一战后欧洲的重要历史发展需求,并最终签订了包括一系列具体协定的《凡尔赛和约》。

尽管巴黎和会宣称构建和平,但正如霍布斯鲍姆所指出:"战胜国最后一点顾虑,就是绞尽脑汁避免类似大战的重演,这一场大战让世界尝尽了苦果。可是各国的努力失败得很惨。短短20年后,世界又重新点燃了战火。"❶构建和平,只不过是巴黎和会中"最后一点顾虑",巴黎和会中各战胜国的首要目标,则是瓜分利益,巴黎和会也成了各战胜国的分赃会议。各国依然秉承近现代以来民族主义思想中的民族利己主义思维,各怀心思,继续瓜分利益。

法国力图使德国一蹶不振,极力主张削弱德国。英国则担心法国东山再起,重拾均衡外交策略,反对过分削弱德国,威尔逊尽管为巴黎和会带来了"十四点和平计划",但由于国内避免卷入欧洲事务由此惹火烧身的孤立主义势力,旋即又恢复孤立主义的外交策略。至于战败的德国,战败国的身份意味着只能任人宰割,逆来顺受,可是心中的怨恨,却正在蓄积,只待时日重新爆发。因此,巴黎和会尽管宣称构建和平,但根本就不是在一战的废墟上重建和平,"就算和平还有那么一丝希望,也被战胜国不肯让战败国重建的私心给毁灭了"❷。秉承民族利己主义思维签订的《凡尔赛协定》,"根本不足以作为稳定世界和平的基础"❸,仍然是在蓄积欧洲民族以及民族国家之间的敌对心态,一战后欧洲的和平之路,依然步履维艰。战后一二十年的时间,世界各地战火重燃,并最终汇聚成为比第一次世界大战规模更大的第二次世界大战。

在此潮流之中,欧洲也有少数的政治家,认识到"正因国与国之间缺乏合作,欧洲才上演了一场真正的自杀,这场血淋淋的、史无前例的战争葬送了欧洲"❹,力图挣脱民族主义思想中民族利己主义的思维束缚,通过建立民族国家之间的合作关系,在相互合作之中,保障和发展欧洲各国之间的共同利益,以此作为现实社会基础,化解近现代欧洲民族以及民族国家之间的敌对冲突,并构建欧洲的和平共存。其中最为突出的,则是20世纪20年代,法国和

---

❶ 霍布斯鲍姆.极端的年代:1914-1991[M].郑明萱,译.南京:江苏人民出版社,1999:45.
❷ 霍布斯鲍姆.极端的年代:1914-1991[M].郑明萱,译.南京:江苏人民出版社,1999:49.
❸ 霍布斯鲍姆.极端的年代:1914-1991[M].郑明萱,译.南京:江苏人民出版社,1999:49.
❹ 法布里斯·拉哈.欧洲一体化史(1945—2004)[M].彭姝祎,陈志瑞,译.北京:中国社会科学出版社,2005:16.

德国的少数政治家,也在尝试通过建立德法之间的经济合作,以此缓和德法关系。

在近现代欧洲的德法关系史中,19世纪初拿破仑大军入侵德意志,激发了德意志民族意识的觉醒。19世纪下半期的普法战争,普鲁士取得胜利,法国战败,普鲁士国王威廉一世在法国凡尔赛宫,宣布了德意志的统一。1914—1918年第一次世界大战,法德双方继续对垒,战争结束后,法国成为战胜国。自19世纪初以来,德法矛盾一直影响着近现代的欧洲历史发展,第一次世界大战的爆发,依然说明欧洲大陆德法两强之间的矛盾,还是犹如一个死结。即使是在以往历史发展中积累了深厚文化思想、睿智之士辈出的法德两国,此时依然缺乏相应的化解之策。对此霍布斯鲍姆就评论道:

> 历史上那些伟大的政治外交先贤——比方说法国的塔里兰,或德国的俾斯麦——我们若能把其中任何一位请出地下,请他看一看这场大战,老先生一定会奇怪,为什么这些貌似聪明的政治人物,不能想个折衷办法解决一场战祸,反而眼睁睁地让1914年的美好世界毁于一旦呢?❶

面对19世纪初以来始终困扰欧洲历史发展的德法矛盾,早在两次世界大战期间,尽管德法两国之间的敌对心态依然在积累,但"20世纪法德关系及其修补问题,成为欧洲政坛的主要议题"❷。第一次世界大战结束后法德两国的少数政治家,也在尝试着通过建立经济合作,构建德法之间的和平关系。

近代欧洲运用蒸汽动力的工业化进程,需要煤与铁作为基本的原料支撑。在影响近现代欧洲历史发展的德法矛盾中,煤矿资源与铁矿资源丰富的阿尔萨斯和洛林,成了激发法德矛盾的重要问题。针对于此,20世纪20年代法国政治家阿纳托尔·德蒙齐主张:"成立一个莱茵卡特尔,德国负责鲁尔的煤,法国负责洛林的铁。他的计划含有政治目的,希望借此加强法德关系,确保两国和睦相处。"❸第一次世界大战后尝试着通过建立经济合作,构建德法之间的和平关系,也是力图从开采煤矿资源与铁矿资源的经济合作寻找突破口。

20世纪20年代,阿里斯蒂德·白里安担任法国总理,不仅接受了古登霍

---

❶ 霍布斯鲍姆.极端的年代:1914-1991[M].郑明萱,译.南京:江苏人民出版社,1999:41.
❷ 玛利娅·格拉齐娅·梅吉奥妮.欧洲统一贤哲之梦——欧洲统一思想史[M].陈宝顺,等,译.北京:世界知识出版社,2004:66.
❸ 玛利娅·格拉齐娅·梅吉奥妮.欧洲统一贤哲之梦——欧洲统一思想史[M].陈宝顺,等,译.北京:世界知识出版社,2004:67.

夫－卡莱吉倡导的泛欧思想，也极力主张通过建立经济合作，构建欧洲联邦。对此，白里安指出：

  我认为，如同欧洲那样，在地球上相互依存的各国人民，应该建立某种联邦关系。他们应该在任何时候能够进行接触，探讨彼此的切身利益，共同采取措施解决共同的问题，同时建立互助关系，以便在关键时刻，适时应事。此种关系也是我本人为之奋斗的。当然，结盟主要涉及经济领域，因为这是最突出的问题。我认为在这方面是可以获得成功的。❶

  白里安主张通过国与国之间密切联系的欧洲联邦，以此摆脱国与国之间的长期敌对关系，并在1930年9月，向国际联盟提交了《建立欧洲联邦体制备忘录》。白里安的主张，也得到了时任德国外交部部长施特莱斯曼的响应，"施特莱斯曼立即提出具体建议，如统一货币，发行欧洲邮票"❷。通过建立密切的经济联系，作为建立欧洲联邦的具体措施与现实基础。

  尽管如此，20世纪20年代的欧洲，仍然弥漫在狭隘、固执的民族主义氛围中，欧洲民族主义思想的诸般蜕变，依然在进一步发酵膨胀，白里安与施特莱斯曼等人主张通过建立法德之间经济合作并建构和平的计划，只不过是20世纪20年代欧洲少数政治家的看法。白里安的倡导，在法国国内受到了广泛质疑，施特莱斯曼对于白里安计划的响应，在德国国内，也是反应冷淡。1929年10月，施特莱斯曼去世，白里安的对德政策，在德国也失去了合作对象。晚年忙于通过诸多措施缓解法德矛盾的白里安，"驼背、苍老、脸色苍白，但是眼睛依然闪烁着从未见过的光芒"❸。1932年，白里安去世，法德之间的和平光芒，也因为1929年世界性经济危机的爆发与希特勒的上台，让位于向再一次的大规模战争冲突一步步演化。

---

 ❶ 玛利娅·格拉齐娅·梅吉奥妮.欧洲统一贤哲之梦——欧洲统一思想史[M].陈宝顺，等，译.北京：世界知识出版社，2004：67.
 ❷ 玛利娅·格拉齐娅·梅吉奥妮.欧洲统一贤哲之梦——欧洲统一思想史[M].陈宝顺，等，译.北京：世界知识出版社，2004：68.
 ❸ 玛利娅·格拉齐娅·梅吉奥妮.欧洲统一贤哲之梦——欧洲统一思想史[M].陈宝顺，等，译.北京：世界知识出版社，2004：69-70.

第二节　二战后欧洲从对抗冲突转向互利合作的民族认同

一、二战后欧洲以互利合作为基础构建和平共存

二战给欧洲带来了比一战更为深重的战争灾难，二战中大量人口伤亡，其中"德国损失了350万军队和100万平民；英国、法国和意大利各损失了40万人……还有超过600万的犹太人和其他被纳粹狂热分子迫害的人们死在了俘虏他们的人手里"❶。同时，无数的工厂、学校、医院、市政建筑以及道路交通设施被毁，战后的欧洲成为一片废墟。曾经物质文明高度繁荣的欧洲，二战之后人们却在饥寒之中挣扎。

犹如俄国历史学家别尔嘉耶夫所说："在历史的转折关头，在危机和灾难的时代，人们开始严肃地思考民族和历史文化命运的动态。"❷二战给欧洲所造成的深重战争灾难，让人们触目惊心，痛定思痛，广泛地触发了欧洲的人们对于自身文明发展出路的思考。18世纪晚期康德所倡导的永久和平观念，以及20世纪上半期朱利安·班达对于欧洲民族主义要害之处的批判，也由曲高和寡，变得越来越能够触动人们的心弦。

二战后欧洲的人们广泛地思考欧洲的命运，其中的重要内容，则是思考欧洲和平与民族主义之间的关系。不仅是战败的德国、意大利等国，即使是对于战胜国来说，面对巨大的战争伤亡与战后的残垣颓壁，"战争的胜利同时也是一种失败，而且是一种使人感到更强烈、更痛苦的失败，因为其所涉及的是民族精神本身"❸。在近现代欧洲历史发展进程中，民族主义曾经推动了欧洲历史的巨大创新，民族主义思想中的民族精神也构成了人们的精神家园，但民族主义的种种蜕变，也让欧洲受害无穷。

---

❶ 罗宾·W.温克，R.J.Q.亚当斯.牛津欧洲史（第三卷）[M].贾文华，李晓燕，等译.长春：吉林出版集团有限责任公司，2009：362.
❷ 别尔嘉耶夫.历史的意义[M].张雅平，译.上海：学林出版社，2002：168.
❸ 萨尔沃·马斯泰罗内.当代欧洲政治思想（1945—1989）[M].黄华光，译.北京：社会科学出版社，2001：170.

因此,"第二次世界大战使民族主义遭受了血腥的惨痛教训,希望在未来不再重演当前这场罪孽深重的战争灾难"❶。一战之后,尽管欧洲有少数睿智之士,已经看出了近现代以来深刻影响欧洲历史发展的民族主义思想,广泛地误入歧路,可是一战之后欧洲,继续行走在民族主义蜕变的道路中。直到经历了第二次世界大战的深重战争灾难之后,欧洲的人们才广泛反思深刻影响近现代欧洲历史发展的民族主义思想。这也正如当代英国历史学家诺曼·戴维斯所说:"1945 年后在西欧开始的欧洲统一运动,是被一种包含了重要历史维度的理想主义燃起的。它的目标是去除给过去的斗争火上浇油的民族主义态度造成的混乱。"❷

二战之后,欧洲反思民族主义对于欧洲历史的影响,也集中表现为思考欧洲历史中的民族利己主义。在近现代欧洲民族主义思想发展进程中,民族利益乃是支配人们万千行事与积极奉献的根本出发点,"任何关于欧洲的哲学构想,无论他们何等深邃,都不能绕过民族利益这个基本事实。民族利益是个基本事实,就是说,民族国家是个基本事实;任何'联合'也必定是民族国家之间的'联合'。抽掉'民族'(及其国家形态的'民族国家')便无所谓欧洲了"❸。

民族的发展与兴旺,既需要无数民族成员积极创造的汇聚集成,也需要民族之间互通有无的合作共赢。可是,"欧洲经历了一个辉煌的黄金时代,文学和艺术蓬勃发展,科学和技术进步领先,但这些都是通过暴力实现的……世界大战和历史上最残酷的屠杀都能从欧洲找到根源"❹。在民族以及民族关系这一层次,近现代以来的欧洲,支配人们行为的民族利己主义,走的却是依靠武力的掠夺之路。

近现代的欧洲列强,不仅在对外殖民侵略中,在世界各地大打出手,将战火烧向了世界各地,同时在欧洲这块地理区域内,也是战争频仍。与世界其他的一些文明相比较,"欧洲人发动战争的频率和节奏就与其他地区不同:一方刚被平息,另一方争端又起"❺。从欧洲中世纪晚期以来,欧洲的民族以及民族国家兴

---

❶ 玛利娅·格拉齐娅·梅吉奥妮.欧洲统一贤哲之梦——欧洲统一思想史[M].陈宝顺,等,译.北京:世界知识出版社,2004:88.
❷ 诺曼·戴维斯.欧洲史[M].郭方,刘白成,等,译.北京:世界知识出版社,2007:64.
❸ 陈乐民,周弘.欧洲文明的进程[M].北京:生活·读书·新知三联书店,2003:165.
❹ 彼得·弗兰科潘.丝绸之路:一部全新的世界史[M].邵旭东,孙芳,译.杭州:浙江大学出版社,2016:222-223.
❺ 彼得·弗兰科潘.丝绸之路:一部全新的世界史[M].邵旭东,孙芳,译.杭州:浙江大学出版社,2016:223.

起，尽管走出了霍布斯所说的人与人之间野蛮争斗的"原始丛林"状态，但往往是局限在民族以及民族国家之内，欧洲的民族以及民族国家之间，依然是战争频仍的"原始丛林"状态。

二战后的欧洲，为了防止战争灾难重演，构建欧洲和平，反思欧洲自身历史发展进程中的民族主义思想的蜕变，也集中表现为思考建设欧洲的和平保障机制与民族利己主义之间的关系：

在西方国家心目中，统一的欧洲思想和联邦思想应置于民族利己主义之上，尤其是在那些曾经是法西斯主义、纳粹主义滋生的地方，人们更深受其害。人们认识到只有建立其国与国之间的新型关系，并受到一个超国家组织机构的关注，才能战胜法西斯纳粹主义。❶

二战中法西斯主义及其带来的深重灾难，将欧洲民族利己主义中总是诉诸武力的恶果，也充分暴露了出来，并能够广泛地激发人们认识到民族以及民族国家之间，总是诉诸对立冲突，这并非正道，而是需要建立一种互利合作的"国与国之间的新型关系"。但依靠互利合作建构欧洲和平，只是欧洲经历了战争灾难后形成的思想观念与认识视野，在此之下，还需要具体的策略与方案。2001年，欧盟主席年罗马诺·普罗迪针对欧洲一体的起源谈道：

创立之父们的天才在于把至高的政治野心化解为一系列更为具体的、技术性的决策。这种间接的方法使进一步的行动成为可能。这样，渐渐我们就融洽和睦了。于是，我们从对抗走向经济合作、然后实现一体化。❷

二战前欧洲各民族以及民族国家之间从相互对抗，走向二战后渐渐融洽和睦，其是依靠"一系列更为具体的、技术性的决策"，主要是选择经济合作作为基础构建欧洲和平。依靠建立经济上的相互合作，欧洲也逐步发展出国与国之间的新型关系，由此二战后的欧洲历史发展，也呈现出了诸多新面貌。

二、民族国家的互利合作与欧洲一体化的启动

欧洲从中世纪晚期直到近现代，逐步形成了以民族以及民族国家为单位的经济共同体，这成为欧洲民族现代化建构以及民族国家创建的现实社会经济基础。

---

❶ 玛利娅·格拉齐娅·梅吉奥妮.欧洲统一贤哲之梦——欧洲统一思想史[M].陈宝顺，等，译.北京：世界知识出版社，2004：88.

❷ 罗伯特·卡根.天堂与实力：世界新秩序下的美国与欧洲[M].肖蓉，魏红霞，译.北京：新华出版社，2004：93.

但欧洲近现代以来民族文化与民族国家的兴起，仅仅意味着其在经济领域内搭建的密切经济联系，仅仅是局限于民族国家这一集体之中。由于社会经济的发展，人们之间的经济联系不仅仅局限于民族国家之中，民族以及民族国家之间，也存在着密切的经济联系。

在欧洲近现代民族国家的形成发展过程中，民族国家之间存在着激烈的经济竞争，这激发了民族国家纷纷把发展社会经济作为自身的首要任务，各国之间的经济竞争，激发了欧洲近现代社会经济的发展。可是，近现代欧洲各国为了保护本国民族经济，在19世纪末20世纪初欧洲民族主义思想高涨之时，纷纷高筑贸易壁垒，19世纪晚期以来欧洲各个民族国家之间激烈的关税战，成了欧洲爆发两次世界大战发生的重要社会经济背景。在近现代的人类历史发展进程中，欧洲率先创建了以民族以及民族国家的现代世界体系，但民族国家贸易保护主义与世界经济越来越密切之间的矛盾，在近现代欧洲的历史发展中也特别突出。

二战后的欧洲，选择经济上的相互合作，以此作为突破口，欧洲也逐步走上一体化的道路。被后世称为"欧洲一体化之父"的让·莫内就强调："欧洲各国应该组成一个联邦、一个经济统一的共同体。"❶通过建设一个经济统一的共同体，创建欧洲民族国家之间的经济密切联系，以此作为建构民族国家之间和平共存的经济基础，打破欧洲各国之间的关税壁垒，防止各种民族主义势力的重新抬头，这成了让·莫内开创欧洲一体化的基本思想。战后欧洲重建，选择了各个民族国家之间的经济合作，战后欧洲的一体化，也首先从经济领域内的一体化起步。

在欧洲近现代历史发展过程中，煤炭和钢铁工业是支撑欧洲民族国家经济发展的两大支柱产业，在欧洲近现代民族国家社会经济发展中，煤炭和钢铁工业扮演着举足轻重的角色。其中德法边境上盛产煤炭和铁矿石的鲁尔与萨尔地区，长期成了德法争夺的对象，阿尔萨斯和洛林问题也成了困扰近现代德法关系的关键问题。欧洲经济一体化的起步，正是从关系着欧洲近现代民族国家经济命脉的煤炭和钢铁工业着手。

1948年，舒曼出任法国外交部部长。舒曼曾经在战前追随白里安的思想，

---

❶ 玛利娅·格拉齐娅·梅吉奥妮.欧洲统一贤哲之梦——欧洲统一思想史[M].陈宝顺，等，译.北京：世界知识出版社，2004：182.

从二元对立困境到多元共存出路——欧洲民族认同建构中的认知模式变化

二战中，反抗纳粹德国和法国维希政府的舒曼被捕入狱。1950年，在让·莫内的协助下，舒曼草拟了旨在法德之间煤钢联营的计划。1949年阿登纳出任德国总理，他强调："法德和解，一直是我在20世纪20年代时就为之奋斗的目标。"❶创建煤炭和钢铁工业的经济合作，二战后法德两国的政治家也达成了共识。1950年，阿登纳克服重重阻力，力推舒曼计划的签订。

1951年4月，法、德、意、荷、比、卢六国在巴黎签订了欧洲煤钢联营集团条约，《舒曼宣言》强调：

20多年来，法国以倡导欧洲统一为己任，始终把为和平效力作为其根本目标。然而，我们没有完成欧洲的统一却进行了战争。

……煤钢生产的联营应直接为欧洲结成联邦的第一步即经济发展奠定共同的基础，并将长期改变制造武器弹药、并且深受其害的那些地区的命运。

显而易见，这样形成的联合生产不但使法德两国之间的战争变得无法想象，而且在物质上全无可能。这一向所有愿意参加的国家开放，并最终以相同条件为所有成员国提供工业生产基本要素的强大的生产组织，将为它们的经济统一奠定一个坚实基础。

联合生产将不加区别和无一例外地作为以一个整体提供给世界，为提高生活水平、促进和平事业做贡献。❷

《舒曼宣言》强调通过联合生产，以此为"促进和平事业做贡献"，典型地体现了欧洲通过民族国家之间的经济合作建构欧洲的和平共存。1952年7月，欧洲煤钢共同体正式成立。"欧共体煤钢联营组织的实现，成了欧洲一体化运动的重要开端，其是一项革命性的创举，一次真正的革新。"❸煤钢共同体的建立，解决了长期以来困扰德法关系的关键问题，开始了欧洲一体化的起步。

欧洲煤钢共同体启动的欧洲一体化，标志着欧洲由二战前民族以及民族国家之间以民族利己主义为核心的武力对抗，转向了二战后民族以及民族国家之间经济上的互利合作，并以此作为夯实民族以及民族国家之间和平共存的现实社会

---

❶ 玛利娅·格拉齐娅·梅吉奥妮.欧洲统一贤哲之梦——欧洲统一思想史[M].陈宝顺，等，译.北京：世界知识出版社，2004：196.

❷ 法布里斯·拉哈.欧洲一体化史（1945—2004）[M].彭姝祎，陈志瑞，译.北京：中国社会科学出版社，2005：143.

❸ 玛利娅·格拉齐娅·梅吉奥妮.欧洲统一贤哲之梦——欧洲统一思想史[M].陈宝顺，等，译.北京：世界知识出版社，2004：204.

根基。欧洲煤钢共同体启动的欧洲一体化,呈现了欧洲民族以及民族国家之间关系,由武力对抗转向互利合作与和平共存。欧洲一体化的启动,不仅是欧洲近现代以来历史发展进程的重要转折,同时也是欧洲民族主义思想的重要转折点。

欧洲煤钢共同体的创建,离不开诸如莫内、舒曼、阿登纳等二战后欧洲新一代政治家的运筹帷幄。创建欧洲民族以及民族国家之间的和平共存,则成了推动莫内、舒曼、阿登纳等历经艰辛创建欧洲煤钢共同体的共同思想观念。例如舒曼就强烈认为:"德国问题只能通过和平、联合、安全和解才能解决。"❶ 同样,阿登纳也强调:"在当前形势下,所谓世纪敌人的概念已经变得不合时宜了。正因为如此,我决心把法德关系作为我所奉行的政策支柱。"❷

二战后的欧洲,不仅莫内、舒曼、阿登纳等欧洲政治家,具有强烈的通过互利合作建构和平共存的思想观念,同时,"和解的呼声已经传遍整个欧洲大陆"❸。欧洲二战后人们的民族认同,也从二战之前欧洲弥漫着的敌对冲突,转向二战后普遍对于民族以及民族国家之间互利合作与和平共存的认同。

三、民族国家的互利合作与欧洲一体化的发展

在建立煤钢共同体同时,欧洲一体化的一些早期开创者,还力图在经济、政治、军事等领域齐头并进。1952年5月,法、德、意、荷、比、卢六国在巴黎签订了条约,建立欧洲防务共同体,组建欧洲军队。1952年,各国开始讨论以煤钢共同体与防务共同体为基础,组建欧洲政治共同体,欧洲一体化进展似乎特别顺利。可是1954年8月,法国国民议会全体会议却否决了欧洲防务共同体条约,"组建欧洲军队的计划被发起国自己否决,对欧洲一体化进程而言,这无疑是当头一棒,因为在很长一段时间内,所有旨在建立超越国家性质的政治和军事欧洲的尝试都戛然而止"❹。

建立欧洲防务共同体与欧洲政治共同体的进程受挫,也让欧洲一体化的一些

---

❶ 玛利娅·格拉齐娅·梅吉奥妮.欧洲统一贤哲之梦——欧洲统一思想史[M].陈宝顺,等,译.北京:世界知识出版社,2004:187.
❷ 玛利娅·格拉齐娅·梅吉奥妮.欧洲统一贤哲之梦——欧洲统一思想史[M].陈宝顺,等,译.北京:世界知识出版社,2004:197.
❸ 玛利娅·格拉齐娅·梅吉奥妮.欧洲统一贤哲之梦——欧洲统一思想史[M].陈宝顺,等,译.北京:世界知识出版社,2004:187.
❹ 法布里斯·拉哈.欧洲一体化史(1945—2004)[M].彭姝祎,陈志瑞,译.北京:中国社会科学出版社,2005:47.

从二元对立困境到多元共存出路——欧洲民族认同建构中的认知模式变化

早期开创者,意识到欧洲一体化进程操之过急,需要重新回到推进经济领域内的互利合作,以此推动欧洲的一体化进程。"让·莫内等主张循序渐进,一个阶段一个阶段地进行,只有前一个阶段胜利完成,才能顺利过渡到后一阶段,在把统一拓展到其他领域前,应该先把经济合作拓展到煤钢共同体之外的部门"❶。

在让·莫内等人的推动下,1955年6月1日,参加欧洲煤钢共同体的6国外长在意大利的墨西拿举行会议,建议将煤钢共同体的原则,推广到和平利用原子能与交通等其他经济领域,建立欧洲经济共同体。墨西拿会议重新点燃了建立欧洲防务共同体与欧洲政治共同体受挫后的一体化进程,"这就是欧洲建设史上的'墨西拿复兴',它意味着建立防务共同体和政治共同体的努力失败后,欧洲一体化进程重新锁定在经济领域"❷。

墨西拿会议后,法、德、意、荷、比、卢六国展开了建立欧洲经济共同体与欧洲原子能共同体的谈判。1957年3月25日,6国外长在罗马市政大厅签订了《罗马条约》,并明确规定了在煤炭和钢铁工业合作的基础上,进一步扩展到关税、农产品等更为广泛的经济领域内合作,以此建立欧洲共同市场。与建立欧洲防务计划的流产截然不同,锁定在经济领域一体化的《罗马条约》,在法、德、意、荷、比、卢六国国内的批准,却进展顺利。1958年1月1日,《罗马条约》正式生效。

《罗马条约》的签订,标志着欧洲经济共同体的正式创建。欧洲经济共同体是通过创建欧洲民族国家之间的经济联系为基础,创建欧洲新的民族以及民族国家之间关系,《罗马条约》中的《建立欧洲经济共同体条约》对此强调:"矢志为在欧洲各民族之间建立从未有过的紧密联盟奠定基础。"❸在《罗马条约》签订之时,时任欧洲委员会主席哈尔斯坦谈道:"赋予它一个名副其实、可以让各民族共同生存的模式,要实现现代化,即使在那些还不熟悉的空间,欧洲人民同样能够亲密无间地、美好地生活在一起。"❹

从哈尔斯坦的论述可以看出,欧洲经济共同体的建立,其目标是建立欧洲各

---

❶ 法布里斯·拉哈.欧洲一体化史(1945—2004)[M].彭姝袆,陈志瑞,译.北京:中国社会科学出版社,2005:48.
❷ 法布里斯·拉哈.欧洲一体化史(1945—2004)[M].彭姝袆,陈志瑞,译.北京:中国社会科学出版社,2005:48.
❸ 李巍,王学玉.欧洲一体化理论与历史文献选读[M].济南:山东人民出版社,2001:13.
❹ 玛利娅·格拉齐娅·梅吉奥妮.欧洲统一贤哲之梦——欧洲统一思想史[M].陈宝顺,等,译.北京:世界知识出版社,2004:250.

民族以及民族国家之间的一种和平共存的模式。欧洲一体化选择建立各国之间经济领域内的互利合作，则成了推进欧洲一体化切实可行的具体策略。民族国家之间的经济合作，构成了欧洲一体化不断深入的重要动力。

早期的欧洲一体化，主要限于德国、法国、意大利、卢森堡、比利时、荷兰六国。20世纪70年代和80年代，欧洲一体化先后经历了两次扩大，第一次是在20世纪70年代，吸收了英国与爱尔兰作为其成员国，第二次是在20世纪80年代，吸收了西班牙、葡萄牙、希腊作为其成员国。在欧洲一体化这两次扩大的过程中，寻求加入欧洲经济共同体，不使自身经济发展受孤立，成了英国、爱尔兰、西班牙等国加入欧共体的重要原因。建立共同市场，并谋求共同市场的扩大，也成了欧共体决定吸收这些国家的重要因素。

20世纪90年代，欧洲一体化出现了继续深化的发展趋势。1991年，各成员国签订了《马斯特里赫特条约》，1993年11月，《马斯特里赫特条约》通过了各成员国的批准，正式生效。《马斯特里赫特条约》的一项重要目标是建立"欧洲货币联盟"，在1999年1月1日起实行统一的货币欧元，在实行欧元的国家实施统一货币政策。1998年，除英国、希腊、瑞典和丹麦外的11个国家首批成为欧元国。从2002年1月1日起，欧元纸币和硬币正式流通。2006年7月11日，欧盟财政部长理事会正式批准斯洛文尼亚在2007年1月1日加入欧元区，而2008年1月1日，塞普鲁斯也正式申请加入欧元区，使用欧元的国家扩展为15国。

欧元的问世，意味着欧洲经济区域具有了统一的货币单位，并改善了竞争环境，降低了交易成本，增加了市场透明度，有利于促进各种生产要素的顺利流动和整合欧洲金融市场。欧元的问世标志着欧元区的形成，欧盟成为世界经济中一个重要的经济共同体，欧盟的建立也成了欧洲经济一体化进程中的划时代性事件。欧洲一体化经过几十年的发展，在经济领域终于取得了巨大的成就。

21世纪初，大批中东欧国家纷纷加入欧盟。加入欧盟，融入欧洲日趋密切的区域经济体系，带动国内经济发展，逐步赶上西方发达国家，成为众多中东欧国家申请加入欧盟的重要推动力。吸收大批中东欧国家加入欧盟，有利于欧洲共同市场的壮大，也有利于增强欧洲在世界经济中的竞争实力，成了欧盟东扩的重要原因，经济因素构成了影响欧洲一体化发展的重要根基。

第三节 "多样性中的同一性"的欧洲认同建构

一、欧洲一体化中欧洲认同的重要性

从1952年西欧六国组建煤钢共同体起步，欧洲一体化在1958年建立了欧洲经济共同体，经济领域内的合作不断深化，2002年统一货币欧元也开始流通，形成了具有统一货币单位的经济区域。1993年，欧洲经济共同体发展成为欧洲联盟，欧盟历经扩展，已经拥有了20多个成员国，并逐渐向政治领域内的一体化扩展。在20世纪下半叶区域化合作风靡全球的历史发展浪潮中，欧洲一体化在经济与政治领域取得了令人瞩目的成就，欧洲一体化也成为二战后全球化浪潮中区域化合作的一个典范。

可是欧洲一体化是以民族国家为单位，在欧洲一体化的进程中，尽管法德在推进欧洲一体化过程中发挥重要作用，但"法国人仍然不能确定他们信任德国人，而德国人仍然不能保证他们能够相信他们自己"[1]。欧洲历史进程中长期发展形成的民族主义思想，在当代欧洲仍然根深蒂固。以民族认同为核心的思想观念，依然成为制约欧洲一体化推进的重要文化思想。这反映在欧洲一体化的具体实践中，尽管欧洲一体化在各自的发展阶段，往往制定和规划了明确的发展目标，可是在具体的实践操作中，却需要在诸多具体的民族国家利益中协调平衡。欧洲一体化的纵深发展，也是在协调诸多民族国家利益的基础上艰难前行，民族国家观念与欧洲观念之间的关系，为欧洲一体化带来诸多困境，并迫切需要欧洲一体化能够凝聚思想、形成共识，欧洲一体化越是向纵深发展，越是需要文化思想领域的一体化。

因此，欧洲一体化尽管选择了经济一体化作为突破口，但随着经济一体化日益广泛，诸多争论与交锋的背后，始终存在着的是民族国家观念之争。欧洲文化领域的一体化尽管主观抽象，也不如选择经济领域内的一体化切实可行，但却是

---

[1] 罗伯特·卡根.天堂与实力：世界新秩序下的美国与欧洲[M].肖蓉，魏红霞，译.北京：新华出版社，2004：97.

欧洲一体化的精神支柱与思想基础。对此，被誉为欧洲一体化之父的让·莫内，也有着强烈的切身感受。"二次大战后的法国政治家莫内晚年曾说，如果他能重新开始修建欧洲这所房子，他将不是首先着手恢复经济和政治生活，而是首先从文化着手。"❶

特别是20世纪70年代，丹麦、爱尔兰以及英国等加入了欧洲经济共同体，欧洲经济共同体囊括的国家越来越多，经济领域内的一体化越来越广泛。欧洲一体化中各个民族国家的观念之争，不仅越来越具体，同时也越来越广泛。让·莫内所说的假如再来一次一体化，一定要从文化领域着手，也逐步受到了广泛重视。

正如亨廷顿所说："文化认同的日益凸显很大程度上是个人层面上日益社会经济现代化的结果，这一层面上的混乱和异化造成了对更有意义的认同的需要。"❷尽管亨廷顿论述文化认同，总是强调文化的冲突，并忽视文化的彼此共存与相互交流，但亨廷顿此言，也说明了社会经济发展中带来的各种利益交汇，迫切需要范围更为广泛的文化认同。

20世纪70年代，欧洲经济共同体成员国的扩展，经济领域内一体化的扩展，不仅文化领域的一体化逐步受到重视，同时对于欧洲认同的需要，也开始冒出水面。1973年，欧共体在哥本哈根通过了《关于欧洲认同的宣言》，欧洲认同这一问题正式进入了欧共体的官方政策之中，1975年欧共体通过的《廷德曼斯报告》（*Tindemans Report*），对欧洲认同的重要性进行了特别强调，认为没有欧洲认同的基本结构，就不可能进行更大程度的欧洲一体化。

1981年，希腊加入了欧共体，1986年，西班牙和葡萄牙加入了欧共体。1992年，欧共体发展成为欧盟，20世纪与21世纪之交，统一的货币欧元逐步投入流通。20世纪后期与21世纪初，成了欧洲一体化高歌猛进的时期。与之相应，欧洲文化思想领域一体化与欧洲认同对于欧洲一体化的重要性，受到了诸多学者的广泛强调。

例如，犹如面对德意志的封建割据的现实局面，近代德国哲学家黑格尔就大力倡导民族精神，以此力求作为近代德意志统一的精神支柱，同样，身处以民族国家为基本单位的欧洲一体化的时代潮流中，被誉为"当代黑格尔"的德国著

---

❶ 彼得·李伯庚.欧洲文化史[M].赵复三,译.上海：上海社会科学院出版社,2004：596.
❷ 塞缪尔·亨廷顿.文明的冲突与世界秩序的重建[M].周琪,等,译.北京：新华出版社,2002：133.

名哲学家哈贝马斯,大力倡导"后民族结构"。欧洲近现代的民族认同建构与欧洲一体化中的欧洲认同建构,两者之间的关系,也犹如哈贝马斯所说:"他们关注的是自己民族的政治统一,而我们关注的是欧洲的政治统一。"[1] 哈贝马斯倡导"后民族结构",对于欧洲一体化迫切需要文化思想观念的凝聚力,哈贝马斯也强调:"要把欧洲统一所带来的经济优势作为继续扩大欧盟的理由,就不能离开大大超越经济范畴的文化凝聚力。"[2]

哈贝马斯倡导"后民族结构",同样广泛论述了欧洲认同的重要性。欧洲认同首先被哈贝马斯解释为一种欧洲各民族国家之间人们共同的身份意识,"丹麦人和德国人必须学会把西班牙人和希腊人看作是'我们当中的一员',反之亦然"[3]。但哈贝马斯也强调,欧洲认同不仅仅表现为欧洲各国人们共同的身份意识,还表现为欧洲一体化中民众的认知方式、思维方式、价值观念等心性,其在欧洲一体化中能够超越经济利益之争,将欧洲一体化从经济一体化提升到政治一体化层面。哈贝马斯具体论述道:

如果要动员大众真心实意地从政治上支持这一充满风险的联盟大业,单单依靠经济利益的动机是远远不够的,在此之外,还需要有共同的价值趋向。当然,一个政体的合法性还取决于它的效率。但是,由多个民族国家共同组成一个国家,这是一项政治创新,为了实现这个目标,在动员过程中不仅需要切中大众的利益,也需要针对大众的心性。[4]

当代欧洲一体化进程中需要的欧洲认同,不仅吸引了哈贝马斯等哲学家的关注,也吸引了当代德国著名历史学家约恩·吕森的关注,欧洲认同的重要性,同时也吸引了当代欧洲诸多学科的广泛参与与广泛讨论。例如,针对欧洲一体化中欧洲认同的重要性,当代德国哲学家哈贝马斯大力倡导"后民族结构",当代德国著名历史学家约恩·吕森,则倡导"历史思考的新途径"。

约恩·吕森既强调了共同的欧洲文化观念介入欧洲一体化的重要性,对此,约恩·内森就直截了当地指出:"为什么应该介入呢?对此问题的回答即简单又有说服力:因为欧洲政治和经济的统一过程需要文化的伴随和介入。"[5] 同时,约

---

[1] 尤尔根·哈贝马斯.后民族结构[M].曹卫东,译.上海:上海人民出版社,2002:22.
[2] 尤尔根·哈贝马斯.后民族结构[M].曹卫东,译.上海:上海人民出版社,2002:154.
[3] 尤尔根·哈贝马斯.后民族结构[M].曹卫东,译.上海:上海人民出版社,2002:21.
[4] 尤尔根·哈贝马斯.后民族结构[M].曹卫东,译.上海:上海人民出版社,2002:153.
[5] 约恩·吕森.历史思考的新途径[M].綦甲福,来炯,译.上海:上海人民出版社,2005:115.

恩·内森也强调了欧洲集体认同意识对于欧洲的重要性。约恩·吕森指出："作为文化和政治归属的维度，欧洲是什么？这一问题当然不是今天才提出来的，而是有很长的历史。但是伴随着欧洲统一进程的推进，这一问题越来越迫切。"❶

犹如近现代欧洲兴起的民族历史观，依靠历史认知与历史叙述，对于欧洲近现代民族现代性建构与民族国家创建需要的民族认同塑造，发挥了重要作用。同样，约恩·吕森倡导"历史思考的新途径"，也是一种建构欧洲认同需要的新的历史思考方式。在欧洲一体化进程中，强调欧洲共同文化观念与欧洲认同对于欧洲一体化的重要性，不仅限于哈贝马斯与约恩·吕森等德国学者，欧共体以及欧盟的其他各成员国学者，对此也进行了广泛论述。例如，当代英国戴维·莫利与凯文·罗宾斯等学者就认为："我们必须专注于文化在整合社会中的作用，但不是说文化整合就必然是社会凝聚的唯一的或者充分的甚至是必须条件，欧洲文化认同只是达成那种团结的前提条件之一。"❷

可以看出，犹如近现代欧洲民族的现代性建构与民族国家创建，聚集了近现代欧洲无数的饱学之士在贡献智识，同样，欧洲一体化进程中需要的欧洲认同，也正在吸引着当代欧洲思想界的广泛关注。当代欧洲对于欧洲认同的广泛关注，以及欧洲以民族国家为基础的一体化对于欧洲认同的迫切需求，也构成了身份认同问题在当代备受人们重视的重要现实因素。

二、建构欧洲认同的过程中承认欧洲的多样性

在欧洲一体化的进程中，欧洲认同的重要性，受到了欧共体以及欧盟与诸多学者的广泛强调，但欧洲认同的建构，也是倍受争议。

欧洲认同被诸多学者解释为一种共同的身份意识，但欧洲首先是作为一个地理概念，其反映的是人们的一种地理认知，历史上长期存在的欧洲人的身份意识，实则是一种地域意识，欧洲认同也首先是一种地域认同。可是欧洲作为一个地理概念，也不断扩展内涵，"欧洲从根本上来说来是一个政治和文化的概念，地理上，它处于欧亚这一整块大陆的西部，称它为'欧洲'，乃是那里的知识界由于实际需要而命名的。"❸

---

❶ 约恩·吕森.历史思考的新途径[M].綦甲福，来炯，译.上海：上海人民出版社，2005：115.
❷ 戴维·莫利，凯文·罗宾斯，等.认同的空间：全球媒介、电子世界景观与文化边界[M].司艳，译.南京：南京大学出版社，2001：103.
❸ 彼得·李伯庚.欧洲文化史[M].赵复三，译.上海：上海社会科学院出版社，2004：1.

从二元对立困境到多元共存出路——欧洲民族认同建构中的认知模式变化

"自古希腊人为它命名后，就有了这么一个欧洲，只不过它是一个变动着、可分开的并有伸缩性的概念。"❶ 欧洲作为一个地理概念，其在历史上不同的时期，指涉着不同的地域范围。欧洲最初指涉的地理区域，仅仅是古希腊依靠欧罗巴的神话传说，界定的一小块模糊的地理区域。同时，历史上不同时期的人们，也赋予了"欧洲"不同的特定文化内涵，例如在中世纪，宗教信仰支配着人们的思想观念，欧洲被视为信仰基督教的世界。近现代以来，西方中心主义盛行，欧洲被视为文明先进的西方，欧洲与西方也成了同义词，欧洲、亚洲的分界线界定为乌拉尔山脉、乌拉尔山脉以及高加索山脉，也被认为是17~18世纪俄国的一些地理学家划分的，以便将当时的沙皇俄国界定为西方世界。在欧洲这块共同的地理区域内，自古迄今，始终存在着诸多的民族与国家、派别各异的宗教信仰、参差不齐的经济发展状况以及形形色色的社会生活方式等。

因此，尽管欧共体及欧盟与诸多学者广泛强调欧洲认同的重要性，但欧洲认同的内涵究竟是什么？这却难以解释。当代英国著名的民族主义理论安东尼·史密斯认为：

"欧洲"一词本身在表示地理概念时是有问题的，与构成欧洲丰富多彩的拼图的固有文化与传统相比，它显得苍白无力而又飘忽不定。与法国、苏格兰、加泰罗尼亚、波兰或者希腊那些确定无疑、令人震颤的文化和民族传统相比，"欧洲认同"显得空洞无物、毫无特征，更像是对整个大陆所有民众与各种文化的一种有气无力的综括，对已经存在着的东西没作任何的补充。❷

安东尼·史密斯对于欧洲认同的质疑，主要是依据其注重民族历史文化传统的族裔—象征主义，安东尼·史密斯进一步认为："民众对民族和民族国家的依恋和忠诚仍然根深蒂固……所以似乎没有文化和情感空间来发展一个新的泛欧洲层次上的超级民族的大众认同。"❸ 在欧洲一体化的进程中，也广泛存在着类似于安东尼·史密斯对于欧洲认同的质疑声音，并被称为欧洲一体化的怀疑论者，欧洲一体化进程中的疑欧派也颇具规模。欧洲一体化进程中建构欧洲认同，分化出

---

❶ 埃里克·霍布斯鲍姆.史学家——历史神话的终结者[M].马俊亚，郭英剑，译.上海：上海人民出版社，2002：252.

❷ 安东尼·史密斯.全球化时代的民族与民族主义[M].龚维斌，良警宇，译.北京：中央编译出版社，2002：155.

❸ 安东尼·史密斯.全球化时代的民族与民族主义[M].龚维斌，良警宇，译.北京：中央编译出版社，2002：168-169.

乐观主义与悲观主义两大阵营。

尽管如此，欧洲一体化中对于欧洲认同的广泛争论，在欧洲也呈现了一个比较广泛的共识，即承认欧洲的多样性。欧洲认同的建构，原本是力图建构具有同一性的欧洲，以此凝聚共识，作为推进欧洲一体化的文化思想资源。可是，在此过程中，却发现欧洲是一个多样性的欧洲。对于此中变化，霍布斯鲍姆就指出：

寻求单一体系的"欧洲"只不过导致了没完没了的对迄今没有解决的、并可能是无法解决的问题的争论，这些问题就是如何拓展欧洲联盟，即怎样才能把一个历史上的经济、政治和文化异质性的大洲，转变为一个单一的、多少有些同质性的实体。从来就没有过一个单一的欧洲。差异无法从我们的历史中消除。❶

霍布斯鲍姆与安东尼·史密斯这两位当代英国著名的民族主义理论家的民族主义理论存在诸多差异。安东尼·史密斯注重民族历史文化对于民族的凝聚作用，霍布斯鲍姆不仅注重"传统的发明"，更注重民族在客观历史过程中的发展变化。在20世纪八九十年代，两人之间也有着诸多的理论差异交锋。可是对于欧洲认同的怀疑态度，两人却难得一致。

欧洲一体化进程中建构欧洲认同，由此承认欧洲多样性，当代欧洲其他诸多学者也有着广泛的论述。例如，当代法国思想家埃德加·莫兰就特别强调："只有从多样性和复杂性出发，才能得到欧洲这一概念。"❷埃德加·莫兰也具体论述道："只有在它的多样性里，也只有通过多样性，欧洲才获得了其整体的概念。欧洲是不同人民、不同文化、不同阶级、不同国家之间的相互作用，自我编制一个多样性的相互矛盾的整体。"❸除了埃德加·莫兰之外，当代法国学者雅克·勃莱尔等认为："'欧洲文化特性'不仅是多元的，而且它正是由这一多元性所构成；同时，多元性还构成了它最深层的特色，构成了它的生命力以及它的丰富多彩，这恐怕会令一些人感到不合常理。"❹

承认与尊重欧洲的多样性，不仅广泛地存在于当代欧洲学界的论述中，同时在20世纪90年代欧盟创建后，"多样性中的同一性"（Identity in Diversity）成

---

❶ 埃里克·霍布斯鲍姆.史学家——历史神话的终结者[M].马俊亚，郭英剑，译.上海：上海人民出版社，2002：255-256.

❷ 埃德加·莫兰.反思欧洲[M].康征，齐小曼，译.北京：生活·读书·新知三联书店，2005：15.

❸ 埃德加·莫兰.反思欧洲[M].康征，齐小曼，译.北京：生活·读书·新知三联书店，2005：15.

❹ 雅克·勃莱尔，等.欧洲书简[M].郭安定，译.北京：生活·读书·新知三联书店，2004：18.

为支撑欧盟的主要文化思想观念，当代欧洲成了倡导文化多元主义的重要地区。

建构欧洲认同的过程中承认欧洲的多样性，这具体表现欧洲认同与民族认同的关系之中，欧洲的多样性，不仅表现为欧洲存在着众多的民族国家，还表现为欧洲存在多种多样的民族文化。广泛承认欧洲"多样性中的同一性"，也与当代欧洲学界广泛涌现的民族主义以及民族认同研究密切相关，对此当代德国学者汉斯－乌尔里希·维勒总结道：

新的民族主义的研究成果和同一性讨论的一大功绩，就是打破了认为由民族主义和民族国家所创设的民族同一性在人们的精神世界中拥有垄断地位的一贯认知。取代这种总是将假定作为事实的狭隘认知的，是对人类世界有多种同一性和认同感共存的承认：所谓"多样性中的同一性"。❶

尽管从表面上来看，在欧洲一体化建构欧洲认同的争论中，无论欧洲学界以及欧盟官方，比较普遍地承认欧洲的多样性，这有悖于欧洲一体化力图通过建构欧洲认同，作为推进欧洲一体化的文化思想资源的初衷。可是，承认欧洲的多样性，其中的一个重要内涵，就是承认与尊重欧洲民族以及民族国家之间的客观差异，这与欧洲近现代历史中民族以及民族国家之间广泛的排斥与敌对等民族认同状况相比较，成了欧洲一体化进程中民族认同的重要变化。欧洲一体化中的欧洲认同，也集中于如何认知欧洲近现代民族现代性建构与民族国家创建需要的民族认同。民族认同与欧洲认同之间的关系，构成了欧洲一体化中欧洲认同问题的内在核心。

三、民族认同的历史教训与欧洲认同的建构

承认欧洲是一个多样性的欧洲，成了建构欧洲认同的基本前提，但以欧洲的多样性作为基础，建构欧洲认同，却存在着不同的路径。例如，德国著名历史学家约恩·吕森倡导"历史思考的新途径"，其中他重要论述的内容，则表现为欧洲认同的建构，需要吸取欧洲民族认同的历史教训。

约恩·吕森在倡导"历史思考的新途径"的诸多论述中，在揭示民族自我中心主义的诸多问题后，特别强调对待差异，"不是持民族中心主义论调地贬低这些差异，而是将差异感知为对世界的丰富"。差异性的客观存在，不仅赋予了人

---

❶ 汉斯－乌尔里希·维勒.民族主义：历史、形式、后果[M].赵宏,译.北京：中国法制出版社,2013：164.

类社会的多姿多彩，同时还构成了人类社会丰富的文化资源，这构成了约恩·吕森倡导"历史思考的新途径"的重要论点。在此前提下，约恩·吕森针对欧洲的具体历史发展，进一步论述道：

> 一方面禁止把自己历史中的负面经验和形象从自我形象中剔除出去，另一方面又不允许把这些负面经验和形象算作他者差异性的特征，野蛮再不会被推出欧洲之外，而是被认为是欧洲历史的一部分。❶

约恩·吕森所说的欧洲"自己历史中的负面经验和形象"，主要表现为欧洲在对待与自身存在着差异的其他民族以及民族国家，误入了排斥、敌对及发动侵略战争等歧路，其中的巅峰则是德国法西斯主义对外发动侵略战争与种族大屠杀等野蛮行为。约恩·吕森的这一论述表明，在建构欧洲认同的过程中，不能简单地认为"自己历史中的负面经验和形象"，有损欧洲的自我形象而剔除，而是需要承认其是欧洲历史的一部分。

之所以需要承认其是欧洲历史的一部分，约恩·吕森强调："欧洲的历史一直是这种冲突的历史，欧洲共同性的产生和最终走向统一的过程也总是由这些冲突作为介质的。"❷欧洲历史中冲突的历史，被约恩·吕森视作建构欧洲共同性的介质，对此进行的历史思考形成的历史意识，不仅能够"通过真相获得和平"，同时还能够"在历史的真相中建构认同"。

在承认欧洲的负面历史建构欧洲认同的过程中，一方面，约恩·吕森认为，承认与了解欧洲历史黑暗一页中的"蒙难者的哀号、作案者的狞笑以及观众备受议论的沉默"等真相，"人们通过这样的方式回忆起恐怖的事件，历史思考获得了阻止恐怖事件再次发生的契机"。❸另一方面，承认并思考欧洲历史中大规模的战争恶行与种族屠杀，并不是简单理解为引发二次心灵创伤的自虐史观，而是"过去让未来变得更美好"，"这样的过去恰恰是不该被遗忘的，它的黑暗面应作为对未来的设计的阻碍因素，对实现未来的设计有未被被料想到的影响"。❹

可以看出，约恩·吕森倡导"历史思考的新途径"的主要内容，强调的是承认欧洲历史中黑暗一页的历史真相，对此进行反思，并吸取其中的教训。承认客观历史、吸取历史教训，也成为认知历史建构欧洲认同的重要途径。

---

❶ 约恩·吕森.历史思考的新途径[M].綦甲福，来炯，译.上海：上海人民出版社，2005：120.
❷ 约恩·吕森.历史思考的新途径[M].綦甲福，来炯，译.上海：上海人民出版社，2005：118.
❸ 约恩·吕森.历史思考的新途径[M].綦甲福，来炯，译.上海：上海人民出版社，2005：168.
❹ 约恩·吕森.历史思考的新途径[M].綦甲福，来炯，译.上海：上海人民出版社，2005：254.

在约恩·吕森倡导"历史思考的新途径"中，特别强调承认客观历史、吸取历史教训，以此作为建构欧洲认同的重要途径，这在欧洲一体化进程中、欧洲认同建构过程中，有着广泛的体现。一方面，正如约恩·吕森强调："人类接受了欧洲历史意识的这一消极和阴暗面，即欧洲历史上有大规模犯罪的恶行，比如纳粹大屠杀。"❶ 二战后欧洲一体化的启动与欧洲认同的建构，得益于欧洲承认与接受了约恩·吕森所说的"自己历史中的负面经验和形象"。另一方面，二战后欧洲一体化的启动与欧洲认同的建构，得益于吸取欧洲爆发的一战、二战等历史教训，"欧洲人从两次世界大战中的灾难中明白了，他们必须排除掉内心的民族主义排斥机制"。

在承认客观历史、吸取历史教训的前提下，欧洲认同也发展为对于欧洲各民族以及民族国家之间的彼此合作、相互包容等的认同。"欧洲认同再也无法那样简单直白、毋庸置疑地单指西方智慧传统和文化传统了，欧洲好斗多战、帝国主义、殖民主义的历史带来的结果是，现在它容纳了千姿百态的文化群落和同一体。"❷

四、民族认同的历史经验与欧洲认同的建构

在20世纪七八十年欧洲兴起的关于欧洲认同的讨论中，约恩·吕森倡导"历史思考的新途径"，强调思考欧洲历史中负面经验的历史教训，以此建构欧洲认同。与之相应，德国著名哲学家哈贝马斯在其倡导的"后民族结构"中，则特别强调学习近现代欧洲民族认同推动社会一体化的成功历史经验，以此建构欧洲认同。

对于欧洲以往历史中诸多的分裂、敌对、冲突等，不仅约恩·吕森对此认为"不应该排斥在欧洲历史之外"，哈贝马斯在其倡导的"后民族结构"中也论述道：

从中世纪末开始，比起其他文化，欧洲的发展充满了分裂、差异和紧张——比如，教会权力与世俗权力之间的对抗、地区性政治统治的分裂、城市与乡村之间的分裂，教派的冲突以及信仰与知识之间根深蒂固的冲突、大国之间的争执、

---

❶ 约恩·吕森.历史思考的新途径[M].綦甲福，来炯,译.上海：上海人民出版社，2005：118.
❷ 戴维·莫利，凯文·罗宾斯.认同的空间：全球媒介、电子世界景观与文化边界[M].司艳,译.南京：南京大学出版社，2001：55.

"宗主国"与殖民地之间的帝国关系、特别是各国之间的猜忌和战争等。❶

在哈贝马斯看来,尽管当代欧洲一体化面临着各个民族国家之间广泛的相互冲突的巨大障碍,在欧洲一体化的进程中也由此形成了广泛的悲观主义与怀疑论思潮,但哈贝马斯强调:"恰恰就是民族意识的这种人为的形成条件否定了悲观主义的立场:陌生公民的团结只有在一个国家范围内才能建立起来。"❷换而言之,尽管欧洲历史上广泛存在着地域性与封建性的社会特征中的各种矛盾冲突,但欧洲历史上的民族认同建构,则能够对此进行调节整合并凝为一体。既然如此,民族认同"这种集体认同形式得益于从地域性和封建性的意识向民族性和民主性的意识的成功转型,那么,这样一种学习过程为何不能继续下去呢?"❸

在哈贝马斯倡导的"后民族结构"中,哈贝马斯在承认欧洲历史与欧洲一体化中诸多矛盾冲突的前提下,重点强调了欧洲认同的形成,在于学习近现代欧洲民族认同社会一体化的成功历史经验。哈贝马斯所说的"欧洲民族认同社会一体化的成功历史经验",也主要表现为近现代欧洲民族认同对于民族国家范围内各地域、各阶层人们的社会凝聚功能,近现代民族现代性建构与民族国家创建中形成的社会凝聚,是需要学习、继承和弘扬的历史经验。哈贝马斯强调:"学习过程应当使得欧洲范围内的公民建立起广泛的团结,而学习过程建立在一种特殊的欧洲经验的基础之上。"❹

近现代民族现代性建构与民族国家创建中形成的社会凝聚,根源则是人类历史进程中社会交往的必然发展。尽管在论述欧洲认同的过程中,哈贝马斯与约恩·吕森之间各有侧重,可是对于欧洲认同的认识,也具有一定的共通之处。两者之间共同强调欧洲认同形成的现实社会根源,在于人们的社会交往之中。

例如,哈贝马斯根据其社会交往理论,首先强调"我所说的'全球化',主要是一个过程,而不是一种终结状态。它表明,交往关系与交换关系超越了国家的界限,变得更加紧密"❺。哈贝马斯将欧洲认同,界定为根源于民族以及民族国家之间交往过程中形成的一种集体意识,"在这样一个超越了民族社会的交往关系之中,由于各种利益长期以来一直都纠缠在一起,因此也一定会形成一种集体

---

❶ 尤尔根·哈贝马斯. 后民族结构 [M]. 曹卫东, 译. 上海: 上海人民出版社, 2002: 116.
❷ 尤尔根·哈贝马斯. 后民族结构 [M]. 曹卫东, 译. 上海: 上海人民出版社, 2002: 115.
❸ 尤尔根·哈贝马斯. 后民族结构 [M]. 曹卫东, 译. 上海: 上海人民出版社, 2002: 115.
❹ 尤尔根·哈贝马斯. 后民族结构 [M]. 曹卫东, 译. 上海: 上海人民出版社, 2002: 116.
❺ 尤尔根·哈贝马斯. 后民族结构 [M]. 曹卫东, 译. 上海: 上海人民出版社, 2002: 78.

的认同意识"❶。同样，约恩·吕森也认为："欧洲是通过这样一个历史来被定义的：那就是在该历史中，不同国家和文化之间的关系网是不断扩展和加深的。欧洲是一个由不同人民、民族、国家、地区以及人类其他共同生活形式所构成的交往集合体。"❷

哈贝马斯与约恩·吕森等人强调欧洲认同根源与社会交往的发展，尤其是经济联系日益密切导致的社会交往发展，这在欧洲一体化中也有着具体表现。欧洲一体化的发展过程，主要是通过建构密切的国家之间的经济合作，由此为当代欧洲民族以及民族国家之间的关系带来了诸多新变化。

欧洲一体化通过创建密切的经济合作，参与欧洲一体化的各个国家的经济联系日趋密切，欧洲一体化的经济发展状况，也与人们的利益密切相连，经济领域的一体化不断推进，逐步发展成为一个"命运共同体"。与之相应，"欧洲的各个部分都被共同的命运连在一起，新的欧洲意识就是对共同命运的意识"❸。欧洲一体化中的欧洲认同，也被认为是欧洲民众之间逐步形成的一种"命运共同体"的意识。

五、"超级欧洲民族"的欧洲认同建构

欧洲一体化中建构欧洲认同，需要学习欧洲近现代民族认同建构的成功历史经验。欧洲一体化进程中欧洲认同的建构和欧洲近现代民族认同的建构，在制度设计、文化观念及其传播等方面，两相比较，具有诸多相似之处。但是，这也导致欧洲一体化进程中的欧洲认同建构，具有建构出一个"超级欧洲民族"的发展趋势。

首先，欧洲近现代的民族认同建构，是在欧洲中世纪具有地域相隔、等级之分以及宗教派别差异等的人们之间，创建出一个相互凝聚、彼此团结的民族共同体与民族国家集体。当代欧洲的一体化，是"在多元化的欧洲政治、文化、社会、宗教等领域建立一个超乎其上的统一体，也就是建立一个民族国家之上的、包纳全部的整体，这个整体就叫作欧洲，它可以用作各个民族国家的参照"❹。

---

❶ 尤尔根·哈贝马斯.后民族结构［M］.曹卫东，译.上海：上海人民出版社，2002：22.
❷ 约恩·吕森.历史思考的新途径［M］.綦甲福，来炯，译.上海：上海人民出版社，2005：117.
❸ 埃德加·莫兰.反思欧洲［M］.康征，齐小曼，译.北京：生活·读书·新知三联书店，2005：99.
❹ 法布里斯·拉哈.欧洲一体化史（1945—2004）［M］.彭姝祎，陈志瑞，译.北京：中国社会科学出版社，2005：15.

欧洲一体化及其欧洲认同的建构，往往是以欧洲近现代的民族以及民族国家建构作为参照，其只是一个范围要广泛得多的"超级欧洲民族。"

其次，欧洲中世纪的人们，既注重自身作为基督徒的身份，也注重以自身所在的地域、社会等级等界定自身身份，欧洲近现代的民族认同建构，则发展出了注重自身作为英格兰人、德意志人、法兰西人、意大利人等的民族身份。欧洲一体化中的欧洲认同的建构，是在建构民族身份的基础上提升到建构注重作为一个欧洲人的身份。正如安东尼·史密斯所言："它把文化置于新欧洲的中心，并且试图通过制度和条例创造出一种崭新的欧洲文化，实际上是要塑造出一批崭新的欧洲男人和欧洲女人。"❶

最后，在近现代欧洲民族与民族国家的建构过程中，往往需要创建象征着民族与民族国家作为一个集体的文化象征符号，人们对此进行感知，能够强化自身的民族身份。欧洲一体化中的欧洲认同的建构，也经历了同样的发展过程，对此安东尼·史密斯也论述道：

这是一个欧洲的"超级民族"，它有自己的旗帜、国歌以及设立在布鲁塞尔的首都，有自己的护照、货币制度和银行、国会、武装军队和外交政策，有自己的大学和学院、周年节日、庆典检阅和游行，有烈士纪念碑、开国者的纪念堂，还有欧洲历史和民俗博物馆。❷

安东尼·史密斯也认为："这些以不同方式，在不同程度上影响了欧洲人民的部分重叠交叉的欧洲传统、价值、符号和经验，可以用来建构新欧洲的'想象的共同体'，即使在很大程度上它仍是一种精英事业。"❸

因此，借鉴欧洲近现代民族认同建构创建的"欧洲超级民族"，只不过是一个新的欧洲民族的"想象的共同体"。欧洲一体化中的欧洲认同建构，具有建构出一个"超级欧洲民族"的发展趋势。更为重要的是，欧洲一体化中的欧洲认同建构，仍然具有重蹈欧洲近现代民族认同二元相对认知建构的发展趋势。

一方面，所谓欧洲一体化中欧洲认同的同一性，以围绕着作为欧洲人的身份

---

❶ 安东尼·史密斯.全球化时代的民族与民族主义[M].龚维斌，良警宇，译.北京：中央编译出版社，2002：153.
❷ 安东尼·史密斯.全球化时代的民族与民族主义[M].龚维斌，良警宇，译.北京：中央编译出版社，2002：166-167.
❸ 安东尼·史密斯.全球化时代的民族与民族主义[M].龚维斌，良警宇，译.北京：中央编译出版社，2002：154.

意识为基础，形成了一种对欧洲民族以及民族国家和平共存与互利合作的认同。这种欧洲认同的同一性，即是"超级欧洲民族"需要的自身同一性。

犹如欧洲近现代的民族现代性建构与民族国家创建，需要调节不同地域、不同社会等级与社会阶层、不同的宗教信仰差异的人们之间的诸多对抗与冲突，并形成民族以及民族国家的凝聚团结与社会一体化。当代欧洲一体化创建一个"超级欧洲民族"，也需要调节欧洲各个民族以及民族之间的各种冲突对抗，这也正如埃德加·莫兰论述欧洲的文化特征时所说："欧洲文化不只是遭受对立、冲突和危机，同时也借助这些对立、冲突和危机而生存。欧洲文化既产生对立、冲突和危机，同时也是其产物。"❶

埃德加·莫兰将欧洲文化的特征，界定为欧洲在不断产生对立、冲突和危机之中形成的产物。欧洲近现代的民族认同建构与当代欧洲一体化中的欧洲认同，同为欧洲文化不断在对立、冲突和危机之中诞生的产物。对于欧洲一体化需要的欧洲认同，埃德加·莫兰强调："正是造成文化多样性的分裂和冲突成了欧洲统一的建设因素。一句话，我们欧洲的认同和共同点是从分裂和冲突而来。"❷

犹如欧洲近现代的民族现代性建构与民族国家创建，可谓费尽智识，历经艰辛。当代欧洲一体化中的欧洲认同，尽管被诸多论者视为是一项崭新的创新，但"在欧洲内部的政治或社会文化团体里，还不时听到'我们'和'别人'这种狭隘观念的词汇，并看到这种狭隘观念的行为"❸。在欧洲一体化的具体实践中，始终面临着形形色色的对立、冲突和危机等，稍有不慎，则会难以创建"超级欧洲民族"的同一性。"整个欧洲大陆的统一，也就是说在同一框架内形成一个政治、经济和社会实体的目的可以说还没有彻底实现，而且还可能还有相当长的一段路要走。"❹

因此，"超级欧洲民族"需要自身的同一性，始终是欧洲一体化的发展目标。在欧洲一体化进程中，"欧洲需要创建共同的货币单位""欧洲需要一部共同的宪法"等制度创建、"欧洲需要同一个声音来说话"等呼吁，则是建构"超级欧洲

---

❶ 埃德加·莫兰.反思欧洲[M].康征,齐小曼,译.北京：生活·读书·新知三联书店,2005：74.
❷ 埃德加·莫兰.反思欧洲[M].康征,齐小曼,译.北京：生活·读书·新知三联书店,2005：101-102.
❸ 彼得·李伯庚.欧洲文化史[M].赵复三,译.上海：上海社会科学院出版社,2004：599.
❹ 法布里斯·拉哈.欧洲一体化史（1945—2004）[M].彭姝祎,陈志瑞,译.北京：中国社会科学出版社,2005：131.

民族"同一性的具体表现。

另一方面，正如埃德加·莫兰在论述欧洲认同时强调："任何共同利益的集合体都是在一个共同敌人的威胁下得到加强和体现。"❶ 埃德加·莫兰认为，倘若说没有意识到敌人的威胁，欧洲认同的建构，将沦为虚无与无能为力。认同需要差异与他者，欧洲一体化进程中的欧洲认同建构，也需要有外部力量作为参照物甚至敌对威胁，方才可能激发欧洲人的欧洲认同意识。冷战时期，美苏两强争霸的世界格局及其外在威胁，推动了多国林立的欧洲的一体化进程。

冷战结束后，在世界范围内推行霸权主义与单边主义的美国，也成为激发欧洲认同所需的他者。在应对当代国际事务的具体措施中，美国与欧洲之间的思想观念差异，犹如当代美国学者罗伯特·卡根所说：

> 我们不能假装欧洲和美国对这个世界拥有共同的看法，甚至也不能再假装拥有同一个世界。在涉及实力的重要问题，如实力的效用，实力的道德性和对实力的渴求上，美国和欧洲观点都在产生分歧。欧洲正在远离实力，换言之，欧洲正在摈弃实力，进入一个以法律、规则和跨国谈判与合作进行自我约束的世界。它正进入一个和平的、相对繁荣的后历史天堂，实现着伊曼努尔·康德所描述的"永久和平"。与此同时，美国却陷入历史的困境，还在一个无政府状态的霍布斯世界里动用实力。……这就是为什么今天对待重大战略与国际问题，美国人就像是来自火星，而欧洲人来自金星：他们的共同看法不多，相互理解越来越少。❷

罗伯特·卡根的上述论述，主要是针对 2003 年美国发动伊拉克战争期间，美国与欧洲已经表现出了巨大的思想差异。按照罗伯特·卡根的看法，应对当代国际问题，美国仍然笃信实力，并直接诉诸武力，而经历了长期打打杀杀历史困扰的欧洲，则主张求助于规则与合作。当代的美国与欧洲应对国际问题的差异，犹如来自两个不同的星球。

尽管 2003 年美国发动伊拉克战争，美国与欧洲之间存在着巨大的思想差异，但 2003 年针对美国发动伊拉克战争，英国紧随美国参战，法、德则反对美国发动的伊拉克战争。欧洲与美国之间的思想观念差异，主要表现为美国与历史上曾经饱

---

❶ 埃德加·莫兰.反思欧洲[M].康征,齐小曼,译.北京：生活·读书·新知三联书店,2005：103.
❷ 罗伯特·卡根.天堂与实力：世界新秩序下的美国与欧洲[M].肖蓉,魏红霞,译.北京：新华出版社,2004：1-2.

受战争困扰的法、德等国家之间的思想观念差异。一体化的欧洲,也分化为时任美国总统布什所说的"老欧洲"与"新欧洲"。面对美国发动的伊拉克战争,欧洲国家各自为营,表现出一体化的欧洲应对国际事务,既缺乏实力,也难见欧洲认同。

对此,法国的德里达与德国的哈贝马斯两位当代欧洲著名知识分子,联名撰文强调,"这场战争同时也使欧洲人意识到了他们外交政策的失败,而这一点早有显示。"德里达与哈贝马斯针对美国带头发动伊拉克战争联名撰文的论述,也直接强调"欧洲人必须依靠自己"的欧洲认同,来源于外在环境的压力。德里达与哈贝马斯指出:"今天,它只能从一种令人忧虑的情感当中产生出来,因为我们觉得无所适从。它也可能会迫于环境的压力而产生出来,因为在这样一个环境中,我们欧洲人必须依靠自己。"❶ 2003 年伊拉克战争,在欧洲激发了一轮关于欧洲认同的广泛讨论。

直到 2017 年,针对时任美国总统特朗普心怀"美国优先"思想观念的一系列行为举止,德国总理默克尔在"啤酒棚讲话"中依然谈到,"我们能完全指望别人的时代已部分成为过去,这是我在过去几天的切身感受。我只能说,我们欧洲人必须把命运真正掌握在自己手里。"默克尔"啤酒棚讲话"的内在逻辑,与 2003 年德里达与哈贝马斯等人针对美国发动伊拉克战争论述的欧洲认同相比较,两者之间虽然相隔数年,但如出一辙。当代欧洲认同的建构,依然在重循民族认同建构中认知同一与认知差异两两相对、彼此作用的内在原理。欧洲认同的建构,也有可能建构出一个"超级欧洲民族",欧洲近现代历史中根深蒂固的欧洲中心主义,在欧洲认同的建构中,也可能故态重萌。

尽管如此,近现代以来欧洲民族认同建构中民族自我中心主义的历史发展,已经提供了深痛的历史教训。欧洲民族认同建构的历史教训已经说明,谋求民族以及民族国家的发展,需要在人类社会交往发展的现实社会中,探索出一条建构和平共存、互联互通、互利合作、合作共赢的发展出路,这不仅是世界历史浪潮中人们社会交往与社会流动高度发展的根本需求,同时也是走出民族认同二元对立认知诸多困境的主要出路。

---

❶ 雅克·德里达,于尔根·哈贝马斯. 论欧洲的复兴[M]//童世骏,曹卫东. 老欧洲、新欧洲——"9·11"以来欧洲复兴思潮对美英单边主义的批判. 上海:华东师范大学出版社,2004:88.